中国佛学院普陀山学院　编

普陀學刊

傅印题

第二辑

上海古籍出版社

目　录

特　稿

原始佛教的僧团制度叙要

陈士强(复旦大学)

【内容摘要】 戒律是佛教的禁戒和制度,内容涵盖佛教信众必须受持的各种止恶行善的戒法条文、僧尼日常生活的行仪规范,以及僧团的组织、制度和行事等。它是佛门的纲纪,入道的基阶,在佛教"戒"、"定"、"慧"三学中,位居第一,具有殊胜的意义。本文以笔者承担的国家社科基金重大项目《大藏经总目提要·律藏》的研究成果为基础,对有关原始佛教的僧团制度,如受戒制度、布萨制度、安居与自恣制度、羯磨制度、衣食制度等,作了简明扼要的叙述,为这一领域的深入研究,提供了门径与资讯。

【关键词】 佛教僧团制度 受戒制度 布萨制度 安居与自恣制度 羯磨制度 衣食制度

佛教戒律,按其性质可以分为"止持戒"和"作持戒"两大类。"止持戒"是"止恶戒",它是用来制止身、口、意作恶的;"作持戒"是"作善戒",它是用来策励身、口、意修善的。前者构成《律藏》中比丘的具足戒("比丘戒")和比丘尼的具足戒("比丘尼戒");后者构成《律藏》中的"犍度",即僧团的日常制度和行事。

本文将根据《律藏》中的"犍度",对原始佛教的"受戒"、"布萨"、"安居"、"自恣"、"羯磨"、"衣食"等制度,作一个简要的叙述。

一、受戒制度

"受戒",指的是通过一定的仪式,接受佛制立的戒法。受戒有"渐受戒"(又称"渐次戒")和"顿受戒"(又称"顿立戒")之分,小乘佛教的"七众别解脱戒"都是依信众的层次逐步、分级受持的戒法,性质上属于"渐受戒";只有大乘佛教的"菩萨戒",是不依信众的层次而直接受持的戒法,性质上属于"顿受戒"。其中,"三归依"(又称"三归戒")是一切佛教信众,不论在家或出家,都要首先受持的最基本的戒法。在此基础上,出家众可以分别受持"十戒"(如沙弥、沙弥尼)、"六法"(如式叉摩尼)、"具足戒"(如比丘、比丘尼);在家众(优婆塞、优婆夷)可以受持"五戒"、"八戒"。此外,有些汉译律典(如《十诵律》、《萨婆多毗尼毗婆沙》、《毗尼母经》、《根本说一切有部毗奈耶出家事》、《佛阿毗昙经》、《沙弥十戒法并威仪》等)还规定,沙弥、沙弥尼在受"十戒"之前,也须受持属于在家戒的"五戒"。这样,"五戒"也成了"道俗共戒"(见北宋道诚《释氏要览》卷上)。

由于在"七众别解脱戒"中,比丘、比丘尼受持的"具足戒"层次最高,因此,在律典中,无论是"毗尼摩得勒伽",还是"犍度",都是将"受具足戒法",作为僧团制度的首项,加以叙述的。《十诵律》卷五十六列举了佛教史上"十种受具足戒"的方法,说:

> 佛在王舍城,语诸比丘:十种明具足戒。何等十? 佛世尊自然无师,得具足戒;五比丘得道,即得具足戒;长老摩诃迦叶自誓,即得具足戒;苏陀随顺答佛论故,得具足戒;边地持律第五(指五人授具中,须有一人为羯磨师),得受具足戒;摩诃波阇波提比丘尼受八重法,即得具足戒;半迦尸尼遣使,得受具足戒;佛命善来比丘,得具足戒;归命三宝已,三唱我随佛出家,即得具足戒;白四羯磨得具足戒,是名十种具足戒。(《大正藏》第二十三卷,第

410 页上)

这里说的"十种受具足戒",归纳起来,就是:(1)"无师受具"(指佛无师而得具足戒)。(2)"得道受具"(指阿若憍陈如等五比丘体悟"四谛"之理而得具足戒)。(3)"自誓受具"(指摩诃迦叶)。(4)"问答受具"(指苏陀通过回答问题而得具足戒)。(5)"五众受具"(指边远地区由僧众五人,即"三师二证"作"白四羯磨"而得具足戒)。(6)"八重受具"(指佛的姨母摩诃波阇波提领受"八敬法"而得具足戒)。(7)"遣使受具"(指半迦尸尼遣使求受而得具足戒)。(8)"善来受具"(指由佛呼唤"善来比丘"而得具足戒)。(9)"三唱受具"(指作"三归依"后,三唱"我随佛出家"而得具足戒)。(10)"十众受具",即非边远地区由僧众十人,即"三师七证"作"白四羯磨"而得具足戒)。

上述十种受具足戒法中,"无师"、"得道"、"自誓"、"问答"、"八重"、"遣使"、"善来"、"三唱"八种受具足戒的方法,是佛在世时才有的事例;只有"十众"、"五众"二种受具足戒的方法,是佛在世时制立并为后世沿用的,即非边远地区用"十众受具",边远地区用"五众受具",授戒时须作"白四羯磨"(指羯磨师将事情向僧众报告一次,再征询意见三次,若僧众同意则默然,不同意则说,三次征询意见皆默然,即为决议),这也就是通常所说的"白四羯磨受具足戒法"。

授具足戒,包括授者和受者两个方面(汉译律典中"授"、"受"不分,均作"受"),两者都有相应的资格要求。对授具足戒者来说,必须具备"三师七证"。"三师"指的是:(1)"戒和尚"("和尚"又作"和上"),又称"得戒和尚"、"具足戒和尚",指求受具足戒者的"亲教师",须具备十年以上戒腊和相应的德行(出家女子的戒和尚须具备十二年以上戒腊和相应的德行)。(2)"羯磨师",又称"羯磨阿阇梨"、"受戒阿阇梨",指授戒时作羯磨的"轨范师"。(3)"教授师",又称"教授阿阇梨"、"屏教阿阇梨",指授戒时教授威仪的"轨范师"。"羯磨师"、

"教授师"须具备五年以上戒腊和相应的德行。"七证",指七位"尊证师",又称"尊证阿阇梨"、"证明师",即七位充任授具足戒见证人的大德。

对受具足戒者来说,须年满二十岁,没有不得受具足戒的各种情况。这些情况分为两类:一类因自性之恶而造成的不得受具足戒的情况,称为"难事",据《四分律》卷三十五所列有十三种,称为"十三难"(又称"十三重难");另一类是因非自性之恶而造成的不得受具足戒的情况,称为"遮事",据《四分律》所列有十种,称为"十遮"(又称"十轻遮",细分作"十六轻遮")。在授具足戒之前,僧团须以"问遮难"的方式,逐一询问这些情况,以确定其是否具备受具足戒的条件。

"问十三难",询问的是下列情况:(1)有无"犯边罪"(指犯不可治罪,即"四波罗夷罪")。(2)有无"犯比丘尼"(指侵犯比丘尼)。(3)是否"贼心入道"(指为利养或盗法而出家)。(4)有无"坏二道"(指破坏外道和内道)。(5)是否"黄门"(指男根有缺陷者)。(6)是否"杀父"(指是否杀父亲)。(7)是否"杀母"(指杀母亲)。(8)是否"杀阿罗汉"(指杀得道高僧)。(9)是否"破僧"(指破坏和合的僧团)。(10)是否"恶心出佛身血"(指损伤佛身)。(11)是否"非人"(指鬼神)。(12)是否"畜生"(指龙王等)。(13)是否"有二形"(指同具男女二根,即两性人)。

"十遮",询问的是下列情况:(1)"汝字何等"(指名字叫什么)。(2)"和尚字谁"(指戒和尚是谁)。(3)"汝年满二十未"(指是否年满二十岁)。(4)"三衣、钵具不"(指是否具备衣钵)。(5)"父、母听汝不"(指父母是否同意出家)。(6)"汝不负债不"(指是否负债)。(7)"汝非奴不"(指是否为奴仆)。(8)"汝非官人不"(指是否为官员)。(9)"汝是丈夫不"(指是否为男子)。(10)"有癞、痈疽、白癞、干痟、颠狂病不"(指有无五种病。后来,律宗人士又将"十遮"中"三衣、钵具不"、"父、母听汝不"各拆为二条,又将"有癞、痈疽、白癞、干痟、颠狂病不"拆为五条,作十六条,称之为"十六轻遮",见后唐景霄《四分律钞简正记》卷七下《受戒篇》)。

"白四羯磨"授具足戒是一件隆重的大事,它有一套完整的程序和仪式。据唐怀素《僧羯磨》卷上《授戒篇》记载,比丘戒的授戒次第是:(1)《受具戒请和上法》,指出家男子请求某大德作"和上"(指"戒和尚")。(2)《请戒师法》,指出家男子请求某大德作"羯磨阿阇梨"(又称"羯磨师"、"戒师",须具备五年以上戒腊和相应的德行,下同)。(3)《请教授师法》,指出家男子请求某大德作"教授阿阇梨"。(4)《安受戒人处所法》,指将出家男子安置在"眼见耳不闻处"检问。(5)《差教授师法》,指僧众推选某大德作出家男子"教授师"。(6)《往彼问遮难法》,指教授师向出家男子"问遮难"(指询问有无"十三重难"、"十六轻遮"所列的不得受具足戒的各种情况,此为预审)。(7)《问已白僧法》,指教授师向僧众报告"问遮难"情况。(8)《从僧乞戒法》,指出家男子请僧众授与具足戒。(9)《戒师白法》,指戒师(指"羯磨师")在"问遮难"之前向僧众作告白。(10)《戒师问法》,指戒师向出家男子"问遮难"(此为复审)。(11)《正授戒法》,指戒师作"白四羯磨"向出家男子授具足戒。(12)《授戒相法》,指戒师向已受具戒的比丘说"四波罗夷法"。(13)《授四依法》,指戒师向已受具戒的比丘说"四依法"。

另外,比丘在受具足戒后的五年内,须依止戒和尚。和尚对弟子("新受戒比丘")当行"和尚法"(指和尚如何教护弟子的规制),弟子对和尚当行"弟子法"(指弟子如何承事和尚的规制)。其间,和尚若命终,弟子应另请阿阇梨作依止,阿阇梨对弟子当行"阿阇梨法"(内容与"和尚法"相同),弟子对阿阇梨当行"弟子法"等(以上见《四分律》卷三十三)。

二、布萨制度

"布萨"，音译又作"逋沙他"、"褒洒陀"、"布萨陀婆"等，意译"净住"、"长养"、"长养清净"、"斋"、"说戒"等，指佛教僧团每半月一次（农历每月十五日、二十九日或三十日）的集会说戒活动，以及在家信众在"六斋日"（农历每月八日、十四日、十五日、二十三日、二十九日、三十日）受持"八关斋戒"的活动。

"布萨"原是古印度婆罗门修行者的斋日。据《四分律》卷三十五《说戒犍度》说，佛在罗阅城（又称"王舍城"）时，"外道梵志"（指佛教以外的"沙门"、"婆罗门"修行者）于每月三次（八日、十四日、十五日）集会说法，社会人士纷纷前往，进而成为他们的信徒。摩竭国瓶沙王见后，前往佛所，希望佛教也能定期集会说法。佛采纳了这一建议，决定也实行"月三时集（会），八日、十四日、十五日"，由僧众轮流说法。说法的内容为"契经"，以"说义"为主，"不具说文句"，最简略的说法也要说一偈，"极少下至说一偈，一偈者：诸恶莫作，诸善奉行，自净其意，是诸佛教"（以上见《四分律》卷三十五《说戒犍度》）。以后又决定"月八日、十四日说法，十五日布萨"（见《五分律》卷十八《布萨法》），从而形成了僧团每半月一次集会说戒的制度。说戒的时间，通常定为"黑月十四日"（或"黑月十五日"）、"白月十五日"（见《根本说一切有部戒经》），这三天也称为"布萨日"。这里说的"黑月"（又称"黑分"）、"白月"（又称"白分"），并非是两个月，而是一个月的上半月和下半月。古印度历法以满月的翌日为一个月的开始，将每月的上半月称为"黑月"（与我国农历有半个月的错位，相当于农历当月十六日至三十日），将每月的下半月称为"白月"（相当于农历次月初一至十五日）。"黑月"、"白月"各有十五日。

最初的说戒，通常是由佛宣诵"略说教诫偈"（又称"教授波罗提木叉"、"偈布萨"),其偈文为:"善护于口言,自净其志意。身莫作诸恶,此三业道净。能得如是行,是大仙人道。"(见《四分僧戒本》)佛成道十二年以后,随着"淫戒"等根本大戒的制立,佛不再亲自说戒,改由佛弟子自行说戒,其内容为诵说佛制立的戒法条文(又称"威德波罗提木叉")。以后又演化为诵说由说戒仪轨(指程序和仪式)与戒法条文组合而成的"戒经"。

"布萨"是僧团定期的集体活动,因此须有一套指导如何运作的规制。据《四分律》卷三十五、卷三十六所载,大致包括:说戒前,僧众应随住处,共集一处,根据自己所在的村邑、地理环境"结界"(指依羯磨划定作法的区域),结作"同一住处、同一说戒"的"大界",唱告这一区域的四方标志物;"结界"的区域可根据情况作或大或小的变更,其方法是作羯磨,先舍旧界(即"解界",解除原先划定的区域),再作新界(即重新"结界";有关布萨结界所涉及的结解"大界"、"戒场"、"小界"的作法,详见曹魏昙谛译《羯磨》);布萨日,若同一住处有比丘四人或四人以上时,应依"众僧说戒法",广说戒经;若有比丘三人或二人时,应依"对首说戒法",各共面对将表示自己行为清净的告白说三遍;若仅有比丘一人时,应依"心念说戒法",独自将表示自己行为清净的告白口说或心念三遍;不得作"非法别众羯磨说戒"、"非法和合众羯磨说戒"、"法别众羯磨说戒",应当作"法和合众羯磨说戒";因病不能参加说戒的比丘,须"与欲"(委托他人表示自己赞同僧众所作事的意愿,亦即请假)、"与清净"(委托他人表示自己行为的清净);说戒时,若遇到"王、贼、火、水、病、人、非人、恶虫"八难(八种意外情况),可以"略说戒"(指只说戒经的一部分);说戒前,比丘若忆念有罪或对是否犯罪尚有疑问,应前诣清净比丘所,发露忏悔;说戒时,比丘若忆念有罪或对是否犯罪尚有疑问,应对邻座说,或作"心念",待说戒结束后,如法忏悔等。此外,律中规定,犯罪比丘不得参加布萨日说戒等(见《四分律》卷四十六)。

三、安居、自恣制度

"安居",意译又作"夏安居"、"雨安居"、"坐夏"、"结夏"、"坐腊"等,指每年雨季四个月中的三个月,佛教僧众须定居一处、摄心修行,以免因雨季外出行游,而踩杀虫蚁草木。

印度一年分为"三时"(即三季,每季四个月),但对"三时"的划分,说法不同。唐玄奘《大唐西域记》卷二说,"正月十六日至五月十五日",为"热时";"五月十六日至九月十五日",为"雨时";"九月十六日至正月十五日",为"寒时";而唐道宣《四分律删繁补阙行事钞》卷上之三《受戒缘集篇》则说:"十二月十六日至四月十五日",为"春";"四月十六日至八月十五日",为"夏";"八月十六日至十二月十五日",为"冬"。两种说法,相差一个月。

每年夏季作三个月的"安居",原是古印度婆罗门修行者的行事。有一次,佛在舍卫国祇树给孤独园时,"六群比丘"不分季节,到处行游,因夏季暴雨,河水上涨,连衣钵、坐具、针筒等随身物品,都被水漂走了。此事受到当地居士的讥讽,说"沙门释子"还不如"外道","外道"尚且知道"三月安居",而"沙门释子,一切时春夏冬人间游行","蹈杀生草木,断他命根"。佛得知这一情况后,召集僧众,当众呵责了"六群比丘",并宣布,"从今已去,听诸比丘三月夏安居"(见《四分律》卷三十七)。

"夏安居"有"二种安居"、"三种安居"之分。

(1)"二种安居"。指"前安居"、"后安居"。由于对印度"三时"的划分不同,有关前、后安居的时间也形成两说。《四分律》、《五分律》、《僧祇律》、《十诵律》同用一说,如《僧祇律》卷二十七说:"前安居,从四月十六日至七月十五日;后安居,从五月十六日至八月十五日。"(《大正藏》第二十二卷,第451页中)《善见律毗婆沙》、《根本说一切有部毗奈耶安居事》同用一说,如《善见律毗婆沙》卷十七说:"梵本律,五月十六日为前安居,六月十六日后安居。"(《大正藏》第二十四卷,第793页中)

(2)"三种安居"。指"前安居"、"中安居"、"后安居"。《四分律》卷五十八说:"有三种安居:前安居、中安居、后安居。"(《大正藏》第二十二卷,第998页中)唐道宣《四分律删繁补阙行事钞》卷上之三《受戒缘集篇》解释说:"四月十六日,是前安居;十七日已去至五月十五日,名中安居;五月十六日,名后安居。……前安居者,住前三月;后安居者,住后三月;虽不云中(指"中安居")三月,然文中具明前后日数,中间不辨,于理自明。"(《大正藏》第四十卷,第38页中)

"夏安居"虽有"前"、"后"之别,但律典上一般要求结"前安居"。《五分律》卷十九说:"若无事,应前安居;有事,听后安居。"(《大正藏》第二十二卷,第129页中)《善见律毗婆沙》卷十八说:"前安居人,得受迦絺那衣;破安居人、后安居人不得。"(《大正藏》第二十四卷,第795页下)也就是说,只有结"前安居"的人,才能在安居结束后,享有"受迦絺那衣"(又称"受功德衣")的权利,结"后安居"的人是没有此项权利的。

安居期间,僧众应定居一处,读诵经律,不得出界行游;若因"佛、法、僧"等事情需外出,须"受日"(指请假)。如在七日之内返回住地的,须向长老请求"受七日法"(指请假七日);如超过七日的,须向僧众请求"受过七日法"(指请假"十五日"或"一月"),并经同意,方可成行。安居中,若因"留难"(指影响性命和修行的险难)而无法安居的,可移住他处,不作"破安居"处理等(以上见《四分律》卷三十七)。

"夏安居"结束之日为"自恣日"("前安居"为农历七月十五日,"后安居"为农历八月十五日),僧众要举行"自恣"活动。"自恣",意译"满足"、"喜悦"、"随意",指请他人根据所见、所闻、所疑,任意举发自己所犯之罪,亦即请求他人批评举罪。自恣时,若同一住处有比丘五人或五人以上时，应作"僧法自恣"（即"众僧法"自恣），即先推选"受自恣人"，然后在"受自恣人"的主持下，从上座开始，僧众依次"三说自恣"（指将自恣告白说三遍），若有罪，应当如法忏悔；若有比丘二人至四人时，应作"对首自恣"（指各共面对作自恣）；若仅有比丘一人时，应作"心念自恣"；有比丘有病不能参加自恣活动的，应"与自恣"，委托他人表达自恣意愿；自恣时，如遭遇"八难"（指"王难、贼难、火难、水难、病难、人难、非人难、毒虫难"）等危难之事，允许"略说自恣"，即将自恣告白说二遍或一遍等（以上见《四分律》卷三十七、卷三十八）。

"自恣日"的次日（农历七月十六日）或一个月之内，僧众要举行"受迦絺那衣"活动。"迦絺那衣"，音译又作"羯耻那衣"，意译"功德衣"、"赏善罚恶衣"、"坚实衣"，指赏与坐夏僧众、象征五项权利的法衣。"受迦絺那衣"时，僧众须先推选"持功德衣人"，由他代表僧众集体受领"功德衣"，然后由"持功德衣人"持衣，让僧众依次扪摸，各自表示已受功德衣。僧众因结夏功德而"受迦絺那衣"，可以在此后的五个月（七月十六日至十二月十五日）之内享有五项权利（指开许做"五事"而不作为犯戒）。（1）"畜（蓄）长衣"，指蓄存"三衣"以外的多余的衣服。（2）"离衣宿"，指离三衣而宿。（3）"别众食"，指比丘四人或四人以上别聚一处受正食。（4）"展转食"，指受正食以后，又到别处再食。（5）"食前食后不嘱比丘入聚落"，指正食前后，不告知同住比丘便入聚落。但这五种权利并非是一直可享有的，过了上述时间段，就要"舍迦絺那衣"，宣告权利的中止。此外，若本人持律谨严，也可提前作"心念"舍衣，自愿放弃原可享有的权利（以上见《四分律》卷四十三、《五分律》卷二十二）。

四、羯磨制度

"羯磨"，意译"业"、"办事"、"作法办事"等，指僧团议决僧事的活动(也有人称之为"僧伽会议")。"羯磨法",又译"羯磨仪范",指僧团议决僧事的作法,它是贯通各项制度的基础性法规。如唐慧苑撰《一切经音义》卷二十二说:"羯磨,此云办事,谓诸法事,由兹成办。"(《大正藏》第五十四卷,第441页中)唐义净译《根本说一切有部百一羯磨》卷十说:"羯磨者,其义何也? 佛言:所由之事,谓即是因为彼作法,名为羯磨。"(《大正藏》第二十四卷,第499页下)

佛制立的羯磨法适用于僧团的各种行事,如"结界"(指划定作法的区域)、"解界"(指解除作法的区域)、"受戒"、"说戒"、"安居"、"自恣"、"受衣"、"受药"、"分房舍"、"忏罪"、"说净"(指将"长物"即超出规定蓄存的物品作净施),以及其他杂事(见曹魏昙谛译《羯磨》、康僧铠译《昙无德律部杂羯磨》等)。每一种羯磨的举行都必须具备相应的条件,符合者为"如法羯磨",不符合者为"非法羯磨"。如《毗尼母经》卷二说:

> 羯磨者,有四因缘,羯磨得成。一如法;二僧齐集;三如法白一(指白一羯磨)处白一,乃至白四(指白四羯磨)处白四,白四处不白三二一;四者众僧不来者与欲,众中无说难者。此四法成就,是名如法羯磨。(《大正藏》第二十四卷,第810页中)

意思是说,作羯磨须具备四种条件,方能成就:一是符合羯磨法的要求;二是同一界内的僧众全都聚集与会;三是针对不同的事情作不同的羯磨;四是因故不能参加羯磨者必须请假。唐道宣《四分律删繁补阙行事钞》卷上之一《通辨羯磨篇》则进而提出:

> 一切羯磨,必须具四法:一法、二事、三人、四界。(《大正藏》第四十卷,第11页中)

意思是说,一切羯磨必须具备"法"、"事"、"人"、"界"四种条件,才能成立。(1)"法"。指羯磨的作法(略称"羯磨法"),即作羯磨时使用的文词和仪法,有"众僧法"、"对首法"、"心念法"三种。(2)"事"。指羯磨所要处理的事情,有"受戒"、"忏罪"、"说戒"、"自恣"、"结界"

等。(3)"人"。指参加羯磨的人员,不同羯磨所要求的与会者的人数是不同的,有"四人僧"、"五人僧"、"十人僧"、"二十僧"等的区别。(4)"界"。指羯磨的场所,分为"作法界"、"自然界"二种。道宣的"羯磨四法"(又称"羯磨四缘"),不只是概括了羯磨的条件,同时也揭示了羯磨的内容要素,与《毗尼母经》的表述相比,显得更为周全。

一切羯磨都是靠人去运作的,故律典中特别强调同一界内的僧众都必须参加羯磨会议,并将是否达到规定的人数,视为羯磨是否成立的前提条件。如《四分律》卷四十四说:

> 有四种僧,四人僧、五人僧、十人僧、二十人僧。是中四人僧者,除自恣、受大戒、出罪,余一切如法羯磨应作;是中五人僧者,在中国除受大戒、出罪,余一切如法羯磨应作;是中十人僧者,除出罪,余一切如法羯磨应作;是中二十人僧者,一切羯磨应作。(《大正藏》第二十二卷,第886页上)

这就是说,若同一界内有比丘(或比丘尼)四人,就可以作除"自恣"、"受大戒"(指受具足戒)、"出罪"羯磨以外的各种羯磨;有五人,就可以作除"受大戒"、"出罪"羯磨以外的各种羯磨;有十人,就可以作除"出罪"羯磨以外的各种羯磨;有二十人,就可以作一切羯磨。在多数情况下,僧人都是集体居住和生活的,有关僧团的各种重要的僧事法务,也是集体讨论决定的,因此,"羯磨"本质上属于"众僧羯磨"、"众僧羯磨法"(又称"众僧法"),它是佛教特有的和合议决僧事的民主制度。

"众僧羯磨"依照议决的方式(据所决事情的简繁轻重而定),分为"白羯磨"、"白二羯磨"、"白四羯磨"三种(又称"三类")。《十诵律》卷五十说:"有三羯磨,摄一切羯磨:白羯磨、白二羯磨、白四羯磨。"(《大正藏》第二十三卷,第369页中)同书卷五十六解释说:

> 白者,白众是事,故名白。有僧事,初向僧说,故名白。白羯磨者,受具足戒、布萨说戒、自恣等,是名白羯磨;白二羯磨者,若白已一唱说,如是白二羯磨(此句似当作"是一羯磨并白为二"),是名

白二羯磨;白四羯磨者,若白已三唱说,是三羯磨并白为四,是名白四羯磨。(《大正藏》第二十三卷,第411页下)

这里所说的三种羯磨是:(1)"白羯磨"(又称"单白羯磨")。指羯磨师将事情向僧众报告一次(即作一次告白,又称"单白"、"白一",其末句为"白如是"),不必征询意见,即为决议。(2)"白二羯磨"(又称"一白一羯磨")。指羯磨师将事情向僧众报告一次(此为"白一",其末句为"白如是"),再征询意见一次(此为"一羯磨"),若僧众同意则默然(默许),不同意则说,征询意见时皆默然,即为决议(主持者当众宣布结果,其末句为"是事如是持")。(3)"白四羯磨"(又称"一白三羯磨")。指羯磨师将事情向僧众报告一次(此为"白一",其末句均为"白如是"),再征询意见三次(此为"三羯磨"),若僧众同意则默然,不同意则说,三次征询意见皆默然,即为决议(羯磨师当众宣布结果,其末句为"是事如是持")。

"众僧羯磨"又称"百一羯磨",因"众僧羯磨"中,"白羯磨"有二十二种、"白二羯磨"有四十七种、"白四羯磨"有三十二种,总计为一百一种羯磨而得名。刘宋失译《大沙门百一羯磨法》说:"白羯磨二十四、白二羯磨四十七、白四羯磨三十,因羯磨不限百一,以类相从,不出百一羯磨之法。"(《大正藏》第二十三卷,第489页上)在部派律典中,使用"百一羯磨"之名,主要是说一切有部的经典(如《萨婆多毗尼毗婆沙》、《萨婆多部毗尼摩得勒伽》、《根本说一切有部毗奈耶》、《根本说一切有部尼陀那》、《根本说一切有部百一羯磨》等),从而表明"百一羯磨"最初可能是有部编集统计的。

"众僧羯磨"要求同一界内的比丘(或比丘尼)达到四人,方可作羯磨。那么,假如同一界内没有四人,那还要不要作羯磨呢?律典上认为,若是法定的"说戒"、"自恣"等活动,即使是人少,还是要作的。以"说戒"为例,《四分律》卷三十六说:

若四、若过四,应先白已,然后说戒;若有三人,各各相向说:今

僧十五日说戒,我某甲清净,如是三说;若有二人,亦相向说:今僧
十五日说戒,我某甲清净,如是三说;若有一人,应心念口言:今日
众僧十五日说戒,我某甲清净,如是三说。(《大正藏》第二十二
卷,第 821 页中)

意思是说,若同一界内有比丘四人或四人以上时,应依僧羯磨的程
序和仪式说戒;有三人或二人时,应各共面对说戒;仅有一人时,应口唱
心念说戒。虽说译文中尚没有使用"众僧法"、"对首法"、"心念法"三
个名词,但已经有了这三种羯磨作法的内容。

唐道宣《四分律删繁补阙行事钞》卷上之一《通辨羯磨篇》,首次提
出了依参加者人数而定的"众僧法"、"对首法"、"心念法"三种羯磨作
法的概念。说:

法(指羯磨法)有三种。一心念法、二对首法、三众僧
法。……心念法者,事是微小,或界无人,虽是众法及以对首,亦听
独秉,令自行成无犯戒事。……言对首者,谓非心念之缘,及界无
僧,并令对首,此通二三人或至四人(此指唯有"自恣法"中的"众
僧法"要求有五人与会,若只有四人,则用"对首法"),如下说也,
谓各共面对,同秉法也。言众法者,四人已上,秉于羯磨。(卷上之
一《通辨羯磨篇》,《大正藏》第四十卷,第 11 页下)

这里所说的三种羯磨作法是:(1)"心念法"。此为同一住处仅有
比丘一人时作的羯磨,采用一人口唱心念羯磨词的方式进行。(2)"对
首法"。此为同一住处有比丘二三人时作的羯磨,或虽有多人,但只需
对二人至三人作的羯磨(唯有"自恣法"中的"对首法",对人数的要求
是二人至四人),采用各共面对说羯磨词的方式进行。(3)"众僧法"。
此为同一住处有比丘四人或四人以上时作的羯磨(唯有"自恣法"中的
"众僧法",对人数的要求是五人),依照"众僧羯磨"的程序和仪式
进行。

南山宗提出的上述三种羯磨作法的概念,也得到了其他律宗人士

的认同。其后，唐怀素撰《僧羯磨》、《尼羯磨》，爰同撰《弥沙塞羯磨本》，也在书中采用"对首法"、"心念法"的提法。唐义净在翻译《根本说一切有部毗奈耶随意事》、《根本萨婆多部律摄》时，亦采用了"对首法"的译名；翻译《根本说一切有部毗奈耶杂事》时，亦采用了"心念法"的译名。

至于"羯磨法"的总数，唐道宣《四分律删补随机羯磨》卷上《集法缘成篇》的统计是：(1)"僧法羯磨"(又称"众僧羯磨"、"众僧法")有一百三十四种。此中包括："单白羯磨"三十九种、"白二羯磨"五十七种、"白四羯磨"三十八种。(2)"对首羯磨"(又称"对首法")有三十三种。此中包括："但对首法"(指本来就属于"对首法")二十八种、"众法对首"(指本来属于"众僧法"，因"界中无人"，允许使用"对首法")五种。(3)"心念羯磨"(又称"心念法")有十四种。此中包括："但心念法"(指本来就属于"对法")三种、"对首心念法"(指本来属于"对首法"，因"界中无人"，允许使用"心念法")七种、"众法心念法"(指本来属于"众僧法"，因"界中无人"，允许使用"心念法")四种。也就是说，以《四分律》为例，佛教"羯磨法"总计有一百八十四种。

佛教"羯磨法"的种类虽多，但就性质划分，不外乎"成善"和"治罪"二类。《十诵律》卷五十六说：

> 有二种羯磨。一治罪羯磨、二成善羯磨。治罪羯磨者，谓苦切羯磨、依止羯磨、驱出羯磨、下意羯磨、摈羯磨(包括"不见摈"、"不作摈"、"邪恶不除摈")，如是等苦恼羯磨，是名治罪羯磨。成善羯磨者，谓受戒羯磨、布萨羯磨、自恣羯磨、出罪羯磨、布草(指"七灭诤法"中的"如草覆地毗尼")羯磨。如是等能成善法羯磨，是名成善羯磨。(《大正藏》第二十三卷，第410页中)

这里列举了七种治罪羯磨(均属于"僧法羯磨"中的"白四羯磨")。一是"苦切羯磨"(又称"呵责羯磨")，指对犯罪者当众呵责并"夺三十五事"(即剥夺三十五项权利)；二是"依止羯磨"，指责成犯罪者依止某大德学律受教;三是"驱出羯磨"(又称"摈羯磨"),指将犯罪者从住地驱出;四是"下意羯磨"(又称"遮不至白衣家羯磨"),指责成犯罪者向受损恼的俗家忏悔道歉;五是"不见摈羯磨"(又称"不见罪举羯磨"),指对不认罪者予以举罪并摈出;六是"不作摈羯磨"(又称"不忏悔罪举羯磨"),指对不忏悔罪者予以举罪并摈出;七是"邪恶不除摈羯磨"(又称"不舍恶见举羯磨"),指对不舍恶见者予以举罪并摈出(末三种"摈羯磨"均属于"举罪羯磨")。

除此以外,羯磨法著作如曹魏昙谛译《羯磨·除罪法》、唐道宣《四分律删补随机羯磨·忏六聚法篇》等叙及的责令犯"波罗夷"、"僧残"、"偷兰遮"、"波逸提"、"波罗提提舍尼"、"突吉罗"等罪者,作忏悔的各种"忏悔法",实际上也是"治罪羯磨"。其实,"治罚制度"也是佛教僧团的重要制度之一,值得专题研究,以便从中吸取历史的经验,重振僧纪。

五、衣食制度

早期佛教僧团的有关衣食住行的生活制度,是佛制立的"四依法"(又称"四圣种")。(1)"依粪扫衣",指穿着用冢间或巷陌拾到的废布,浣洗、染色后缝制的衣服(用以破除对衣服的贪著)。(2)"依乞食",指每日乞食为生(中午之前乞食一次,用以破除对饮食的贪著)。(3)"依树下坐",指常住于树下(用以破除对房舍卧具的贪著)。(4)"依腐烂药"(又称"陈弃药"、"尘弃药"、"残弃药"),指用粪便药或废弃药治病(用以破除对医药的贪著)。"四依法"作为对出家者必须告知的僧团生活规制,起先是放在"白四羯磨"授具足戒之前的进行,由于它的要求比较严苛,即便是曾有"苦行"经历的"外道",也望而生畏,直接影响僧众的扩大,因而后来佛又对"四依法"作了修订,在保持基本原则不变的情况下,放宽了一些限制,并将说"四依法"的顺序改在授具足戒结束以后。修订后的"四依法",在"依粪扫衣"中,开许接受"檀越施衣"、"割坏衣";"依乞食"中,开许受用"僧差食"、"檀越送食"、"月八日食"、"十四日食"、"十五日食"、"月初日食"、"僧众常食"、"檀越请食";"依树下坐"中,开许住于"别房"、"尖头屋"、"小房"、"石室"、"两房一户";"依腐烂药"中,开许服用"酥"、"油"、"生酥"、"蜜"、"石蜜"(以上见《四分律》卷三十五;《五分律》卷十七、《十诵律》卷二十一、《僧祇律》卷二十三等所列细项,与之略有出入)。

有关僧众的生活资具。佛教分为二种:一是"制物",指佛制令必须随身受持的物品;二是"听物",指佛开许随缘方便受持的物品。

"制物",指的是"三衣一钵"。它们既是出家受戒的条件之一,也是出家后必备的生活用品。《僧祇律》卷八说:

> 出家离第一乐,而随所住处,常三衣俱,持钵乞食,譬如鸟之两翼,恒与身俱。(《大正藏》第二十二卷,第293页下)

"三衣",指的是僧众必须受持的三种衣服,因它们是将布料割裁后缝缀的,故得名"割截衣";因缝缀的形状如田畦一般,又得名"田相衣";因它们须染成"青"(指铜青色)、"黑"(指黑泥色)、"木兰"(指赤而带黑色)三种"坏色",通常又称之为"袈裟"(意为"坏色"、"不正色")。(1)"安陀会",又称"下衣"、"内衣"、"中宿衣"、"作务衣"等,指用五条布缝制而成的内衣,供日常作务或就寝时穿着。(2)"郁多罗僧",又称"上衣"、"入众衣"等,指用七条布缝制而成的上衣,供礼诵、听讲、布萨时穿着。(3)"僧伽梨",又称"大衣"、"重衣"、"杂碎衣"、"入聚落衣"等,指用九条布缝制而成的大衣(一说分上中下三品。九条、十一条、十三条为下品衣;十五条、十七条、十九条为中品衣;二十一条、二十三条、二十五条为上品衣),供入聚落时穿着。"钵",又称"钵多罗"、"钵盂"、"应器",指盛食的器物。

佛制立的比丘尼必须受持的物品,为"五衣一钵",也就是在"三衣"的基础上增加"僧祇支"(又称"掩腋衣",用于覆左肩)、"覆肩衣"

（用于覆右肩）二衣（此据《四分律》卷二十七；《五分律》、《僧祇律》所说的"五衣"，是指"三衣"加上"僧祇支"、"雨浴衣"）。

此外，《十诵律》、《大沙门百一羯磨法》、《根本说一切有部毗奈耶》、《根本说一切有部毗奈耶杂事》等还提到僧众必须随身携带"六物"，即三衣、钵、尼师坛（又称"坐具"、"敷具"、"随坐衣"，指坐卧时敷于地上或卧具上的长方形布）、漉水囊（又称"水罗"，指滤水去虫的布袋）。故南山宗也将"三衣六物"作为"制物"的代称。

"听物"，指的是"百一众具"，即三衣六物之外的其他日常生活用品。由于规定每一种物品只得蓄存一件，故又名"百一资具"（若超过一件，就为"长物"，必须"说净"）。唐道宣《四分律删繁补阙行事钞》卷下《二衣总别篇》说：

> 何名为制（指制物）？谓三衣六物。佛制令畜，通诸一化，并制服用，有违结罪（指不受持制物为犯戒）结罪。何名为听（指听物）？谓百一衣财，随报开许，逆顺无过（指不受持听物不犯戒），通道济乏也。就初分三，谓三衣、坐具、漉水袋也。后中分四，谓百一诸长、粪扫、俗施、亡五众衣，轻重等例。（《大正藏》第四十卷，第 104 页下）

属于"听物"的物品有：偏衫、裙、副裙、雨浴衣、覆疮衣、拭面巾、拭身巾、针筒、剃刀、伞、鞋、贮衣器、水瓶、澡罐、锡杖、扇、坐褥、卧褥、革屣等。

有关僧众的饮食。佛制立了"二食"、"四药"的受用规则。

"二食"，指的是"时食"、"非时食"，它是佛教对饮食时间所作的区分。《四分律》卷十四说：

> 时者，明相出，乃至日中。按此时为法四天下食亦尔。非时者，从日中，乃至明相未出。（《大正藏》第二十二卷，第 662 页下）

也就是说，"时"，指的是每日黎明之后至正午，此为合适的受用正食的时间，在这一时间内受食，称为"时食"；"非时"，指的是每日正午之后至次日黎明之前（"明相未出"），此为不合适的受用正食的时间，在这一时间内受食，称为"非时食"。对"时食"，佛要求行施"一食法"，日中一食，坐下吃饱后，不得再食。对"非时食"，佛是禁止的。沙弥、沙弥尼"十戒"中，有"尽形寿不非时食"；比丘、比丘尼具足戒"波逸提法"中，有"非时食者，波逸提"；即便是优婆塞、优婆夷受持的"八关斋戒"中，也有"一日一夜不非时食"。之所以如此强调"不非时食"，究其原因，一是当时婆罗门修行者都是"过午不食"的，如东晋失译《舍利弗问经》所说"诸婆罗门不非时食，外道梵志亦不邪食"；二是为了僧众的修行，如《萨婆多毗尼毗婆沙》卷七说："比丘从晨至（日）中，是乞食时，应入聚落，往来游行，故名为时。从（日）中至后夜后分，应静拱端坐，诵经坐禅，各当所业，非是行来入聚落时，故名非时。"（《大正藏》第二十三卷，第551页下）

"四药"，又称"四种药"，指的是"时药"、"非时药"（又称"时分药"、"夜分药"、"更药"）、"七日药"、"尽形寿药"（又称"形寿药"、"终身药"、"尽形药"），它是佛教对饮食种类所作的区分。"四药"之中，除"尽形寿药"是真正的药物以外，其他三种其实都是食物，之所以也称为"药"，是因为在佛教看来，一切食物都不是用来满足口腹之欲的享受，而是僧众资养色身，疗治饥渴病的药物。唐道宣《四分律删繁补阙行事钞》卷下之二《四药受净篇》说：

> 言时药者，从旦至中，圣教听服，事顺法应，不生罪累；言非时药者，诸杂浆等，对病而设，时外开服，限分无违；七日药者，约能就法，尽其分齐（指界限），从以日限，用疗深益；尽寿药者，势力既微，故听久服，方能除患。（《大正藏》第四十卷，第117页下）

（1）"时药"。指在每日黎明之后至中午可以食用的食物。分为两类：一是"五种蒲阇尼"（又称"五种蒲膳尼"、"五噉食"、"五正食"）。《四分律》卷四十二指"饭、麨、干饭、鱼、肉"；《十诵律》卷二十六指"饭、麨、糒、鱼、肉"。二是"五种佉阇尼"（又称"五种佉陀尼"、"五珂怛尼"、"五嚼食"、"五不正食"),《四分律》卷四十二指"根食、茎食、叶食、华食、果食、油食、胡麻食、石蜜食、蒸食(又称"细末食")";《十诵律》卷二十六指"根食、茎食、叶食、磨食、果食"。此中作为"五正食"中的"鱼"、"肉",小乘佛教分为"三种净肉"(又称"三净肉")、"三种不净肉"(又称"三不净肉")二类,区别对待。"三净肉",指"不见"、"不闻"、"不疑"是为我故杀之肉,这是允许食用;"三不净肉",指"见"、"闻"、"疑"是为我故杀之肉,这是不允许食用的(见《四分律》卷四十二)。后来,大乘佛教"废前教",废除了原先允许食用的"三净肉"的规定,对一切肉食均加以禁断。如北凉昙无谶译《大般涅槃经》卷四说:

> (佛对迦叶说)从今日始,不听声闻弟子食肉。若受檀越信施之时,应观是食,如子肉想。……夫食肉者,断大慈种。(《大正藏》第十二卷,第 386 页上)

汉地佛教自梁武帝断禁肉食以后,也不再食肉,并成为制度。

(2)"非时药"(又称"时分药"、"夜分药"、"更药"、"非时浆")。指在每日正午之后至次日黎明之前可以食用的果浆。通常称为"八种浆",《四分律》卷四十二指"梨浆、阎浮(一作"阎婆")浆、酸枣浆、甘蔗浆、蕤果浆、舍楼伽浆、婆楼师浆、蒲桃(葡萄)浆";《十诵律》卷二十六指"周梨浆、茂梨浆、拘楼浆、舍楼浆、说波多浆、颇留沙浆、梨浆、蒲萄(葡萄)浆"。

(3)"七日药"(又称"含消药")。指因病可在七日内食用的药物。《四分律》卷四十二指"酥(熟酥)、油(指植物油和油脂)、生酥、蜜(指蜂蜜)、石蜜(指糖)"五种药;《十诵律》卷二十六指"酥、油、蜜、石蜜"四种药。

(4)"尽形寿药"(又称"形寿药"、"终身药"、"尽形药")。指因病可终身随时食用的药物。《四分律》卷四十三指"不任为食者",即一切咸苦辛甘等不能充任日常食物的药物;《十诵律》卷二十六、卷四十六指"五种根药"(指"舍梨、姜、赤附子、波提鞞沙、菖蒲根")、"五种果药"(指"诃梨勒、阿摩勒、鞞酰勒、胡椒、荜钵罗")、"五种盐"(指"紫盐、赤盐、白盐、黑盐、卤土盐")、"五种汤"(指"华汤、叶汤、根汤、茎汤、果汤")、"五种树胶药"(指"兴渠胶、萨阇赖胶、底夜胶、底夜和提胶、底夜和那胶";卷二十六中"尽形药"各项的排序和译名与之略有出入)。

佛教的僧团制度是随着社会经济、政治、文化的发展而不断演进的。其中,一些基本的思想原则和重要事项是不变的,而与社会物质生活方式密切相关的具体事项则是不断调整的。

佛教教育专论

佛教教育的当代困境及其改革路径

李向平(华东师范大学宗教与社会研究中心)

【内容摘要】 本文通过对传统中国佛教教育特点的揭示,结合近代以来中国佛教教育改革与实践的经验得失,及海外佛教教育的成功经验,立足于当代社会的大背景,依据佛教的性质,分析当代中国佛教教育的现状,找出问题所在,提出改进的设想,最后展望未来的可能性。

【关键词】佛教传统　佛教信仰　现代教育　当代佛教教育

一般而言,佛教教育分为广义与狭义两种。就广义言,佛陀创立的八万四千法门,本身就是一个庞大的教育体系;从狭义来说,则专指寺院丛林式的或现代学院式的佛教教育。与一般偏重知识与技能传授的世俗教育不同的是,佛教教育着重于教导人们如何修行,完善人格,服务社会。因此佛教教育实际上是一种道德性教育、普世性教育和终身教育。[1]

与中国佛教文化的发展特征紧密相关的是,佛教教育的社会意义在于对社会信仰教育的作用,可以从两方面来理解:首先,从佛教信仰层面看,佛教教育为广大信仰者所需要;其次,从一般社会教育层面看,

---

[1] 陈星桥《二十一世纪中国佛教教育的理念与展望》,《法音》,2000(5)。

佛教教育主要是为相关的道德教育提供资源。[2]

从发展变革来看，佛教教育有"译场讲学"、"丛林熏修"以及近代中国"专业院校"等三种教育模式。近代开始，以太虚大师为首的佛教界人士，为了改变人们头脑中对佛教是"鬼的宗教"与"死人的宗教"的观念，做了大量的宣传工作，并提出"人生佛教"的理念。原国家宗教局局长叶小文用"一个根本、三个借助"来论述佛教教育，一个根本：教育、培养僧才。三个借助，即：一是借助现代教育。传统教育的优势在于僧格的熏陶与培养，现代教育的优势在于知识的普及与人才的规模生产。二是借助社会人文。发扬光大重人文、重文化的传统。三是借助外文工具。[3]

一、佛教教育的一般特征

中国早期的佛教教育模式是与印度相似的，也就是以演讲与讨论和辩难的方式。主要表现就是形成了以各种"论师"为特点的讲学流派，这在事实上就已经是佛教教育的模型了，同时，这种教育模式也正是中国传统佛教教育的方式，也就是"导师带学生"的方式。与当时的论师教育学僧教育模式同期的还有以译经为主题的佛教教育，从南北朝到唐宋，国家都设立过译经场，这些高僧在译经的同时更培养了一大批优秀的僧才。佛教在隋唐时期分宗派后，佛教的教育更是成为各宗极为关注的内容，当时的各宗无不以自家学说为中心，广教门徒。各宗的寺院不仅是宗教场所，也是教育场所。

可以说，自唐末开始，译经兴学已转为以丛林师徒传授为主。此后，传统的僧教育大体分为三支：

---

[2] 刘元春《佛教教育的社会意义与未来》，《中国民族报》2012年5月15日，第006版。
[3] 叶小文《佛教教育的"一个根本、三个借助"》，《中国宗教》，2007(5)。

（1）宗门（禅）主要是坐禅参话头,加以机锋训练,禅师指点。参禅者得悟呈偈,由高明的禅师加以印证认可。由于真悟与假悟缺乏明确的依据、标准,参学者往往不懂装懂,难以检验。至晚清,如龚自珍所言:禅门愈降愈滥,愈诞愈易。除极少名山大寺外,艰苦的参学磨练已蜕化为背语录、公案糊弄人。

（2）教门（天台、华严、法相）则主要通过听经与阅藏。就听经而言,清代讲经法师整体佛学水平每况愈下,不少法师终身只讲一部经疏。宗门与教门都属专宗教育。

（3）僧尼还必须接受戒律教育,受戒合格后才能获戒牒。这属普及教育范畴。晚清僧教育中,勉强可以算普考的也即受具有足戒前的一番问答,但开堂师等为了不丢面子,使他们辅导下的绝大部分求戒者都能通过。

三类佛教教育的共同点,即是师徒式的传授,但当时明师本来就少,高才也很少见,加之师生各自被封闭于寺院深山,与社会接触面狭窄,使明师遇到高徒的几率进一步降低。传统僧教育不振的致命弱点还在职事的提升与住持的继承跟佛学水平并无然联系,反而与年资辈分、人际关系密切相关,导致僧尼多不求学上进。最后,替人做经忏佛事的丰厚收入的引诱也使大部分沙弥僧无意求学。[4]

总之,传统的寺院丛林教育的优点:首先是师徒式教育与现代研究生的导师制相仿,法师（禅师）直接面对学僧的人数不多,能够了解学僧,便于因材施教。其次,以德育为主,故其所培养出的僧才,虽说缺乏文化知识,但多能甘苦淡泊,持戒修"定",半途改变生活而回俗者较少。其三,虽然这种方式培养的能够接法弘法的僧才极有限,但其中毕竟也有高僧,这大概与自由行脚参访,转承多师有关。

因此,传统的佛教教育还是以禅宗为最大特色。禅宗以开启人的

---

[4] 邓子美《20 世纪中国佛教教育事业之回顾》,《佛教文化》,1999（06）。

智慧为一大特点,禅师在接引学生的过程中无不体现这一方面。正是基于此,禅师们开发出了多种禅法来接引学人,例如话头禅、文字禅、默照禅等。隋唐时期佛教的教育模式渐渐地成为定制,佛教在唐代后几乎全是禅宗的天下,禅宗的教育模式也被推广到了全国。但宋代后,随着佛教的彻底中国化和佛教在义理研究方面的缺失,导致佛教自身的创新机制有很大程度的降低,所以,佛教教育也逐渐地模式化、僵硬化,发展到明清,使许多佛教寺庙成为子孙丛林。同时,佛教的职能也成了以经忏超度为业,变为"死人的宗教"。单纯传统的佛教教育已经走到了尽头。

值得指出的是,佛教教育除了八宗之外无文本,这是典型的佛教教育的表现及其特征。同时,由于佛教寺院已经制订了以方丈为中心的家族组织形式,僧徒按身份处于子孙地位。禅院的上下关系,类似传统家族成员的关系。这一特色,使得禅门清规被称作"丛林礼法之大经"(至大清序),从此百丈清规成为天下丛林律仪的蓝本。时至今日,现今流行的方丈负责制亦仍难脱宗法大家长制的色彩,给今天的佛教教育管理造成了诸多困惑。

二、近代佛教革命及其教育改制

中国近代佛教教育可以追溯到 19 世纪末至 20 世纪初,其主要特征,可分为两大系统:即以出家僧众为主体的僧教育,和以在家居士为主体的佛学教育而兼僧教育。

近代佛教教育的目的,出自于清末传统佛教及其佛教教育的衰落,用太虚法师的话说就是:"以要言之,欲长以僧伽住持佛教,不归于天演淘汰,则必须急起加以整顿振兴;欲加整顿振兴,则必急办一如此之过渡佛教大学以造就僧才……所以然者,此种人才既须长于学问,又必须同抱一菩萨之愿力悲心,世间名利恭敬既不可贪求,且必专心一志,不避艰难,众人誉之不加劝,众人毁之不加阻,有忧道不忧贫,谋道不谋食之精神,始不致始与终弃,貌合神离,而能底于成也! 然而才难之叹,吾不能无兴也!"[5]

最早的学堂式佛教教育,应当产生于江苏佛教界。1906 年文希和尚在扬州天宁寺创立普通僧学堂,招收僧青年入学;翌年,金陵刻经处的创始人杨仁山居士在南京金陵刻经处设立"祇洹精舍",招收僧俗学生。杨仁山居士提倡兴办新式的佛教教育。一再强调办学的重要性,主张"莫若请政务处立一新章,令通国僧道之有财产者,以其半开设学堂",或者"由各省择名胜大刹,开设释氏学堂,经费由庵观寺院田产提充,教习公同选举"。

20 世纪初,全国各地纷纷举办僧教育会,其性质一方面是办幼年僧徒小学,培养僧众人才,一方面是办普通小学,以辅助国民教育,但大都是各省县各自为政地设立,谈不上有系统的组织。教育经费由各寺院分担。辛亥革命后,1912 年全国佛教界于上海召开会议,在僧教育总会的基础上成立了中华民国佛教总会,公推敬安为首任会长。大会通过了《中华佛教总会章程》,章程规定,除保护寺产之外,总会还计划开设各宗专科大学、中学、师范小学,以及励行慈善事业等。1915 年内务部颁布了《管理寺庙条例》,其中第五条规定,各寺庙及自立学校,但其课程于佛教经典外,必须授以普通教育,并在第十五条中对寺立学校的讲法宗旨、方法、内容都做了具体的规定。至于标志着近代佛教教育最高水准的,是 1922 年太虚在武昌城望山门内千家街创办的武昌佛学院。

此外,在家居士也是推动近代佛教教育发展的一支重要力量。近代最早由居士创办的佛教学校,大概是由彭绍升与汪绪所共立的建阳书院。然而对近代佛教教育兴起贡献最大的,当首推杨文会居士。在

[5] 王大伟《对当代佛教教育中"参学"关系的思考》,《五台山研究》,2010(4)。

杨文会兴办佛学教育的推动下,居士佛学教育有了新的进展,其中最为著名的是1922年欧阳竟无创办的南京支那内学院。

抗战胜利后,中国佛教近代化进程希望得到相应的恢复,同时也激发了佛教教育事业的复苏。于是,上海相继新创了由圆瑛主持的楞严专宗学院,与太虚主持的静安寺佛教学院。

可以说,近代的佛学院教育,因受西方教育模式的影响,重在学堂授课,以传授知识为主,培养出的人才在知识结构上,明显要优于丛林教育培养出来的学僧,但在修行方面又不如丛林教育;而修行又是佛教教育中非常重要的一环,所以学修关系成为佛学院教育的一个不好理顺与不好解决的两难问题。正如太虚的学生谛闻法师认为:

(1)办学宗旨之不正大。三十年来中国佛教的僧教育,除了在家居士办的少数佛学院,真实为弘扬佛法,培植人才为宗旨外,其他出家佛徒办的,多数佛学院,大半都是为抵御外侮、保护寺产起见,很少有昌明佛化、造就人才为宗旨的。

(2)办学经济之不充足。

(3)住持长老之无公益心。

(4)求学者之无真实心。

(5)青年学僧之嚣张过甚。在学院则反对教师,常闹风潮;在丛林则藐视执事,时起冲突;在小庙则冒犯师长,屡谋起义。[6]

虽然佛教教育的举办,关键在于人才,但由于几百年来佛教的消沉,整个佛教界仍然处于人才不济的情况,虽然很多寺庙都在办教育,但是又因种种原因,其教育的效果及其社会影响并不十分突出。

---

[6] 黄夏年《近代中国佛教教育》,《法音》,2007(04)。

三、近代佛教教育著名教育家及其教育实践

(一)杨文会——祇洹精舍:中国近现代佛教教育的发祥地

杨文会(1837—1912)认为佛教教育主要为培养僧材,振兴佛教,因而学堂既要兴佛学,也应兼习新法(指西学与维新之学),同时还可借鉴日本佛教教育和欧洲基督教教育的成功经验。1908 年秋天杨文会创立祇洹精舍,将其主张贯注在祇洹精舍的教育中。学校延请谛闲讲台宗典籍,曼殊教英文,名士李晓暾教国文,杨文会则亲自讲《大乘起信论》。培养了欧阳渐、梅光羲、桂伯华、李政刚、太虚、仁山等一代佛学精英。两年后由于经费短缺而停办。[7]

(二)太虚——僧伽办学理念及其实践

1922 年太虚主持筹办了武昌佛学院。按太虚的设想,武院第一期主要是培养僧师范人才。学生毕业后,出家者从事任教及整理僧伽工作:在家者则组织正信会,在社会上推广、宣扬佛教。在对学生的管理上,基本上按中国禅林规范,并借鉴日本佛教教育的一些做法。1924年夏,武院首届学员终于毕业。毕业生中选取 20 名成绩优异的留在院内继续深造,其余各回原地。

第一届办学运作的实践初步体现了太虚的僧教育思想,即走传统与现代相结合的道路,培养具有现代意识的能够推动佛教革新事业的僧材。具体而言,国外教育经验的吸收,太虚主要是吸收了日本近代僧教育的经验;国内教育经验,则主要是对杨文会佛教教育思想的继承和发展。

---

[7] 邓子美《20 世纪中国佛教教育事业之回顾》,《佛教文化》,1999(06)。

综上所述,祇洹精舍与武昌佛学院的佛教教育经验是:

(1)培养目标:一些寺院传统僧教育的讲经、授徒,都限于专宗专派,而祇洹精舍的开办是为振兴佛教,其课程涉及大、小乘各种经论,不局限一宗一派。学生僧俗兼收。这对传统僧教育是一大突破。同样,武院课程设置也打破了宗派局限,极力融通佛教各宗,使学生对佛学有整体认识,再以性情所近,深造一宗。

(2)教学内容:祇洹精舍为培养适应时代发展需要的佛学人才,在教学上除了学习佛教经典外,还兼习世俗学术文化。而武昌佛学院在这方面也与祇洹精舍一脉相承,在世俗学术方面开设的课程除了前述外,后来还开设过伦理学、心理学、生物学等,语言也有英、日、梵、藏文等,涉及的领域比祇洹精舍更全面更合理。

(3)学院管理:祇洹精舍强调学生不仅要精通教义,还须观行相应。这一原则被武昌佛学院进一步发展。

至于太虚主办的武昌佛学院,在有些方面甚至超越了祇洹精舍。杨文会办祇洹精舍,根本目的是造就佛学导师。而太虚的武昌佛学院第一期,虽然也是造就佛教师范人才,然而太虚能自觉适应当时社会发展变化及公众的宗教需求,要求学僧既会办新式僧教育,又要致力于僧伽制度整理,改变僧寺保守落后局面;同时注重培养社会弘法人才,要求在家佛教徒致力于在社会上推广、弘扬佛法。应该说,太虚突破了杨文会的时代局限,其着眼点比杨文会更高。

因此,太虚于1927年担任闽南佛学院院长,要求一代新僧都来关注现代科技文化的发展,强调佛学必须对此作出适当的回应,这对佛教的未来至关重要。在《救僧运动》之中,太虚对学僧提出了具体要求:真修实证、献身利群、博学深究。他认为,发扬佛法真谛,适应现代社会,建设新中国的奠基于人间的僧伽制度,是佛教教育的基本目标。

为达此目标,学僧既要对佛法有深切的认识和信仰,也要对现代世界潮流的状况与新思潮的地位、价值有深刻的了解和体验。他还提出，僧教育与一般教育不同之处在律仪。学僧为学的重心在于佛学，佛学的宗旨在于究竟的自利利他。闽南佛学院的学生要把闽院的精神推广到社会，使佛教革新的理想变为人间净土的现实。

1932 年 8 月 20 日，世界佛学苑汉藏教理院正式开学，太虚任院长，制订院训："澹宁明敏"。1940 年 5 月，太虚访南亚、东南亚归来，提出以建立"菩萨学处"为中心的僧制与教育新构想。这无疑受到戴季陶及南传佛教的启发，但仍秉太虚一贯思路。不同点是吸取了以前教训，更注重集中力量，培养少数精英作为起点。太虚提出：将来担任复兴中国佛教大任的学僧要从四方面学习锻炼，即修行、讲学、用人、办事。汉院在太虚当初设想中负有两大使命，一是作为沟通汉藏佛教的桥梁，二是继承武院、闽院精神，培养大批僧才，使之成为佛教革新事业骨干的大本营。[8]

（三）欧阳渐——居士办学理念与支那内学院

支那内学院于 1992 年在南京正式成立。内院在开办之初拟设法相、法性、真言三大学，以学理性质划分，囊括中国佛教各宗派。欧阳竟无与太虚一样，同样是继承了杨文会"造就佛学导师"思想，如太虚创办的武昌佛学院旨在培养一代新僧，强调造就住持佛教的通才一面；至于支那内学院的重点，则在设居士道场，造就佛学研究的专门人才一面。

欧阳对其师杨文会有关佛教教育的思想与主张大加发挥、引申，形成了自己独特的佛教教育理念，在《法相大学特科开学讲演》、《支那内学院院训释》中，他提出：

1. 佛教教育的出发点是，"哀正法灭，立西域学宗旨"；"悲众生苦，

[8] 邓子美《20 世纪中国佛教教育事业之回顾》，《佛教文化》，1999（06）。

立为人学宗旨"。其办学宗旨虽然具有一定的独尊法相宗的片面性，同时也与太虚法师提出的"人生佛教"思想与主张，殊途同归。

2. 支那内学院的院训为，"师、悲、教、戒"。

3. "为真是真非之所寄，为法事光大，为居士道场，为精神所寄"。这里强调的是，支那内学院是中国佛教史上规模空前的居士道场，同时兼具现代教育机构特征。

4. 佛法为一切教育之极，当世应重舍生取义的豪杰之教。

5. "教育不以兴国为的，而以民能充其所以为人之量为的。"

支那内学院主张与提倡的教育方法独具一格，即"教授以诱进阅藏，开启心思为鹄的"。其大学与研究部的教学以讲演、讨论和指导自习、研究为主，彻底改变了传统佛教教育的注入式方式，学术效果与社会影响极大，并且培养出汤用彤、熊十力等一代学术大师，王恩洋、姚柏年、梁启超、梁漱溟、陈铭枢等著名学人先后出自该院。

四、当代中国佛教的教育规模

当代的佛教教育都是对近代杨仁山、太虚等人所开创教育模式的继续，也就是对"人间佛教"思想的延续。1956 年 2 月中国佛教协会一届三次常务理事扩大会议，制定了中国佛学院章程，组建了院务委员会。同年，中国佛学院在北京法源寺成立。该院在创办之初，就在办学宗旨、教学研究、行政管理上，把继承传统、适应当代、开拓未来，有机地结合起来。中国佛协副会长喜饶嘉措任首任院长，太虚弟子法尊继任院长。从 1956 年到 1966 年的十年，先后开办了专修科、本科、研究班、短训班、藏语系专科等不同层次的班级共六个班，这些毕业生大都成为各地佛教骨干，基本上构成了当代大陆佛教的中坚。

1966—1979 年，中国佛学院的院址法源寺遭到严重的毁坏，院长喜饶嘉措大师、副院长兼教务长周叔迦居士被迫害致死，任职执教的法师、学者、居士遭到批斗,"离校改造",学院陷于瘫痪解散的状态。

1992 年,佛教协会赵朴初原会长在全国汉语系佛教教育工作座谈会上,曾经提出当代中国人间佛教的僧伽教育基本理念,即"学修一体化,学僧生活丛林化"。

在此基础上,僧伽教育,无疑是以戒为师,即便是个人解脱、利济世人、正法久住为核心的僧团管理教育体系,同样也是建立在佛教戒律之基础上。这些戒律可归纳为自行、众行两方面。为此,佛教僧教育的基石应当是戒律教育。而此戒律教育的重点不在于理论上的研究,而在于实际中的行持。可以说,正是在此基础上,当代中国佛教教育的基本发展特征则以僧教育与僧才的培养作为主要目标。

围绕着僧教育与僧才的培养,当代中国佛教举办了以不同形式的佛学院为主体的佛教教义模式。1980 年初,为了重振全国佛教事业,中国佛教协会及时采取的第一个重大举措就是恢复中国佛学院。同年9 月,由赵朴初亲自主持,中国佛学院正式复课。北京中国佛学院本部刚恢复,经赵朴初提议,江苏佛教协会大力推进,中国佛学院灵岩山分院、栖霞山分院又相继在苏州、南京成立。这两个分院除了在教育业务上接受北京本部指导外,在经费来源、教学行政管理等方面依托苏州灵岩山寺与南京栖霞山寺,具有相对独立性。

伴随着中国社会经济的发展,1980 年代以后,中国佛教不同形式的佛学院已经层出不穷,呈现一种普遍发展的规模,构成了当代中国人间佛教发展的一种重要组成部分。但是,其中存在的问题却不少:

(1)在办学形式上,各自为政,遍地开花的"小而不全"式佛学院,浪费了本已有限的人力、物力、财力资源,片面仿效世俗之学制和师生职衔待遇,非僧非俗,学修一体化和管理丛林化得不到制度上的保证。

(2)在教育对象上,限于僧伽,忽略了居士教育与佛教团体工作人员、佛教实业工作人员的岗位培训教育。在大陆佛教人才和智力成果外流的同时,却不能大量引进海外佛学研究先进成果和教学人才。

（3）从具体教学环节看,各地佛学院的课程设置,各自缺乏特色,教学意义不够鲜明。教材建设虽经 1992 年 1 月在上海召开的汉语系佛教教育座谈会强调与部署,但仍收效甚微。师资力量随着老一辈僧俗退离教育第一线显得愈加薄弱,利用社会人才虽不失为有效途径,但不少佛学院领导对此心存疑虑。不少地区佛协互相攀比,宁愿出钱出力大规模造像建寺也不愿增加对作为根本的教育投入等。

五、当代佛教教育存在的问题

弘扬佛法或创办佛教教育,人间佛教一般会强调契理、契机等两大原则。现在这两大原则遇到空前的挑战。一是佛教发展至今已有二千五百多年,形成了庞大的理论体系和丰富的佛教文化,只有对佛法深有研究者和有修有证者,才可能从中认识佛法真谛,并使自己的言行契合佛理;二是近百年来,世界发生了翻天覆地的变化,各种宗教和思想文化体系竞争日益激烈,佛教从来没有面临如此之多复杂的情境和不同的根机。[9] 综合起来,当前佛教教育存在着如下几个方面的问题:

(一)居士教育的问题

佛教教育中的居士教育,经常被忽略,远没有得到应有的重视,以至形势非常严峻。佛教教育必须融进世俗教育,包括学制管理、教育成果和人才的考核与应用机制、海外交流等方面。

(二)世俗主义的冲击及回应

现时代的佛教面临着前所未有的世俗主义的冲击。世俗主义主要表现为两方面,一者为世俗理性主义,另一为世俗感性主义。

---

[9] 陈星桥《二十一世纪中国佛教教育的理念与展望》,《法音》,2000(05)。

　　佛教界在应对现代世俗主义而展开教化时,虽然有"契理契机"的基本原则,但事实上并没有妥善的应对之策,这主要是在两个方面处理不当:其一,不重视厘清佛学(内学)与世学的根本差异,没有积极弘扬佛教的殊胜特质;其二,没有强调佛教作为一种宗教的信仰原则。

　　由于科学理性支撑的世俗理性主义与超经验、非逻辑的宗教体验性正相反对,再加上世俗感性主义的享乐性质与制欲克己、超凡入圣的宗教实践相对立,对包括佛教在内的传统宗教构成了消解,使佛教以及其他宗教在世人眼中的地位一落千丈。就佛教而言,这对佛教僧人以及一般佛教信众的佛教信仰造成持续性乃至破坏性冲击。一方面使信众信仰不深固,易于衰减,另一方面使信众以世俗主义看待佛教,带来佛教的世俗化,或者说"矮化"。

(三)"内学"与"世学"的关系

　　佛教教育一个重大问题,一方面是僧教育,一方面是居士教育,这就是内学与世学的关系,包括了向下(摄引众生)与向上(求趣佛道)两方面。一般而言,内学与世学在意趣方面具有本质的不同。小乘佛教属急趣寂灭之解脱论,而大乘佛教属普渡众生之菩提论。但不论是解脱论、还是菩提论,皆是出世间学。世学所关注者,为世间之福乐,与内学所趋相去何止霄壤。为此,以目前佛学院以僧教育为主题的佛教教育模式,似乎忽略了以居士教育为对象的佛教教育建设。

(四)佛教之信仰与佛教教育的内在关系

　　佛教之信仰原则,在佛教教育中如何体现,同时又要帮助学僧或者僧众厘清佛学与世学的差别、明了佛教的殊胜性,如何进一步培养、强化学僧乃至一般信众对佛教或说三宝的信仰,甚至这要放在佛教教育的第一位。这是佛教教育必须妥善处理的一个层面。从现状看,为了

随顺摄受世俗,教界多称佛教为智慧的宗教,在佛教学院中,以义理性
知识方面的教授为多,缺少对佛教信仰方面的强调。但没有信仰,就没
有宗教。佛教对三宝之皈依,必是信仰。其中不仅有属于佛教理性之
认可,还有出于佛教情感之崇敬。

在现时代的佛教教育中,要对抗强大的世俗化潮流,保持佛教之本
位与主体性,必须强化对佛教信众在信仰的情感方面的培养,使他们具
有坚定的佛教信仰,以此作为在滚滚红尘中行菩萨道利乐有情的有力
保证。有鉴于此,在包括学院式教育的佛教教育中,必须寻找有效的方
式强化佛教信仰教育,培养、激发、强化学僧或信众对佛教的感情。[10]

这就提出了以信仰为原则的佛教教育,以及以社会文化教育为主
要内容的佛教教育,它们之间的关系如何处理、如何平衡,如何内在地
予以整合,成为一个具有信仰原则、同时又包含了丰富的社会文化内涵
的当代教育模式。这是人间佛教的内在张力及其建设目标之一。

虽然说,当代佛教教育已经完全地让给了世俗教育体制,学习的内
容也多是普通的课程。一方面,有法师建议,针对目前佛教教育的现
状,提出要"学参结合,培养健全僧格之僧材,则是佛教今后发展的根
本保证。"认为当代佛教教育出现的问题是,当前佛教教育对"学"这方
面很重视而忽视了"参"的重要性,导致了当前的僧人大多很精通世俗
文化的理论、而忽视了佛法更在于自己参悟的道理。但今天,现在的佛
学院教育已经取得了一定的成果,但僧人个人修养方面却没有实质的
提高。当前僧教育的偏颇使得现代的僧人对世俗社会的关心过重,而
且许多人起了名利心、利养心、贪痴心等。这些僧人在获得更多知识和
学历的同时却偏偏要生起这些"非法"之心。[11]

但是,目前中国佛教教育的一个最为重大的问题是,佛教教育体系

[10] 慈林《当代佛教教育略议》,《法音》,2006(11)。
[11] 王大伟《对当代佛教教育中"参学"关系的思考》,《五台山研究》,2010(4)。

无法与国民教育相适应,导致佛教教育呈现一种自我封闭、生源老化、师资不足、教材缺乏体系、佛教思想与社会文化严重脱节等等。

(五)困境与误区

综上所述,当今中国佛教教育的困境与误区,主要可归结为下述四点:(1)佛教主体削弱,神圣性资源流失严重。社会各界对佛教理解片面的现象依然存在,教内有相当一部分佛教徒对宗教的性质、地位和作用之认识暧昧不清,导致信仰淡化、缺乏主体意识和团队精神,教团组织软弱松散,世俗化倾向严重。在教不言教,实为当前佛教界的流行病。

(2)佛教信仰的神圣精神淡漠,无法凝聚必要的教育资源。在办学形式上,各自为政、遍地开花的"小而不全"式佛学院。

(3)教育范围狭窄,学制管理失序。在教育对象上,仅限于僧人、僧教育这一范围,而忽略了居士教育与佛教团体工作人员、佛教实业从业人员的岗位培训教育。佛教在信仰、社会、文化三层圈中的有限资源,并未得到整合和有效运用。

(4)评价权威缺位,未形成吸引人才的环境和机制。事实上,目前佛教界是在借用政治性权威和学术性权威,对教育成果和人才进行考核、评价。[12]

六、佛教教育的创新机制

从根本上说,当代中国佛教教育存在的问题:一是思想观念有待改进,二是管理体制有待完善;[13]同时,还有佛教教育与国民教育、社会

---

[12] 王雷泉《走出中国佛教教育困境刍议》,《法音》,2001(10)。
[13] 陈星桥《二十一世纪中国佛教教育的理念与展望》,《法音》,2000(05)。

教育之内在关系的整合与互动。就目前佛教教育的基本情况来说，拟可以推行的教育方式有：

1. 推行全方位的佛教教育。以学院式教育为主，辅以丛林教育、函授教育、网络教育；在佛教理论课的基础上辅以各种文化课和修行实践课；在普通教育的基础上发展各种专门教育；在学历教育的基础上，辅以短期培训、继续教育乃至终生教育；在僧尼教育的基础上，开展居士教育、大众化教育。

2. 处理好学与修的关系。对佛教徒来说，学修并进，以修为主；修包括念佛坐禅，和基于佛教的理念修六度万行。对佛学院的学生来说，学修并进，以学为主，学包括学习佛经和对"五明"的学习。

3. 重视素质教育。贯彻"人间佛教"的思想。

4. 管理体制、编订教学大纲等方面，体现大乘佛教即世而出世的精神，改变佛教神秘化、巫术化、来世化的形象；面向大众，改变佛教那种脱离大众的经院化、贵族化的倾向。佛学研究，应与学界和国际接轨。

5. 在教学体制上，可建立、健全高中初三级相互衔接的教学体系，将普通教育和各种专门教育相结合，设立佛教师范学院、佛教文化学院、寺院管理学院等专门的宗教院校和若干佛教研究机构。与各国佛教界加强交流，多层次地互派留学生。

6. 建立良好的用人机制。充分利用和开发网上佛教资源，净化网络空间。[14]

总之，应当充分实现佛教教育的社会意义，根本在于提升佛教教育水平。单从信仰层面讲，佛教教育也是"社会化"的——面对所有佛教信仰者。而佛教信仰教育的更高目标，却是要面对社会全体成员——这正是佛教教育的社会责任。未来的佛教教育，当然是要承担起社会

---

[14] 陈星桥《二十一世纪中国佛教教育的理念与展望》，《法音》，2000（05）。

教化的责任,把佛教崇高的道德风范和实践行为,奉献到利益群生的事业之中。

提升佛教教育水平,重点要以培养具有扎实佛学理论基础、丰富现代文化知识、学有专长、德才兼备的僧才为主体,兼以培训居士信仰人才,形成梯队教育格局。居士教育问题一直是佛教教育的薄弱环节。解决之道,一是要把居士教育放在佛教教育的重要地位,与僧伽教育构成一个完整的教育体系;二是要把寺院开设的居士班、函授班、培训班、讲经法会、念佛法会等等纳入佛学院系统教育体系中,从课程设置、学制等各方面相呼应,形成"综合大学"的模式,推动佛教教育整体运行。三是有条件有基础的寺院,可以开办宗派或某一修行法门的研修班,与佛学院教育连接起来,充分运用现代教育与传统修学相结合的方法,培养富有特色的弘法人才,推动佛教教育成为"终身教育"。当佛教四众弟子信仰素质与专业技能教育有机结合,形成网络,那么,佛教教育就形成了"立体教育"模式。[15]

传印法师指出,我们要充分、有效地整合佛教教育的资源,以初、中、高三级佛教院校为基础,进一步开展多种形式的教育模式。诸如,依托中国佛学院的师资力量,结合首都高校的教育资源,开办全国佛教院校师资进修班、研讨班,提高佛学院教师的理论水平和教学方法;定期开办佛教寺院住持、执事进修班,使他们在长期从事寺院管理工作之外,能够不断充实、不断提高;开办中长期的居士佛学课程研修班等等。我们还要鼓励各地佛教协会和寺院、团体,开展各种形式的佛教教育,全面提高四众弟子素质。中国佛学院作为中国佛教教育的最高学府,在全国佛教教育事业中,具有引领性的作用。因此,积极提升中国佛学

[15] 刘元春《佛教教育的社会意义与未来》,《中国民族报》2012 年 5 月 15 日,第 006 版。

院的办学质量,扩大其办学规模。[16]

七、海外佛教教育经验之借鉴

(一)台湾地区:

1948 年,曾受戒于福建鼓山涌泉寺的中坜圆光寺释妙果,打算创办台湾自己的佛学院,定名"台湾佛学院"。鉴于师资缺乏与经验不足,他邀请太虚闽院学生慈航(1895—1954)由新加坡来台主持并任教。

慈航办起了有名的弥勒内院,初步实现了"台湾佛学院"的原先构想。"台湾佛学院"与弥勒内院,在历史的转折关头,培养了大批优秀僧青年,对台湾佛教教育发展起着承上启下的不可替代的作用。印顺法师说,他"虽居处靡常,资用窘乏,而于大陆僧青年之来台者,摄受而教育之;百折不回,为教之心弥坚。此慈老之不可及,而大有造于台湾佛教者,功德固不可量也。"

弥勒内院一枝独秀很快引来了百花齐放。僧伽教育首先获得发展,迄 80 年代,继承释圆瑛的办学传统,白圣法师创办了佛教三藏学院、佛学研究院、戒光佛学院。继承太虚办学传统的则有福严佛学院、太虚佛学院、佛光山佛教大学(佛教研究院)等。圆光佛学院的规模也较大。专科有释南亭等创办的华严专宗学院、释煮云创办的净土专宗学院。专门培训女众的有佛光山台北女子佛学院、香光尼众佛学院、千佛山女子佛学院。

台湾佛教界大规模举办面向社会的高等教育,则得益于"解严"后的社会环境,台湾教育当局首先开放了医学、工学,然后是艺术、管理

---

[16] 传印《响应时代召唤、推进佛教教育》,在中国佛教协会第八届理事会佛教教育委员会第一次会议上的讲话。

等,最后开放人文、社会学科。依此顺序,1989 年释晓云创办了华梵工学院,同年释证严创办了慈济护士专科学校。1993 年华梵工学院更名为华梵人文科技学院,提出"以人文为体,发挥科技大用"的理念与"科技与人文融汇,慈悲与智慧相生"的教育方针。

台湾佛教教育发展面临的问题:一是台湾佛教没有像日本佛教那样的组织严密的宗派作学校的后盾,大规模办学需考虑长期的经费来源。其次是缺乏整合的力量和资源。以佛学研究所为主,不同寺院培养佛学不少了望台型的学术人才。尤其是除慈济外,各校都重在人文社会学科,这是否会造成信众资源的重迭与佛教界力量的浪费?[17]

而佛光山星云法师进一步认为,以前的佛教教育内容已经"不合时代",现代佛教教育"要使人适得其用"。他重视佛教教育内容必须与入世的趋向相吻合,不应该是单纯的佛祖言教和对佛家义理的注释与阐发。中、西普通教育开设的所有内容几乎都能在佛光山教育中找到。表面上看,似乎佛光山的社会化教育方向同传统意义上的佛教教育宗旨背道而驰,实际上,这正是佛光山人间佛教普世、济世的教育模式之特征。

(二)香港

香港佛教办社会教育较早,自 1931 年到 1949 年曾办五所,其中包括耀山与中华两所正规学校。僧教育则以台宗倓虚法师(1875—1963)于 1950 年在香汇弘法精舍创办的华南佛学院为起点。倓虚一生主持与创办佛教学校达 10 多所,大多办学有方。其中僧校 9 所,最有名的是青岛湛山佛教学校。他的教育理念也很有特色:1. 建寺为办学。2. 多层次的培养僧才,尽可能让有志求学的人都有学习机会。学校一般都分设预、正、专、研究四科,其中预科仅相当小学。3. 有重点也有

---

[17] 邓子美《20 世纪中国佛教教育事业之回顾》,《佛教文化》,1999(06)。

自由。

1948 年 4 月，倓虚至港，与香港佛教界人士议定创建华南佛学院。1950 年该校正式开学，1954 年停办。华南佛学院也可说完成了使命：一是培养了释乐渡、宝灯、畅怀、智开、性空、诚祥等不少僧材。二是为香港僧教育开创了传统。如 60 年代初太虚弟子敏智在屯门蓝地妙法寺创办了内明书院。70 年代后期，倓虚弟子释永惺在荃湾西方寺设立了僧伽培训班。[18]

香港佛教以办社会教育为其特色。香港佛教联合会于 1959 年主办的第一所中学是佛教黄凤翎纪念中学，开了以捐资者的名字命名，由佛教界主办的良好风气。60 年代由佛教界主办的中小学逐渐增多。70 年代至 90 年代，香港佛教教育迅猛发展。1971 年香港能仁书院成立，这也是现存一所唯一的佛教界办的大专，设有文学、哲学、商学、佛学等系与哲学、中国文学两个研究所。此外，香港一些佛教或佛学团体还为初学者开办了数十届佛学星期班与短期班，为有志进修者开设佛学讲座。

香港佛教教育以依托于社会教育为其法门。特别值得赞叹的是：香港佛教联合会于 1959 年主办了第一所普通中学；佛教界通过努力，《佛学科》于 1960 年被列入中学会考课程；香港经纬书院于 1963 年首设佛学系；1971 年香港能仁书院成立（这也是现存唯一的佛教界办的大专，设有文学、哲学、商学、佛学等系与哲学、中国文学两个研究所）。这种以佛教的资源投入世俗教育，以兴学的渠道参与社会、深入人间正是内地佛教教育最缺失之处。

（三）泰国

全国现在仍有半数以上的中、小学设在寺庙里，许多佛寺还有自办

---

[18] 邓子美《20 世纪中国佛教教育事业之回顾》，《佛教文化》，1999（06）。

的学校。国家通用的中、小学教科书中佛教常识、佛教义理、寺院仪轨、受戒程序等都规定为必修内容。在较大的寺院里还设有佛学院。新出家的僧人不论年轻年老,也不分终身出家还是短期出家,都须在佛学院就读。佛学院分为初、中、高三个级别。开设的课程有格言、佛学、戒律、仪轨、结集、佛及弟子、僧伽章程等。每年举行一次全国统考。要求甚严,及格者往往仅占考生的 25% 左右。还有五、六百所专为僧人设立的巴利语佛学院,有 20000 多比丘、沙弥在院中就读,专修巴利语文法、《法句经注》、《善见律注》、《清净道论》等。佛教的高等教育机构以皇冕佛教大学和朱拉隆功佛教大学为主。[19]

[19] 邓殿臣.南传佛教史简编[M].北京:中国佛教协会,1991,第144页。

"圈内人"与"圈外人","学术"与"实践":
西方"佛学研究"与现代"佛教教育"的问题

【内容摘要】 本文主要通过对目前西方佛学研究的方法及特色的一个省思,以及梳理当今中国佛教界在开展现代佛学研究过程中不可避免地会出现"圈内人"与"圈外人"、"学术"与"实践"的两难现象,以期对如何发展现代佛教教育提供一些参考。

【关键词】佛法　佛教　学佛　佛学　教育　学术

前　言

本研讨会的主题——现代"佛教教育"在中国佛教各界有非常多的反省与讨论。例如2013年5月由中国佛教协会主办的《佛教教育委员会——第二次会议》以及6月由中国佛学院研究部主办的《中国佛教教育年鉴》编撰研讨会,有许多关于现代"佛教教育"具体如何发展及建设的种种议题。再早些时候,2011年5月"弘法寺佛学院公开对外招聘教师"一事,开中国佛教教育先河也引发不少讨论,凤凰网也发表专题讨论:《中国教育如何走出困境?》,[1]其中引用许多教界高僧

---

[1] http://fo.ifeng.com/special/zhaopinjiaoshi/2013年12月1日点阅。

与高校佛教学者的相关文章,包括讨论"佛教教育"的不同层面以及"佛教教育"的现代社会与现代佛教的意义,[2]现代"佛教教育"所面对的种种问题,师资的培养、课程的设计等等。[3] 因此,本文就不针对这些比较广泛的议题加以讨论。本文的重点主要是对目前西方的"佛学研究"的方法及特色的一个省思,以及讨论两个在中国佛教界发展现代"佛学研究"不可避免的研究视角的两难：一、"圈内人"(insider)与"圈外人"(outsider),二、"学术"(academic)与"实践"(practice)。希望这个讨论能对我们对发展现代"佛教教育"的思考有所参考。

一、"佛教"、"佛法"、"佛学"与"学佛"

谈"佛教教育"及"佛学研究"的议题,无可避免地会涉及几个常用的核心概念："佛教"、"佛法"、"佛学"与"学佛"。这四个语词是平行而有不同指涉的概念,还是相摄相属的概念? 在这里我不用文献学的方法对这四个词做历史用法的探讨或者建构其佛教原典语言可能的对应词,[4]因为这四个语词在历史的用法并没有一定的严谨性。在这

---

[2] 俞学明《佛教教育发展不只关乎于佛教自身》,2011 年 6 月 9 日发表。http://fo. ifeng. com/special/zhaopinjiaoshi/news/detail_2011_06/09/6912871_0. shtml:"分析'佛教教育'这个概念,可以区分为三个层次:'以佛教为内容'的教育、'为佛教的教育'和'以佛教(界)为教育主体'的教育。"

[3] 如王雷泉《中国佛教界存在着"三资危机"》,2011 年 6 月 9 日发表。http://fo. ifeng. com/special/zhaopinjiaoshi/news/detail_2011_06/09/6912852_0. shtml,赖永海《佛教教育下一个突破口是创办大学》,2011 年 6 月 9 日发表 http://fo. ifeng. com/special/zhaopinjiaoshi/news/detail_2011_06/09/6912872_0. shtml。

[4] "佛教"、"佛法"、"佛学"与"学佛"这四个词也许可以分别对应到佛教原典语言的Buddhaśāsana,Buddhadharma, Buddhadarśanā, bhāvanā. Buddhaśāsana, 指的是:一、佛陀的教法,或者二、在南传国家指关于佛教的事务的机构。Buddhadharma 指的是佛法,特别是佛陀的经教。Buddhadarśanā 指的是佛教的思想,darśanā 在梵文的传统指的是宗教传统的哲理。Bhāvanā 指的是修行,特别是对于心的训练,也就是禅修。

篇文章里，我对这四个词语的定义如下：

一、"佛教" 指涉从公元前六世纪在印度形成以及此后在世界各地的发展与传播，以佛陀、佛陀的教法及包四众弟子的僧团为中心的宗教制度（religious institution），包括经教思想、戒律规范、修行法门、仪式、以及寺院、佛塔等相关的文物。

二、"佛法" 指涉佛陀的教法，包括佛陀的证悟内容，如缘起法、三法印等，佛陀的经教以及经教中的思想理论，以及此后各个佛教传统据此发展出的思想。

三、"佛学" 指涉与佛教相关的一门研究学问，在西方可以称为"Studies of Buddhism"或"Buddhist Studies"。

四、"学佛" 这个语词比较常见于教界。主要指学习佛法的智慧，把佛法的智慧运用在日常生活，最终实践佛法解脱及利益众生的理想。

由以上的说明，"佛学"是研究佛教的一门学问，就像"宗教学"研究宗教，"历史学"研究历史。在现代社会的教育框架来说，"佛学"可以算是一个学术领域。"佛法"则是"佛教"的一部分，也是最核心、最能展现佛陀思想精神的一部分。"学佛"则是佛法的实践。如果从学术教育架构的角度来看，前三者的关系可以从以下的图示表示：

佛学——研究领域

佛教——研究对象

佛法——研究对象

但是如果离开现代学术教育的框架，"佛教"与"佛法"就不仅仅是研究的对象，"佛教"是宗教传统，具有实践或操作意义，而"佛法"则是佛教的思想、理论或精神的体现，是佛教徒的生活态度的指引、生活智慧的基础以及建立生命价值的依据。虽然从学术角度出发，本文主要着重在"研究"的部分，但是"教育"不仅仅是研究，也许更重要的是"佛法"的实践层面通俗说法也就是"学佛"。佛教的研究与佛法的实践直接的结合以及另一方面两者的紧张关系,将在本文第四部分讨论。以下我先讨论"佛教教育"的"佛学研究"的部分。

二、佛教研究领域、方法、特色

现代"佛学研究"从欧洲开始,约在 18 世纪末 19 世纪。[5] 当时欧洲对宗教的研究的主流是"神学"(Theology),主要的研究对象是圣经的内容,而在方法上主要是以诠释学为主。[6] 当时对于宗教的其他层面,例如仪式、社会、政治经济等层面,讨论不多,因为当时主流的宗教学术界认为这些层面是宗教的表层现象。在这样的认知上,以及加上对于东方宗教思想的向往,西方的研究佛教的动机可以说主要是出于对佛陀的教法的兴趣,因此最主要的研究对象是佛教经典与佛教语言,例如 Max Müller 所开启的文献学研究,或者比较宗教学。[7]

这样的宗教研究进路是神学式的,重语言文献的,不久就被今天的宗教学研究所挑战。今天的宗教学研究深入宗教的各个层面,意识到宗教的丰富性、复杂性及其多元价值。换句话说宗教不等同于宗教的经典思想,经典宗教至多仅能代表"精英宗教",而忽略普罗大众的宗教[8],也就

---

[5] De Jong, J. W. *A Brief Hisotry of Buddhist Studies in Europe and America*, pp. 12–14.

[6] 关于早期的神学研究史请参考:Schleiermacher, Friedrich. *Brief outline of the study of theology: drawn up to serve as the basis of introductory lectures* (1850). Translated by William Farrer into English. Edinburgh: T. & T. Clark; London: Hamilton, Adams, & Co.

[7] 关于 Max Müller 的研究史请参考:Jon R. Stone (ed.), 2002. *The Essential Max Müller: On Language, Mythology, and Religion*. New York: Palgrave.

[8] 宗教学研究开始意识到过去宗教过于重视所谓的"大传统"而忽略"小传统"。关于这方面的论述,请参考:Redfield, Robert. 1956. *The little community*. Chicago: University of Chicago Press.

是忽略 Schopen 所谓的"实际的宗教情形"(Religion on the ground)。[9]此外,宗教有多元价值,多元意义,除了提供生命的终极意义之外,宗教学者往往认为宗教更重要或更真实的意义是社会的、经济的或心理的等等。[10]

从以上关于西方宗教研究进程的变化来看,现今的"佛学研究"应该是,而且事实上也是多元的。这一点可以从"佛学研究"在目前西方的高校教育体系的位置来理解。"佛学研究"目前在美国的大学,可以在以下几个领域或学科进行:

◆ 哲学系所:主要讨论佛教思想中的哲学理论,哲学式地思考佛教思想,或者与西方哲学比较。例如讨论佛教的伦理学、知识论、存有论、现象学等等。

◆ 历史学系所:主要叙述宗教的历史,或者用历史的视角来讨论或解释佛教的起源、发展、变迁。这里又可分为思想史及社会史。思想史讨论或者解释佛教某些思想的起源,思想的异同比较、思想的转变,或某某论师/高僧的思想内容。而社会史则是讨论佛教与社会各层面,如经济、政治、人口等等的相互影响。

◆ 文学系所:主要从文学,或文学理论来讨论佛教的文本,或文本的叙事。

◆ 人类学:主要用田野调查的方式,来理解佛教的真实面貌。[11]例如 Spiro, Melford 研究缅甸当代佛教,认为缅甸同时有三种不同的佛教:"庇佑的佛教"(Apotropaic Buddhism),"业力的佛教"(Kammatic

---

[9] Schopen 认为要了解印度佛教在当时印度的真实情形,不能仅从三藏下手。他认为三藏经典是少数男性精英的产物,是应然式的(prescriptive),他鼓励用考古铭文等资料来解读印度佛教。请参考:Schopen, Gregory. Bones, stones, and Buddhist monks: collected papers on the archaeology, epigraphy, and texts of monastic Buddhism in India, University of Hawaii Press, 1997.

[10] 关于宗教的定义、意义与功能,请参考:Daniel L. Pals. 2006. Eight Theories of Religion. London. Oxford University Press.

[11] Spiro, Melford E. 1971. *Buddhism and Society*: *A Great Tradition and its Burmese Vicissitudes*. New York: Harper and Row.

Buddhism,以及"涅槃的佛教"(Nibbanic Buddhism)。

◆ 社会学:主要解释佛教的社会功能、社会如何影响佛教发展方向、人们为何信仰某种佛教传统、佛教团体、佛教的兴起衰弱的原因等等。

◆ 区域研究:例如东亚文化语言,印度文化语言系等等。区域研究是跨学科的领域主要以佛教分布的地理位置来区分研究的范围或领域。如中国佛教、日本佛教、印度佛教等等。

◆ 宗教学系:目前佛教研究在美国主要是放在宗教学系,宗教学也是一个跨学科的领域,以宗教为研究对象,而上述的研究进程,或方法都被视为是研究宗教的视角。

透过以上的介绍,我们可以看到,"佛教研究"的多样性与可能性,似乎把"佛教研究"放在西方宗教学系的学科框架最能展现佛教研究的全面性与完整性。本次研讨会所讨论的"佛教教育"一方面从研究的对象来说,不应该局限在经典、教义或思想。另一方面从研究的方法来说,"佛教教育"不应局限在文献语言方法,应该借用各种学科的研究方法来分析解读佛教的各种价值与意义。当然,"佛教教育"也不应局限在研究与理论的论述。如何加以应用与实践也是必须思考的问题,这点,将在第四部分讨论。

三、"圈内人"与"圈外人"

这部分要讨论的是"佛学研究"与"佛教教育"的主体,也就是研究者或教育者本身的属性以及其属性与其研究/教育成果的关系。[12]

---

[12] 关于强调圈内人与圈外人两者结合的重要性,请参考:Ross Reat. 1983. "Insiders and Outsiders in the Study of Religious Traditions" in Journal of American Academy of Religion. Page [459] of 459–476. 对于此议题的更广泛讨论,请参考:McCutcheon, Russell. 1999. The Insider/Outsider Problem in the Study of Religion: A Reader. London: Cassell.

有时在人类学也称"主位"(emic)与"客位"(etic)。基本上,在宗教研究领域,所谓"圈内人"与"圈外人"的区别在于其是否为所研究宗教传统的信仰者或修行者。以佛教而言,"圈内人"指佛教徒,或者更理想的是出家法师,而"圈外人"则是无佛教信仰,或者更精确地说,不以佛教思想观点为预设立场的佛教学者。

佛教研究"圈内人"与"圈外人"的问题在于哪一种类型的研究者才能真正的理解佛教。大部分的"圈内人"认为"圈内人"才能真正理解佛法,深入佛教的智慧。反之,大部分的"圈外人"认为"圈外人"才能客观地、不受信仰的影响来理解或诠释佛法的真实样貌。我们可以看到这样的辩论往往陷入各说各话的误区。但其实,这两者又某一个程度反映一定的实情。我认为,用"圈内人"与"圈外人"的标准来评价对佛法的认识是不适合的。"圈内人"与"圈外人"不必然更理解或无法理解佛法。首先我先讨论"圈内人"的局限。

理论上,"圈内人"由于对于自身宗教方方面面的亲密接触,比起"圈外人"有优势。"圈内人"会特别强调对于佛法或经典的认识,由于自身的信仰、或者"诸佛菩萨的加持"、或者禅修的境界,是深入佛法的必要条件。而"圈外人"无论多博学,对于佛法的认识仅能停留在文字上的理解。虽然我同意,且大多数的佛学学者也会同意,理解经典的意义与智慧,并不代表"实证"。换句话说,理解"三法印"的意涵不代表吾人的心就能出离三界,而达到清净无烦恼。但是,就三法印的理论意涵来说,我不认为"圈内人"必然地更能深入理解。以下就"三法印"来举例说明:

在《法句经》第 277、278 与 279 偈诵里,"三法印"指:"诸行无常"(sabbe saṅkhārā aniccā),"诸行是苦"(sabbe saṅkhārā dukkhā),"诸法无我"(sabbe dhammā anatthā)。大部分佛学功底扎实的佛学学者知道:"行"(saṅkhārā)指的是"和合造作",因为 saṅkhārā 是由前缀 saṃ 表"和合",与字根 kṛ 表"造作"组成;"行"在这里指的是"有为法"(saṅkhata dhamma),而"有为"(saṅkhata)一字正是"行"(saṅkhārā)的过去分词。因此,"和合造作"的"法"不是常的 a nicca,因为"和合造作"需要因与条件。"诸行是苦"的苦 dukkhu 的意思是:有缺陷的造作由表不完美,有缺陷的前缀 du+造作 k ṛ。因为是有条件的和合造作,因此是有缺陷的。另外,更深入的教义问题是:为什么三法印中,第三法印要变成"诸法"无我,又或者,为什么前两者不用诸法无常,诸法是苦?如果对于佛教诸法的分类熟悉的学者,便不难知道,这里的问题是"有为法"与"无为法"的不同。"无常"与"苦"只适用于"有为法",但无我包涵无为法,因此如果说"诸行无我",虽然没有错,但就排除"无为法"了。像这样的对教义的了解,我们很难说"圈内佛教徒"必然比"圈外学者"更了解。至少在我的教学经验中,其中包括佛学院,以及出家法师学生中,能够清楚的回答与解释上述问题的寥寥无几。

另外"圈内人"本身的指涉范围不清楚,也不是一个有用的解释量。"圈内人"即使指有实修经验的佛教徒,也涉及不同的修行法门与修行程度。这些都非常难定义,到底要有多少实修,什么方式或程度的实修才是"圈内人"?还是所有有实修的佛教徒,都是"圈内人",都对佛法比"圈外人"有更正确的理解和掌握?更何况,我们知道在"圈内人"之间(intra-religious),也有不同的教派,彼此并不认同,甚至有所批判。这些因素都让我们无法认同"圈内人"必然更能正确理解佛法。

反之,"圈外人"往往批判"圈内人"从自己信仰立场上的定见。例如佛教徒对佛法的认知有其维护佛教(或自身修持的佛教派别)价值的立场与情感,往往将佛教历史的客观现实置于信仰的预设立场之下。由于自身宗教的预设立场,追求客观与理性的真实解答前就已经有定论了。这种既定立场的讨论,在学术上是有问题的。但是"圈外人"就必然地能避免个人立场个人信仰或个人成见吗?这点所谓追求"客观研究"的"迷信",许多"后殖民主义"与"后现代主义"或结构主义的学者都有论述。[13] 特别是在诠释学上，加达默 Hans-Georg Gadamer 在他的《真理与方法》中便对 Schleiermacher 的诠释观点——极尽追求客观诠释方法，有深刻的批判。加达默认为天真的相信绝对客观的可能，不如反观自身的立场（无论是宗教、文化、语言，或历史），而认知每一次的诠释都是诠释者自身的视域（无论是宗教、文化、语言，或历史）与被诠释的文本的视域（文本历史脉络下的意义）的融合（fusion of horizon）。[14] 如果从加达默的观点来看，"圈外人"与"圈内人"同样都是既定的立场，而且这样的既定立场非常往往无可避免，有时甚至是必须的手段。

综合以上讨论，"圈内人"与"圈外人"的区分，无论从前者或后者的观点出发，都是一种迷思。从佛法智慧的角度来看，我们同意任何语言、逻辑思维获得的理解，尤其局限性，特别是理性知识与实践往往有落差。但是我们不认为，"圈内人"与"圈外人"与对佛学的研究、佛教教育，或佛法的认识有必然的关系。接下来，让我们来讨论，知识与实践、学术与实修的"解""行"问题。

四、证悟与经教

对"佛教教育"而言，"佛学研究"与"佛法实践"两者皆不可或缺。在佛教历史上，"佛学研究"可以说属于"解门"，而"佛法实践"属于"行门"。虽然从佛教的修行次第来看，"闻"、"思"、"修"三者都是需要的，"闻"、"思"属于解门，而"修"属于行门。但是在佛教历史上的确

---

[13] 如赛伊德 Said, Edward W. 1979. *Orientalism*. Knopf Doubleday，一书中就指出用西方的角度来诠释东方的问题。此外，请参考："结构"或"后现代"的经典理论家：福柯 Michel Foucault、哈贝马斯 Jürgen Habermas、德希达 Jacques Derrida 等。

[14] 参考：Gadamer, Hans Georg, Joel Weinsheimer, and Donald G. Marshall. 2004. Truth and Method. 2nd, rev. / ed. Continuum Impacts. London；New York：Continuum.

有重"解"与重"行"的争论。例如南传佛教在公元前一世纪的锡兰,便有受持经教(dhammakathika)与修持佛法(paṃsukulika)熟为重要之争。根据 Rahula 的《锡兰佛教史》,在公元一世纪,锡兰发生大饥荒,僧人担心佛陀的教法的消失,于是讨论应该以受持经教为主还是以修行为主,最后,受持经教的僧人得到多数的支持。[15] 在藏传佛教也有同样的争论,例如从噶当派经教传统受学的冈波巴最后选择重修行的噶当分支结合大手印的修持方法创立了达波噶举派。[16] 在汉传佛教也有类似的禅、教之争。尤其禅宗的"不立文字"对于经教文字上的琢磨探究,从经教来体证佛法的态度的不认同,影响中国佛教后来对于经教的忽视,甚至对于现代的中国"佛教教育"的思考仍有其影响力。[17]

现代的佛教教育除了各大学高校的学术研究之外,最重要的当然是教界的"佛学院"以及台湾目前有正式本科、硕士、博士学位的"佛教学院"。[18] 在"佛教院"佛学院及"佛教学院",学术研究与佛法实践一直存在紧张关系与矛盾心态。一方面,由于佛学院或佛教学院对于现代佛学研究的学术性的资讯取得,以及教授本身的学术训练,以及学术研究论文的发表,与学术界的对话等等,已经无法忽视目前的国际佛学研究成果。因此,课堂的用书,也开始重视西方佛学研究论文,重视历史、文献语言,甚至现代诠释学、宗教学的研究方法训练。但另一方面,学术成果带来的各种对佛教传统的挑战,例如大乘经典的历史性,疑伪经等等问题,以及最终对于学术对于整体宗教教义的挑战,都在教

[15] 参见:Rahula, Walpola. 1966. History of Buddhism in Ceylon: The Anuradhapura period, 3rd Century BC–10th Century AD (1966). M. D. Gunasena Publication.

[16] 参见:Rungram Gyaltrul Rinpoche. 2004. Gampopa, the Monk and the Yogi: His life and Teachings. Unpublished Ph. D. dissertation. MA. Harvard University.

[17] 参见:龚隽。《近代中国佛学研究方法及其批判》,《二十一世纪双月刊》,第四十三期,1997 年,第 118—127 页。

[18] 目前台湾有"法鼓佛教学院"、佛光大学的"佛光佛教学院"以及华梵大学的"华梵佛教学院"。其中"华梵佛教学院"仅有本科学位。

学的过程产生矛盾心态。

目前对于学术挑战的回应,我认为非但无法为佛教价值辩护,反而落入某些学术的不正确预设的陷阱。例如,常见的为所谓疑伪经的辩护,往往提出的回应是:某某经论是真实从印度传来翻译的经纶。我认为一方面,从历史证据常常无法百分百的澄清问题,另一方面落入凡是印度造的经纶便是真经,便有价值。反之,如果是在中国造的,托伪翻译的经典,就必然无价值——这种"印度中心论"论述的预设。另外一种回应,是把学术放在一个纯粹论述,而无关宗教修行的位置。如此,学术的任何结论,最终是无法影响宗教的教义。但是这种不认同学术对宗教的挑战的态度,一方面误解学术,另一方面当学术对其他的宗教传统的挑战时,则又觉得学术有其价值。例如,在基督教的领域,从学术历史的研究角度,上帝是人创造,而非人是上帝创造。这时,作为佛教徒的我们似乎很能接受学术的客观真理。

我个人认为,好的学术对于真理的探索是采用开放立场的,这点和佛教的精神相通。当然,学术有许多方法上结论上的谬误,这也是学术存在的目的,不断的修正过去的错误认知,或者认知的不足。不严谨且不开放的学术态度,对宗教价值的肤浅评论当然不可取,但是没有经教基础,各自解读式、完全相信宗教经验的修行态度也有其不可靠的地方。我认为,佛教本身就提供学术与修行最好的结合模式的智慧:也就是上面提到的"闻"、"思"、"修"。在"闻"的阶段,也就是学习的阶段,对于相关的知识的学习与熟知。在"思"的阶段,则对于学习到的知识做分析、判断抉择的思维,最后选择最适合自己有效的修行方式来实践自己的所学。

参考资料:

Daniel L. Pals. 2006. *Eight Theories of Religion*. *London*. Oxford University Press.
de Jong, J. W. 1976. A Brief History of Buddhist Studies in Europe and America.

Varanasi: Bharat-Bharati Oriental Publishers & Booksellers.

Gadamer, Hans Georg, Joel Weinsheimer, and Donald G. Marshall. 2004. *Truth and Method*. 2nd, rev. / ed. Continuum Impacts. London; New York: Continuum.

Jon R. Stone (ed.), 2002. The Essential Max Müller: On Language, Mythology, and Religion. New York: Palgrave.

McCutcheon, Russell. 1999. The Insider/Outsider Problem in the Study of Religion: A Reader. London: Cassell.

Rahula, Walpola. 1966. History of Buddhism in Ceylon: The Anuradhapura period, 3rd Century BC 10th Century AD (1966). M. D. Gunasena Publication.

Redfield, Robert. 1956. *The little community*. Chicago: University of Chicago Press.

Ross Reat. 1983. "Insiders and Outsiders in the Study of Religious Traditions" in Journal of American Academy of Religion. Page [459] of 459–476.

Rungram Gyaltrul Rinpoche. 2004. "Gampopa, the Monk and the Yogi: His life and Teachings." Unpublished Ph. D. dissertation. MA. Harvard University.

Said, Edward W. 1979. *Orientalism*. Knopf Doubleday.

Schleiermacher, Friedrich. *Brief outline of the study of theology : drawn up to serve as the basis of introductory lectures* (1850). Translated by William Farrer into English. Edinburgh : T. & T. Clark ; London : Hamilton, Adams, & Co.

Schopen, Gregory. 1997. Bones, stones, and Buddhist monks: collected papers on the archaeology, epigraphy, and texts of monastic Buddhism in India, University of Hawaii Press.

龚隽《近代中国佛学研究方法及其批判》,《二十一世纪双月刊》,第四十三期,1997 年,第 118—127 页。

中国近代佛教教育兴办的背景及其类型分析

唐忠毛(华东师范大学宗教与社会研究中心)

【内容摘要】 由于近代以来佛教义学衰微,僧尼文化素质低下,近代佛教的复兴首先就面临着佛教教育的问题,这个问题受到僧界与居士界的共同关注。其中,居士佛教兴办了各种佛学研究会与居士弘法机构,其希望通过佛学研究、佛典整理、佛法传播等途径来拯救佛教,特别是佛教义学;而作为僧界,其当时兴办教育的动机除了培养僧才之外,最直接的动机在于以兴办教育来抵制一波三折的"庙产兴学"运动。就近代佛教教育兴办主体与形式来看,主要有居士兴办的居士佛教教育机构、僧界创办的各种佛学院,以及僧俗联合兴办的教育与研究机构。此外,近代的佛教教育还开始走出佛教界的封闭性,而进入到高校与一般民众之中,使得佛学与世俗文化学术相混合,成为一种思想文化资源。分析近代佛教教育的背景、类型及其特点,对于当今的佛教教育有一定的启发意义。

【关键词】近代佛教教育　居士佛教教育　僧界佛教教育　佛教教育现代化

　　明清以来,僧人滥度,义学衰微,经忏之风日盛,僧尼整体文化素质低下。"太平天国运动"及其后一波三折的"庙产兴学"风潮,对中国佛教尤其是江南佛教更构成了雪上加霜的毁灭性打击。而与此同时,自晚清以来,由知识分子与思想家们发起的佛学复兴思潮暗流涌动,并进而激发了佛教信众振兴佛教的要求。在此背景下,居士界与僧界都深刻意识到兴办佛教教育对于振兴佛教的意义,僧俗二界都积极开展了佛教教育活动。居士界兴办了各种"佛学研究会"以及居士弘法机关,居士信众不仅开始了较深的佛教理论研究与反思,同时也承担起部分由僧人承担的讲经说法功能。僧界兴办的佛教教育模式,也突破了传统的丛林教育,而进入学院式教育模式。本文将对近代以来的僧俗二界兴办佛教教育的背景、类型作一分析,并探讨其对于当代佛教教育的启发与借鉴意义。

一、近代佛教教育兴起的背景

(一)义学衰微与僧人整体素质低下

佛教称佛、法、僧为"三宝",这三者构成佛教的完整系统。其中,佛是教主,即本师释迦牟尼佛;法是佛法,即佛教的义理系统;僧是出家僧众,包括比丘与比丘尼。佛陀圆寂之后,佛教便"以法为师",可见佛法是佛教的核心与关键。而佛法的承传,有赖于"佛法之学"——"佛学"来维系。如果佛学不传,义学不兴,即便僧人与庙宇再多,佛教也徒有其形;因此,佛教义学的衰微必然会导致整个佛教精神的衰微。中国佛教义学衰微的原因复杂。从学术思想层面来看,儒学经过与佛学的长期对峙与吸纳,至宋时已有融合的趋势,程朱、陆王之学一方面广泛吸收了佛学思想,一方面又极力排斥佛学的地位,其结果在一定程度上消解了佛学主体的独立性。及至明代至清初阶段,陆王心学盛行,而佛学已经由盛转衰,以至明末甚至出现少数禅师和法师们,虽然身为僧众,有些还是从阳明心学才理解到佛法的心要。就佛教宗派而言,南宋之后,除禅宗与净土外,唐时兴盛的其他各大正统宗派大都逐渐零落;

而禅宗倡言"不立文字"，净土主张"念佛往生"，故佛教义学逐渐衰微。关于狂禅与净土对中国佛教义学的消极作用，民国时期南京内学院的欧阳竟无在其讲演文《唯识抉择谈》中，通过批评中国传统佛教，作过一次理论总结，他指出：

> 自禅宗入中国后，盲修之徒以为本属直指本心、不立文字，见性即可成佛，何必拘拘名言？殊不知禅家绝高境界系在利根上智道理凑拍之时，其于无量劫前，文字般若熏种极久，即见道以后不废诸佛语言，见诸载籍，非可臆说。而盲者不知，徒拾禅家一二公案为头禅作野狐禅，漫谓佛性不在文字中，与是前圣典籍、先德至言，废而不用，而佛法真义寝以微矣。……学人全无研究方法，徘徊歧途，望门投止，非视学佛为一大难途，即执一行一门以为究竟，如今之言净土者即是。如此安望佛法之能全显露耶！且今之学者视世出世智截然异辙，不可助成，于是一切新方法皆排斥不用，徒逞玄谈，失人正信，比比见矣。"[1]

欧阳的批评言论虽是站在唯识学的立场，但毕竟揭示了禅宗末流与民间净土不重文字，不习经典对佛教义学的冲击。义学不振，僧人无才，于是便被世人所鄙视，而这种鄙视进而又更加剧了佛教僧团的衰败。事实上，清后期的大部分僧人们由于不事修学、不辨义理，以至无法从事真正意义上的讲经说法了。僧人不能讲经说法，于是只能去做"放焰口"、"超度荐亡"（即所谓"做佛事"）之事，此时的佛教也因此被贬为"鬼教"。此一景况，诚如学者所说："清后期，僧侣在寺庙或民众家中做'佛事'，收取钱财成了重要的'宗教活动'，精通经典的高僧大德乃凤毛麟角，僧团的衰落成为一种有目共睹的事实。"[2]

---

[1] 聂耦庚记录欧阳《唯识抉择谈》，载《佛学大系》第 51 册，第 291—293 页。

[2] 牟钟鉴、张践《中国宗教通史》（下），中国社会科学文献出版社，2000 年版，第 963 页。

事实上,僧界不习佛理,不读佛典的风气也与僧人文化素质的低下密切相关。首先,度牒制度的彻底废除,导致了僧人的滥度与素质低下。乾隆十九年(1754)通令全国曰:"僧道度牒本届无关紧要,而查办实以兹扰。着永行停止"[3]至此,度牒制度彻底废止。僧人出家无需度牒与考试,于是"天下丛林,随处放戒,于是方外流品,渐趋复杂,为世诟病"。[4] 废止度牒对寺院佛教的破坏,杨文会与印光等都有评述。杨文会在《释氏学堂内班课程刍议》中说:"盖自试经之例停,传戒之禁弛,以致释氏之徒,无论贤愚,概得度牒。于经、律、论毫无所知,居然作方丈开期传戒,与之谈论,庸俗不堪,士大夫从而鄙之。西来之旨,无处问津矣。"[5]印光在给居士的信中说:"今之佛法一败涂地者,以清世祖不观时机,革前朝之试僧,永免度牒,令其随意出家,为之作俑也","(废牒)祸广泽于后世,致今迁滥已极,纵有知识欲一整顿,无从措手,可不哀哉!"[6]

事实上,清朝以来佛教寺庙与僧尼人数仍保持庞大的规模。据康熙六年(1667)礼部统计,直省敕建大寺庙 6073 座,小寺庙 6409 座;私建大寺庙 8458 座,小寺庙 58682 座,在籍僧 110292 名,尼 86015 名。[7] 而"自乾隆元年起至四年止其颁发各省度牒计三十四万一百十二纸"[8],可见僧尼规模在乾隆年间仍有发展。及至民国年间,太虚在《整理僧伽制度论》中估计,清末僧尼人数约 80 万之多。不过,由于佛教宗派凋零、宗风不再,僧尼大多戒律松弛、滥竽充数;因此,庙宇僧尼再多,也无法掩盖佛教衰败的事实。据统计,民国时期,汉地僧尼人数有 70 多万,但 90% 以上为贫苦农民出身,80% 以上是文盲,他们

[3]《大清会典事例·礼部·方伎》第 501 卷。

[4] 蒋维乔《中国佛教史》,第 261 页。

[5] 杨文会《释氏学堂内班课程刍议》,《杨文会全集》,黄山书社,2000 年,第 333 页。

[6] 见正编《印光法师文钞》卷一中《复泰顺谢融脱居士书》。

[7]《清朝续文献通考》(编入《四库全书》),上海古籍出版社,1987,第 8487 页。

[8]《清朝续文献通考》(编入《四库全书》),第 8489 页。

(她们)大多是因为贫苦、战乱、灾难而遁入佛门。[9] 由于僧人素质的低下、戒律松弛,他们主要从事应赴经忏、放焰口、超度死人,获取钱财。曼殊、章太炎在《敬告十方弟子启》中指出:"丛林规范虽存,已多弛废,不事奢摩静虑,而惟终日安居。不文说法讲经,而务为人礼忏,嘱累正法,则专计赀财,争取缕衣,则横生矛戟。驰情于供养,役形于利衰。为人轻贱,亦已宜矣。复有趋逐炎凉,情钟势要,诡云护法须赖人天,相彼染心,实为利己,无益于正教,而适为人鄙夷。"对于当时僧界的衰象,正如欧阳竟无痛心所说:"中国内地僧尼,约略百万之数,其能知大法、办悲智、称比丘不愧者,诚寡若星辰。其大多数,皆游手好闲,晨夕坐食,诚国家一大蠹虫! 但有无穷之害,而无一毫之利。如此不整理,不严拣,诚为革命时之一大遗憾!"[10]关于晚清民国以来僧界衰况的具体情形,今天我们还可以从一些僧界当事人的《回忆录》、《传记》以及一些档案文献中得以管窥。

(二)"庙产兴学"对僧界的刺激

晚清之时,中国知识分子对于民族国家前途的反思已经从"船坚炮利"、"师夷长技以制夷"的技术层面而进入到学术思想之层面。因此,废除科举、开办新学、开启民智已经成为当时救国的第一要义,而兴办学堂的主张也被知识分子与社会上层广泛认同。"庙产兴学"风潮,直接原因就导源于晚清社会改兴新式学堂而面临国库空虚、教学经费缺乏,因此一些人将眼光投向的佛寺、道观长期积累的巨额财富上来,企图以"庙产"来充当兴办学堂之资。清季"庙产兴学"的最早动议者是康有为与张之洞(虽然"庙产兴学"之说在清季之前的黄宗羲就曾论及,但并未实施)。康有为在1895年"公车上书"事件的《上皇帝书》中

---

[9] 参见陈兵、邓子美《二十世纪中国佛教》,民族出版社,2000年版,第13页。
[10] 欧阳竟无《辨方便与僧制》一文。

就提出四点"教民之法",其中除了"普及教育"、"改革科举"、"开设报馆,出版报纸"之外,康就提出"提倡孔教,建议将乡村淫祠一律改为孔子庙"。1898 康有为在其《请饬各省改书院淫祠为学堂折》中又进一步提出:"查中国民俗,惑于鬼神,淫祠遍于天下。以臣广东论之,乡必有数庙,庙必有公产,以公产为公费,上法三代,旁采泰西,责令民人子弟,年至六岁者,皆必入小学读书"[11]如果说康有为的主张还是大致的建议,其"淫祠"还没有重点指定为佛教寺院的话,那么张之洞则明确提出了利用佛寺与道观的"庙产"来兴学的具体方案。1898 年 6 月,张之洞在其著名的《劝学篇》中提出:

> ……或曰:府县书院经费甚薄,屋宇甚狭,小县尤陋,甚者无之,岂足以养师生,购书器。曰:一县可以善堂之地赛会演戏之款改为之。一族可以祠堂之费改为之。然数亦有限,奈何!曰:可以佛道寺观改为之。今天下寺观何止数万,都会百余区,大县数十,小县十余,皆有田产,其物皆由布施而来,若改作学堂,则屋宇田产悉具,此亦权宜而简易之策也。方今西教日炽,二氏日微,其势不能久存,佛教已际末法中半之运,道家亦有其鬼不神之忧。若得儒风振起,中华乂安,则二氏亦蒙其保护矣。大率每一县之寺观什取之七以改学堂,留什之三以处僧道,其改学堂之田产,学堂用其七,僧道仍食其三。计其田产所值,奏明朝廷旌奖僧道,不愿奖者,移奖其亲族以官职,如此则万学可一朝而起也。以此为基,然后劝绅富捐赀以增广之。昔北魏太武太平真君七年(446)、唐高祖武德九年(626),武宗会昌五年(845)皆尝废天下僧寺矣,然前代意在税其丁,废其法或抑释上以老,私也。今为本县育才,又有旌奖,公也。若各省荐绅先生,以兴起其乡学堂为急者,当体察本县寺观情

---

[11] 康有为《请饬各省改书院淫祠为学堂折》,《中国近代史史料丛刊·戊戌变法》(二),神州国光出版社,1953 年,第 221 页。

形,联明上请于朝诏旨,宜无不允也。[12]

上文内容主要有三:一、建议以佛道寺观改建为学堂,并具体建议划拨庙产之中十分之七为学堂之用,十分之三为僧用;二、认为"庙产兴学"之举是育才为公,并借口通过振兴儒风进而挽救佛道衰微之势;三、建议各地根据本地寺观的情况,直接上书朝廷准许"庙产兴学"。张之洞的"庙产兴学"主张在当时产生了巨大的影响,光绪帝随后于1898年7月10颁布谕旨曰:"至于民间祠庙,其有不在祀典者,即着地方晓谕民间,一律改为学堂,以节糜费而隆教育。"[13]光绪二十七年8月初二(1901年9月14日)清政府下诏办学,谕令"将各省所有书院,于省城均改设大学堂,各府及直隶州均改设中学堂,各州县均改设小学堂,并多设蒙养学堂"。[14] 光绪三十二年(1902)4月,清廷正式准奏《劝学篇》的建议,"奏定《劝学》所章程,责成各村学堂董事查明本地不在祀典庙宇乡社,可租赁为学堂之用。"[15]此后,各地庙产兴学风潮骤起,一些地方恶绅也浑水摸鱼,大肆强占寺观的庙产,甚至驱逐僧人。而至辛亥革命爆发,"长江中下游先后光复,新募军人多驻扎寺观,乡里豪强勒令寺僧当兵或出资。"[16]

民国肇始,孙中山在《临时约法》中明确了"信仰自由"的宗教政策,并对寺庙财产有意保护,但北洋政府很快就重蹈清末利用庙产的思路。1913年与1915年,北洋政府先后颁布了《寺院管理暂行规定》与《管理寺庙条例》,明确规定寺庙不得私自处分与抵押寺庙财产,但办理地方公益事业则地方官可以呈请划拨庙产。此后,这两个条令因遭

[12] 张之洞《劝学篇·设学第三》,《张文襄公全集》,台北文海出版社,1971年,第819页。
[13] 陈宝琛编:《清德宗景皇帝实录》(第6册、卷420),中华书局,1987年,第505页。
[14] 中国第一历史档案馆,1996:176。
[15] 转自释东初《中国近代佛教史》上册,台湾东初出版社,1992年版,第75页。
[16] 东初《民国肇兴与佛教新生》,张曼涛编《中国佛教学术丛刊·民国佛教篇》,台湾大乘文化出版社,1978年版,第25页。

到佛教界的强烈反对而作了修改,但并未被正式取消。国民政府期间,
"庙产兴学"再次受到教育界人士的追捧;同时,由于北洋政府与民国
政府期间对于寺庙管理政策的摇摆不定,庙产兴学风潮自张之洞的
《劝学篇》开始,一直反复延展到民国中后期。[17] 平心而论,庙产兴学
风潮对兴办教育确实具有一定的积极意义,但对已经衰微的寺院佛教
来说无疑是雪上加霜。经过庙产兴学的风潮,各地寺院大都遭到严重
侵害。其中,两湖地区的寺院在张之洞的辖区,庙产兴学之风自然很
盛。在安徽,庙产兴学对寺院的侵害也非常严重。民国七年(1918)蒙
城县公署为筹措教育经费,召集全县的士绅,开教育行政会议,援用
《管理寺庙条例》划拨寺院财产为教育经费的来源。其规定如下:一、
有庙无僧之庙产全部没收;二、有僧而不通晓经典者,全部征用(仅将
一小部分给与令之还俗);三、有僧且深通经典,适宜酌量征用其大部
分。后来还进一步规定,凡一僧兼为他庙住持者,则视为无住持之庙,

---

[17] 1928 年,大学院在南京召开全国教育会议,会上来自各地的代表纷纷提出庙产兴学
的具体方案,并最终由当时中央大学教育系邰爽秋教授等人共同拟订了五条具体
方案。这五条方案分别是:(一)由大学院组织庙产兴学委员会,秉承大学院长,负
责办理庙产之调查、统计、审查、移拨等事项。(二)各省市县次第成立各级庙产兴
学委员会,分别秉承各该高级委员会办理庙产兴学的事项。各级委员会应受该地
上级委员会之监督及该地同级或相当教育局的指导。(三)国家明令规定全国庙产
应即拨充全国教育基金,只许支用利息,不得侵占本金。(四)此项基金之用途,以
补助义务教育及民众教育经费为限。民众教育完成后,即以办理民众教育部分之
基金,为办理文化事业之用。(五)对于老幼僧尼,应由各省市县筹办平民工厂或职
业学校,分别容纳。或于寺庙中酌留房屋田产,以为少数年老僧尼住居之用,藉示
优待。(参见:中华民国大学院编:《全国教育会议报告》丙编,商务印书馆,1928
年,第6页。)由于 1928 年全国教育会议的提案因遭佛教界的强烈反对未被实施,
1930 年邰爽秋又发起成立了"庙产兴学促进委员会",并在其章程中规定以"联合
全国民众力谋划拨庙产、创办教育为宗旨"。1935 年江苏、山东、安徽、浙江、湖北、
湖南、河南等 7 省教育厅联名呈请教育部、行政院保障庙产兴学,并得到官方的同
意。事实上,教育界的庙产兴学呼声,几乎暗中受到国民政府的纵容与支持。1929
年国民政府《管理寺庙条例》修改为《监督寺庙条例》,1936 年国民政府颁布了
《寺庙登记条例》,这些条例基本上都是换汤不换药,寺庙财产始终没有得到明确的
保护。

如此则全县各村共有 253 所寺庙被征用。[18] 此外,有关民国前各地
"庙产兴学"的情状,台湾学者黄运喜先生通过考察山东泰县、四川金
堂县与上海县的地方志得出以下一些具体的数字。如,根据民国十八
年(1929)修《山东泰县志》考察统计:全县共设学校 348 所,经统计得
知,校址设于佛寺者 67 所、设在一般民俗庙宇(关帝庙、娘娘庙、玄武
庙、火神庙,许多庙宇由僧侣住持)有 203 所、设在家庙祠堂有 20 所、设
在清真寺者有 10 所、不详所属(三圣、五圣、七圣、九圣、三教堂等,疑与
北方秘密宗教信仰有关)者有 26 所,以上合计 328 所,占所有学校的
94.25%,真正由地方士绅出资兴办者可谓寥寥无几。[19] 根据民国十
年(1921)修的《金堂县续志》考察统计:全县各级学校共 116 所,其中
设于佛寺 31 所、设于民俗庙宇者 49 所、设于道观者 1 所、家庙祠堂者
10 所、书院者 12 所、会馆者 9 所,其他 4 所,以庙产兴学之比例为 78.
44%。[20] 根据民国七年(1918 年)修的《上海县续志》考察统计:上海
公私立官学及初高等小学共 191 所,其中官学 34 所中,设在寺庙者有
10 所;初等小学 115 所,设在寺庙内有 22 所;两等小学 32 所、设在寺庙
者有 7 所;高等学堂 10 所、设在寺庙者 1 所,此外设于寺庙内之教育机
关有"劝学所"、"教育会"各 1 所,设在寺庙之学校比例为 21.98%。[21]
黄运喜先生认为,上述三县之中,上海"庙产兴学"寺院被占数量较山
东泰县少很多,这可能是上海人多寺庙少(人寺比例低)、经济发展快
速、资本家集中且办学意愿高有关。[22] 而据另一学者研究,30 年代左
右当时上海市郊区受庙产兴学风潮的影响则很大,大量寺庙移作他用,

---

[18] 参见牧田谛亮《近世中国佛教史研究》,转引自释东初《民国肇兴与佛教新生》,第
　　 31 页。

[19] 据葛廷瑛、孟昭章编《泰安县志》之《教育志》资料统计,民国十八年刊本。

[20] 据王暨英、曾茂林编《金堂县续志》卷 4 的《教育志》统计,民国十年刊本。

[21] 据吴馨、姚文楠编《上海县续志》卷 9 之《教育志》资料统计,民国七年刊本。

[22] 参见黄运喜《清末民初庙产兴学运动对近代佛教的影响》,载《国际佛学研究》(创
　　 刊号),1991 年 12 月出版,第 293—303 页。

其中仅松江县就有48座寺庙用作校舍。[23]

综观庙产兴学风潮,虽有当时国库空虚、民生凋敝、教育经费严重缺乏的时代背景,但其深层原因则与中国佛教遭遇到的现代性"祛魅"以及寺院佛教丛林制度自身的腐败、僧尼的不学无术密切相关。诚如东初法师所说:"马祖创丛林,百丈立清规,其目的是在安定僧众修道。那知僧寺有了寺产,不仅不能修道,反为寺产所累。远者不必说,近百年来困扰佛教者,就是寺产问题。前人之所以置产,以供众修道,今人有了寺产,竟忘其修道,而忙于寺产。所以寺产反为障道的因缘,寺产越多,其累也越大,困扰佛门,竟无休日。今日不独宗门寥落,消息断绝,即一般僧寺多以贩卖如来家业,争取货利,以财富为荣,名利为向,向上一着,早无人问津。宗门教门都成魔窟,僧尼成为狮子身上虫,佛法焉能不衰? 无怪清廷要提拨寺产,民国以来要庙产兴学,所以庙产一直困扰佛教的僧徒。"[24]

二、近代居士发起的佛教教育及其特点

居士佛教是近代佛教复兴运动的发起者与主力军,同时也是近代佛教教育的倡导者与教育模式的探索者。清乾隆年间始,居士知识分子就曾借助当时书院的形式,开始了与寺院佛教分离的迹象。如,当时居士像汪缙、彭绍升那样的弃儒归佛者,他们为了振兴衰微中的佛教,就曾在乾隆时期创建了第一个居士所办的讲习佛学的"建阳书院"。这一书院形式的居士讲学虽为时未久,却无形中开了居士上堂说法的先例,并获僧界的默认。及至杨仁山居士,他已认识到近代佛教的振兴必须对经忏香火形式有所突破与革新,从而重新张扬佛教的智性与信

[23] 张化《上海宗教通览》,上海古籍出版社,2004年版,第7页。
[24] 东初《民国肇兴与佛教新生》,第23页。

仰的力量。杨仁山居士对当时佛教界的判断是:"方今梵刹林立,钟磬相闻,岂非遗教乎？曰:相则是也,法则未也。"正是目睹佛教界的极度衰微,激起了杨仁山振兴佛教的决心。作为对应经忏香火之策,在杨文会认为首先要在刊印传播佛教图书典籍。1866 年,杨文会移居南京主持江宁工程时,就与同事王梅叔等一起在南京城内的北极阁创办了金陵刻经处,[25] 以期遍搜天下经书刊印流布。其间,杨文会于光绪四年(1878)年随同曾国藩长子曾纪泽出访欧洲,在欧洲三年时间里,杨仁山结识了日本真宗义学僧人南条文雄。南条文雄在日本为杨文会搜购得我国唐代散佚的佛经注疏近 300 种,并在刻经处刻印流通。从 1866 年到 1911 年杨仁山逝世这 40 年间,金陵刻经处共刻印经典 2000 余卷,先后流通经书 100 万余卷,佛像 10 万余帧,为中国近代佛教的复兴立下了头功。1908 年间,杨仁山因受欧美与日本佛教教育思想的影响,又创办"祇洹精舍"。杨文会创办的"祇洹精舍",是居士弘法的一个创举。它不仅接纳居士,也接纳僧人前来学习;不仅学习佛学,还兼教英文与梵文。其次,他还制定了内外兼学进至深入佛学的三级九年学制,仿照小学、中学、大学之例设想九年卒业,认为僧人只有接受严格的教育后才可做方丈、说法传戒。[26] 1910 年,杨仁山又创办了中国第一个独立的近代居士佛教组织——"佛学研究会"。"佛学研究会"侧重居士佛学人才培养,杨仁山亲自开讲,定期开办佛学讲座,因此影响了大量学界与教界名流。太虚法师后来回顾清末各个僧教育机构——包括日僧水野梅晓在长沙、铭廉和尚在扬州、觉先和尚在北京,乃至在定海、如皋等处的僧立学校时曾指出,"除仁山居士所设者外,其余动机多在保存寺产,仿照通俗所办之学校而办,用图抵制,绝少以昌明佛

---

[25] "金陵刻经处"曾数易其址,先是在南京城内的北极阁,后移至杨家在南京花牌楼租赁的住宅中,直到 1897 年才于南京城内的延龄巷中购得 21 亩地,成为金陵刻经处的永久地址。

[26] 参见杨文会《释氏学堂内班课程刍议》,载黄夏年编《杨文会集》,第 17 页。

教,造就僧宝为旨者。"[27]

　　杨仁山的"佛学研究会"开启了近代居士佛教组织化发展的风潮,此后各地佛教知识分子纷纷效仿建立起各种类型的"佛学研究会"。如,在浙江,民国肇始,范古农就在嘉兴设立了浙江最早的居士佛学组织——"嘉兴佛学研究会",该研究会备有大量佛教图书,范古农自任讲师定期举行佛学演讲。此后,嘉兴的平湖、嘉善、海盐以及杭州、绍兴等地,也先后成立了佛学会组织。1914 年,马一浮在杭州成立了民间居士佛学团体——"般若会",该会"以入佛知见、圆悟自心为宗,转化含识、同证法界为趣"[28],并设立了颇具特色的修学规约。在北平,1921 年,韩清静与朱芾煌、徐森玉等,发起成立了"法相研究会",该会于 1927 年改为"三时学会",以专门研究唯识教典为己任,一时有"南欧北韩"(南京欧阳竟无、北平韩清静)之誉。在南京,1922 年,杨仁山的弟子欧阳竟无,建立了规模盛大的"支那内学院",聚集了一大批居士知识精英。此外,全国范围内的大大小小的"佛学研究会"组织更是无法统计。

　　西学东渐、西风东移,新学与科学思想逐渐被社会知识阶层所接受,并向社会广泛传播,传统寺院佛教的"神圣性"与"合法性"遭遇到现代科学知识的挑战,而僧界的腐败又加重了这种危机。伴随着近代中国社会的大变局与大转型,中国佛教在"复兴"的同时也遭遇了空前的变化,其在佛学取向上,由传统的"出世脱俗"追求,转变为积极的"入世化俗"导向,并由此将佛教的复兴与民族、国家的振兴,甚至民国以后的公民意识密切结合起来。此时的佛学不仅是自我解脱的智慧,也是拿来为我之用、为社会之用的"思想源泉"。同时,近代佛教信仰主体也发生了重大变化,除寺僧之外,大量的新兴工商业者与知识分子

---

[27] 太虚《议佛教办学法》,收入《海潮音文库第一编·佛学通论论十. 教育学》,台北,新文丰出版公司,第 14 页。

[28] 马一浮《马一浮集》,浙江古籍出版社,1996 年,第 863 页。

对佛学产生兴趣并投身于佛学的研究与信仰的实践之中,他们分别以居士、学者、思想家,甚至革命家的身份进行佛学研究,并期望将佛教带向现实社会生活之中。[29] 对于居士知识阶层而言,他们对于佛教教育情有独钟,他们从拯救佛教的"正法"之愿望出发,积极从事佛教研究与教育,从而促进了近代佛教文化传播。但是,居士佛教教育毕竟与僧界的佛教教育有所差异,它更倾向于学术化,而在佛教实修与佛教教育相融合的层面则无法取代僧界。

三、近代僧界的教育自救运动

"庙产兴学"风潮不仅加深了近代寺院佛教的衰败,同时它也刺激了近代佛教的自我改革与近代化的步伐。一方面,庙产兴学的冲击也使得一盘散沙的僧界深感组建属于自己的统一组织的必要性,于是各种形式的僧团组织开始产生,政教之间的漫长博弈因此展开。另一方面,"庙产兴学"风潮也极大地刺激了当时的僧界教育自救之路,一部分有觉悟的僧人希望通过主动兴办僧学堂来提高僧人素质,抵制外部的强制性的划拨庙产;而其中的少数新派僧人如太虚等,更主张通过教理、教产、教制的改革来振兴寺院佛教。

(一)近代寺僧的保庙产与新办教育

晚清僧尼文盲众多,"教门"、"宗门"与"律门"都已衰败。而传统

---

[29] 对于近代佛学的参与主体,麻天祥将其划分为三种类型——寺僧、居士、思想家佛学。对于不同类型的佛学旨趣,麻天祥指出:"寺僧佛学重在卫教,突出表现为佛教的入世转向。居士佛学意在弘法,直接导致近代佛教文化的勃兴。思想学术界的佛学研究宗旨则在于利生,因此称为经世佛学,它不仅实现了近代的中国哲学革命,而且在一定程度上促进了整个社会革命。正是由于佛教和佛学思想上的革命,近代佛教文化除宗教信仰外,还有经世致用、哲学研究和其他方面的文化研究的内容和意义。"(参见麻天祥《晚清佛学与近代社会思潮》,河南大学出版社,2005年,第277页。)

的"师徒传承"教育,由于名师太少,自然庸徒就多。自庙产兴学以来,为了抵制官府与地方士绅强行划拨庙产,一些寺院开始以自办僧学的方式来谋求庙产自保。1903 年,湖南长沙开福寺寺僧笠云在日本僧人水野梅晓的帮助下,开办了湖南僧学堂,以抵制官府与地方士绅强夺庙产,为中国寺僧主动办学保庙产首开先河。喻未庵在其《新续高僧传》中记曰:

> 及戊戌政变,事言庞杂,新说盛行,竞立学堂,强侵寺院,摧残教宗,以夺僧产,将无所不至,笠云甚忧之,值倭僧水野梅晓寻法南岳,道出长沙,久慕道声,径来参叩,咨询之余,为述日本佛乘随潮流之转移,与国力以俱新,种种业力,不外兴学,欲谋保护教纲,弘扬佛旨,无出此者。笠云颇为之动,明年,遂假开福寺办立僧学,并设佛会,推笠云董之,而夺攘之风稍息。[30]

实际上,上文所说的日僧水野梅晓,是经宁波天童寺方丈寄禅(八指头陀)的介绍前去湖南办僧学堂的。1899 年,日本净土真宗派本愿寺派伊藤贤道、水野梅晓等僧人来华传教,他们主要在中国东南沿海进行活动,并建立佛堂、招纳信徒、开办学堂。1902 年,水野梅晓赴宁波朝拜如净禅师墓塔,因此结识寄禅法师,并经寄禅介绍去湖南。受湖南创办僧学堂的影响,1904 年,寄禅联合杭州僧人松风、定能、海峰等人,在杭州筹办僧学堂,同时会同正在杭州的日本真言宗僧人伊藤贤道商量联合办学的事宜。但是,寄禅联合日僧办学的举动,遭到了当时社会各界的强烈反应与不满。基于国内高涨的民族情绪,寄禅只好及时中断与日本僧人的联合办学举动。即便如此,杭州的 35 所寺院(一说 36所)仍以寄禅的名义联名请求日本真宗的保护。于是,这些寺院被编为日本东本愿寺的"在华下院",而当地方官吏或士绅提拨庙产时,日

---

[30] 喻未庵《清长沙麓山寺沙门释芳圃传》,《新续高僧传》(第 4 集,第 35 卷),台北:琉璃经房,1967 年,第 8 页。

本领事馆则出面交涉。[31] 事实上,这种借助日本佛教势力以求庙产自保的事件并非个案。在广东,一些寺院的僧人也希望藉日僧的保护以免庙产被提拨之祸。1904 年,日本僧人高田栖岸就与广东能仁寺、六榕寺僧人取涸、铁禅等商议,计划在广州设立中国南部佛教总会,并借此"调查各地佛教之现状,改良佛教之规则,专以宣扬佛教之精神,发挥佛教之真理为主义"。[32] 中国东南沿海佛教寺院依靠日本佛教势力谋求庙产自保的举动,很快引起清朝廷的重视,并使之意识到问题的严重性。于是,清廷一方面责令相关寺院脱离日僧的保护,一方面修改庙产兴学的政策。1905 年 4 月 12 日清廷发布谕诏,要求各地督府"饬令地方官员凡有大小寺院及一切僧众产业一律由官保护,不准于绅蠹役,藉端滋扰。至地方要政不得勒捐庙产,以端政体"。[33] 此谕诏颁布后,一些仅以办僧学来保庙产为目的的保守派寺僧,看到政府又答应保护庙产,随即弃了办僧学的努力,如杭州寻求日僧保护的 35 所寺院原先倡议开设的僧学堂也因此作罢。对此,有人一针见血地指出:"议开僧学堂,绅意在开通智识,僧意在抵制捐款。今既不捐,则僧学堂亦无庸开办,有名无实,徒滋流弊。"[34]

1906 年,学部为了规范各地的僧教育,核议要求各地佛教学务公所改为"僧教育会",并再次强调"有藉学堂经营别项事业或援引外国僧徒依托保护防害国权者,由督学局及各处提学司查办,以杜弊端"。[35] 此后,僧教育会相继在江苏、浙江、奉天、北京、湖南、湖北、四川、安徽等地纷纷成立,其他各省也相继效仿。不过,僧教育会并非是完全独立自主的佛教教育机构,其兴办的"僧学"并不是纯粹的佛教教

[31] 参见东初《中国佛教近代史》,台北:东初出版社,1974 年,第 77 页。

[32] 参见《宗教·各省教务汇志》,载《东方杂志》第 7 期,1904 年 9 月。

[33] 朱寿朋编、张静庐等点校《光绪朝东华录》(五),总第 5321 页。

[34] 参见《僧人朦禀阻挠兴学》,载 1907 年 8 月 6 日《申报》。

[35] 《宗教·各省教务汇志》,载《东方杂志》1906 年第 12 期。

育。有关僧教育会的性质与作用,太虚法师曾指出:"僧教育会组织的性质,一方面是办幼年僧徒小学,培育僧众的人才;一方面是办普通教育,以补助国民教育。但大都是各省各县各自为政的设立,谈不上有系统的组织。僧教育会组织成功,虽然有各寺院的长老联合,但僧教育会的会长却有两个:一是当地德高望重的出家长老,一是地方上有名望而热心教育的绅士,而绅士也不一定是佛教的信徒。这受政府明令所成的教育组织,又有绅士在中协助,故能与当地官厅发生密切的联系。经费由各寺院分担,如有不愿捐款或不送幼僧入学的行为,得由政府差人催索或强迫入学。这些僧教育会,组织健全、办理完善的固然是有,但徒有虚名,实际由绅士主持,或随新潮流趋向,失去佛教立场的亦不少;甚至或俗化成饮酒、吃肉、聚赌等违反僧制的腐败勾当。这种组织不健全、办理不完善的僧教育会,和当地非佛教徒的乡绅会长,任用私人操作会务以图中饱分肥,有着莫大的关系。"[36] 如太虚所说,在组织形式上,僧教育会由僧俗二界共同担任僧会长,虽有利于沟通僧界与官府之间的联系,但损害了僧团组织的独立性;在教育内容上,僧教育会兴办的"僧学"只包括针对幼僧的入门佛学教育,以及扫盲式的世俗文化教育。此外,再加上"长老多无能,士绅多土劣",因此晚清兴起的为数众多的僧教育会实在无法承担寺院佛教的佛学教育,更不可能承担振兴寺院佛教的重任。

民国以来传统佛教宗派的僧教育也有不少起色。其中如:常熟的法界学院、上海的华严大学、宁波的观宗学社、高邮的天台学院等以及倓虚在北方多处建立的归属天台法脉的佛学院,都以弘扬佛教某一宗派为己任,并培养了一些学专一宗的僧众。此外,1925 年创办的闽南佛学院、玉山佛学院、1928 年创办的竹林佛学院,1929 年创办的九华佛

---

[36] 太虚《我的佛教改革运动史略》,《太虚大师全书》第 57 册,香港佛学书局,第 71—72 页。

学院，以及后来的柏林教理院、鼓山佛学院、汉藏教理院、焦山佛学院、栖霞佛学院、玉佛寺佛学院等都对僧教育有一定的成绩。不过，总体看来，这些佛学院无论在规模、教育理念革新、教育层次、人才造就等方面均不能与南京内学院与武昌佛学院相比。而一个重要的不可忽视的事实是，南京内学院与武昌佛学院主要都是依靠佛教居士的支持与支撑，且居士直接参与教学。[37]

四、僧俗联合兴办的佛教教育

近代以来，以太虚为代表的新僧派们对于佛教教育的革新尤为用力，并与居士进行了密切的合作与互动。关于所谓近代佛教新、旧派别的基本划分依据，大醒法师曾有这样的说明："一般僧徒自以为身居丛林就以旧派自居，同时看到从事新建设办僧教育的僧伽，则一律目之曰新派，这个界限分得太有趣了！如果说办僧教育的人都是新派，或者会做文章以及提倡整理僧伽制度者皆是新派，那么释迦牟佛就是新派的领袖了。可是真真实实地讲，新旧派无形中是有了的，但是那个界限绝不是在年龄上与智愚上去分界的。如其一定有人要分派，那可以这样说：主张'整理僧伽制度'的是新派，主张'宁为玉碎不为瓦全'的是旧派，这才贴切。"[38]所谓"整理僧伽制度"，就是改革旧有的传统佛教丛林制度。是否愿意革新传统佛教丛林制度中不适应时代发展的弊端这一核心问题，确实是划分近代佛教"改革派"与"保守派"的重要依据。后来，由于新旧之间的对峙趋于激化，大醒还将新派与旧派的特征作了以下区分：其一，新派主张读书明理，修学并重，并注重教化；而旧派主

---

[37] 此段部分内容可参见于凌波《中国近现代佛教人物志》，宗教文化出版社，1995 年，第 157—158 页。

[38] 大醒《十五年来之整理僧伽制度运动》，《海潮音》，第 16 卷第 1 号（1935 年元月），第 108 页。

张离绝言语文字,闭户修行,或即随世浮沉。其二,新派想自利利他;而旧派只想自利。其三,新派求实行和合众(僧伽)的生活,而旧派属于自私的、讲阶级的。其四,新派主张佛教徒在国家社会中的权利及义务均等,而旧派依赖社会,只享权利,不尽义务。[39]

由于受到新式思想的影响,僧界之中像太虚这样的新式僧人则将目光投向了传统佛教教育制度的改革。1912 年,太虚与仁山一起希望创办佛教大学、改革旧有丛林制度,但由于保守派暗中勾结诸山长老百般阻扰,其努力终在"大闹金山寺"后努力付诸东流。1913 年,太虚在寄禅的追悼会上又提出了著名的"三大革命"(教理革命、教制革命、教产革命),其中也提到兴办僧教育的问题,并主张创办佛教大学,从学僧中选拔僧才住持寺院。此后,太虚还提出了不少革新僧教育的主张,如其《整理僧伽制度论》中就提出由八宗各自办专科教育外,另设立"通学精舍",以培养佛教需要的"通才"等等。民国期间,太虚与上海居士界的关系也非常密切,他经常来上海讲演佛学,组织和支持佛教团体开展活动。1918 年,太虚与陈元白、章太炎等在上海组织"觉社",出版《觉社丛刊》(后改名为《海潮音》月刊)。1922 年,太虚在一些居士的帮助下于武昌创办了著名的"武昌佛学院",与欧阳竟无在南京创办的"支那内学院"遥相呼应。武昌佛学院已不是一般学习佛教知识的佛学院,也不是专为培养经师论师的僧学堂,而是倡导"八宗平等",以造就"解行相应"、"弘法利生"的佛教革新人才为己任。此外,武昌佛学院的教师由僧俗(法师与居士)二众组织,学员也僧俗兼收,因此它不是纯粹的僧教育机构。1927 年,太虚在上海创办"法苑",力图推行自己的僧伽改革理想。"法苑"地址在静安寺路(今南京西路)与慕尔名路(今茂名北路)之间,为一幢三层楼房,庄严典雅,深受沪上居士们

---

[39] 大醒《中国佛教讲话·中国佛教新旧两派之趋势》,《现代僧伽》,第 41、42 期合刊(1929 年 12 月 1 日)第 35—37 页。

的喜爱。当年章太炎、丁福保、王一亭及美国传教士李佳白等常来此聚会。太虚一贯倡导人生佛教、主张"人圆则佛成",同时太虚还强调信仰佛教不一定要出家做和尚,在家也可以建立佛化家庭,只要能以佛教的道理来改造社会,使人类进步,即是不违背佛教之教诲。太虚的思想对沪上居士佛教的建设具有一定的理论指导意义。

事实上,太虚的佛教教育革新与其倡导的教制革命、教产革命是一体的关系。太虚的佛教教育思想已融入他对整个佛教现代化转型的全盘思考,这种佛教教育思想突破了传统的丛林教育模式,对于现代佛教教育起到了先锋引导的作用。太虚曾说:"辛亥革命成功,中国既成立了共和立宪的国家,僧伽制度也不得不依据旧制,加以适时的改变,使成为今后中国社会需要的佛教僧寺。"[40]太虚敏锐地看到,只有革除在帝制背景下形成的中国佛教丛林制度的恶习,才能使佛教在民国背景下再现生机。对于教理革命,太虚曾云:"(此时)对于教理,作了佛法导论,又批评了教育、哲学、进化论、一神教、周易、墨子、荀子等,成为'从佛教中心,以采择古今东西学术文化而顺应现代思想的新佛教'。对于僧制寺产,作了整理僧伽制度论,成为'从中国汉族的佛教本位,而适合时代需要的新佛教'。"[41]

除了太虚之外,不少近代高僧也都纷纷走出了寺院的封闭空间,与居士群体密切合作,其中联合办学的例子还有不少。如,民国初年沪上的"哈同花园"里的"华严大学"就是宗仰[42](1865—1921)与月霞[43]

---

[40] 参见太虚《我的佛教改革运动史略》,《太虚大师全书》第57册,香港佛学书局。

[41] 太虚《我的佛教革命失败史》,《太虚大师全书·杂藏·文丛》,台北:善导寺2000年新版,第61—62。

[42] 宗仰,俗姓黄,本名中央,江苏常熟人。20岁时依常州三峰寺药龛法师出家,后受戒于金山江天寺显谛法师被赐名宗仰,而他自称"乌目山僧"。

[43] 俗姓胡,名显珠,湖北黄冈人。幼读儒书,19岁南京观音寺出家,后于终南山结庐静修6年,依河南太白山顶子尘禅师习禅3年,在南京创办僧教育会历时3年。1906年赴日本讲学,同年与谛慈等人同受江苏常州天宁寺冶开禅师法脉成为临济宗传人,后又执教于杨仁山的"祗洹精舍"。

（1858—1917）与"哈同花园"主人的合作结果。哈同花园虽是一私家花园，但由于哈同夫妇经常邀请一些学者、僧人、革命家以及晚清遗老或光顾、或交游、或治学于园中[44]，并在僧人的帮助下设有佛教精舍、办有"华严大学"、"仓圣明智大学"等对外开放的学校。月霞法师曾执教于南京杨文会的"祇洹精舍"，辛亥革命后，应沪上居士之请，到上海主讲《大乘起信论》，同时受狄楚青居士之托，参与《佛学丛报》。1914年，在黄宗仰、狄楚青、康有为等建议下，[45] 罗迦陵在哈同花园开办了"华严大学"，并聘请月霞法师主持其事。《佛学丛报》曾载有《华严大学简章》，该章程共有 14 则，其中包括"本校以提倡佛教、研究华严、兼学方等经纶、自利利他为宗旨"。校址设在哈同花园内。学制分预科一年，正班三年。课程分为读经、讲经、讲戒、修观、作文、习字等七科。学习内容有华严教义、《普贤行愿品》、《维摩经》、四分戒本等。预科还讲授《大乘起信论》、《八十规矩颂》等。招收僧俗两众学生。简章还规定，学员所有学费、膳宿费、经书和纸墨及医药费，全部由学校供给。学员僧俗兼收，其中出家人必须"住过禅堂、品行端正、无诸嗜好者"，在家人需"具有居士资格者"。所有学员都要求"文理通达，能阅经疏"，年龄需在 20 岁以上至 35 岁之间。[46] 华严大学招生简章的规定一出，沪上及全国各地的报考者十分踊跃，华严大学也于 1914 年 7 月 7号（罗迦陵的生日）正式开学。在哈同花园中新建的礼堂内，月霞法师为僧俗二众学员讲课，并率领他们坐禅。华严大学在沪上虽然存续时间较短，但却是沪上第一所佛教大学，且由于它僧俗兼收，所以在居士

[44] 僧人有黄宗仰、月霞、兴慈、太虚等，遗老郑孝胥、罗玉振等，学者王国维、章太炎、蔡元培等，革命人士孙中山等，都曾聚会哈同花园，王国维还在哈同花园里编辑出版了《学术丛编》（学术丛编目录及其他情况参见李恩绩：《爱俪园梦影录》，生活·读书·新知三联书店，1984 年，第 58—63 页）。

[45] 于凌波《中国近现代佛教人物志》，《创办华严大学的月霞法师》一文，记载是在康有为建议罗迦陵办华严大学，而其他版本大都是说黄宗仰与狄楚青的建议。

[46] 参见《华严大学简章》，载《佛学丛报》，第 10 期，1914 年 3 月 15 日。

界的影响很大。

除了早期的宗仰、月霞之外，谛闲、兴慈、太虚、圆瑛等与上民国海居士的关系也都十分密切。谛闲（1858—1932）俗姓朱，名古虚，号卓三，浙江黄岩人。早年通医道，20岁到浙江临海白云山依成道剃度出家，24岁受戒于天台山国清寺。从1884年起，谛闲先后到上海龙华寺学教、受记及讲经弘法。1913年，谛闲到上海留云寺驻锡，并在寺内创办佛学研究社，且僧俗兼收，对沪上居士有较大影响。1922年起，谛闲又先后到上海净土庵、圆通寺、佛教净业设、世界佛教居士林等处讲经，主要弘扬天台教法。谛闲在上海拥有众多的弟子，其中著名居士弟子叶恭绰、蒋维乔后来还专门辑有《谛闲大师遗集》行世。兴慈（1881—1950）俗姓陈，法名悟云，别号观月，又号瞻风字，浙江新昌人。家世业儒，敬信三宝，一门八人，先后出家。兴慈于14岁依父在天台山下的下方广寺依其父出家。1918年，他应哈同夫人罗迦陵邀请，到哈同花园讲授《天台四教仪集注》，在沪上影响很大。后来，一个名叫沈映泉的居士为兴慈法师捐建了超尘精舍，请法师讲经说法。但由于四方信众闻风而来者太多，超尘精舍无法容纳，于是在沪上大居士王一亭赞助下，于1924年在上海吉安路购地建起了"法藏寺"，成为当时上海最大的净土大刹。兴慈法师及其法藏寺与沪上的居士们互动频繁，如章太炎、李烈钧、于右任、戴季陶、王一亭、叶恭绰、李本源等都有书法作品留于寺内。

结语　当代启示与展望

当代佛教教育与民国时期的佛教教育已有着不同的背景，但也并非毫无关联。当今，佛教物质形态的建设可以说进入到一个非常昌盛的时期，各地寺庙越改越大，僧界也有较为充足的经费用于佛教教育事业。但是，平心而论，当今的大陆佛教教育的水平并不高。有鉴于此，我们必须时刻提醒的是:佛教的盛衰并非仅以寺庙大小、多少为标准,也不以僧尼人数的多寡而论,而在一定程度上取决于佛教教育的水准、佛学精神承传与创新。在某种意义上来说,当代佛教教育已回归到教育本身,回归到人才的培养,回归到佛教的现代性内容。但从另一方面来看,当代的佛教教育与近代的佛教教育也有一脉相承的关系以及一些未解的共同问题。这些共同面对的问题有:当代佛教教育同样仍面临着"现代化"与"现代性"转变的问题;佛教教育仍然面对如何处理佛教信仰与"理性知识"与世俗化文化的关系;佛教教育如何处理僧俗关系在教育中的角色;佛教教育如何处理信仰(证)与学术(学)的关系;等等。当然,当今佛教也面临着属于当代的一些新问题:如何处理当代佛教教育与现存佛教体制以及外部教育体制大背景的关系;如何争取佛教教育的社会地位与社会认同;如何连接国际化的佛教教育体系以寻求国际合作;如何吸引更高僧才与教育资源进入到佛教教育中来;等等。说到底,这些新问题的解决与近代的佛教教育一样,同样也需要各种体制与模式的革新。

仅就当今的佛教教育模式而言,大陆佛教教育模式尚待创新。现代大陆各地兴办的各类佛学院,主要源自近代开启的学院式教育模式。学院教育,是以传授佛教知识性内容为主的教育模式,即以现代方法为学僧上课,以普及学僧的佛学基本知识与其他世俗文化知识,帮助学僧较为系统地掌握佛教教理。但是,学院教育的孤立发展,特别是毫无风格的复制化发展对于佛教的研习与承传是一坏消息。佛教作为一种独特的宗教信仰,它在历史发展过程中早已形成了自身的教育传统,不管是起初的"译场教育",还是其后的"丛林教育"、"讲肆教育",都有其自身的优点,现代佛学院式教育需要吸取这些优点与合理的地方,以创造出自身的特点。其中,特别是宋代以来的佛教"丛林教育的模式",其通过师徒之间相处答问以及僧众集体生活的熏陶,来达到觉悟真如法性而开悟为目的的教育,这是中国传统教育的精华部分。最后,笔者以为,未来的佛教教育不应该是"一元化"的复制,而应该提倡各具风格的探索,即使是佛学院式的教育,我们也应该追求不同的风格。比如,台湾的"四大山头"、中国佛学院普陀山分院的"八大院"的建构尝试就是非常好的探索。

学修相长，何以可能？

——南传佛教国家现代佛教教育的问题和启示

庞亚辉（中国佛学院普陀山学院）

【内容摘要】 泰国、缅甸和斯里兰卡等南传佛教国家的佛教教育总体上看是相当成功的。尽管这些国家都曾不同程度地罹患西方殖民者的侵扰，佛教信仰传统和佛教教育传统却基本得到保持，上世纪五六十年代以来，旧有的寺院教育仍在延续，新兴的综合性大学对佛学研究又格外偏重，形成了既维护传统的延续，又对文化全球化的挑战有所应对的局面。但在南传佛教教育中仍存在佛教世俗化的历史难题，现代性裹挟而来的多元价值也使僧侣不易看清自己的社会角色，导致还俗率居高不下，更直接造成了"戒"、"定"二学与学院教育所偏重的"慧"学的分离。纵然南传佛教教育中不乏隐忧，总体却仍走在大陆佛教教育的前面，他们在应对危机时所作的努力和提供的经验均值得我们借鉴。

【关键词】佛教　南传佛教　佛教教育

泰国、缅甸和斯里兰卡，恐怕是当今世界上硕果仅存的佛教国家，[1]

---

[1] "佛教国家"在学理上并不是一个严格的称谓。自上世纪中叶以来，尽管"佛教是国教"大多并未写进泰、缅、斯诸国的宪法，但佛教在这几个国家从社会文化、信仰人数、政治势力等诸方面占绝对优势毋庸置疑，泰、缅、斯三国也被公认为现代世界南传上座部复兴佛教的三大主力。此三国之外，柬埔寨的上座部佛教亦有相当的地位和影响，但近几十年来社会局势动荡，严重制约了佛教发展；老挝在上世纪70年代新政府成立之前曾在宪法中明确规定"佛教是国教"，但当前实行的是社会主义制度，佛教的自主发展由此受到了一定的限制。

属南传上座部,在现代佛教教育上与中国的大乘佛教走的是完全不同的道路。缅甸和斯里兰卡佛教曾罹患殖民统治的打压,自主的现代佛教教育大多要到上世纪四五十年代民族独立以后方才蓬勃兴起。这半个多世纪以来,南亚、东南亚各国的政治和社会状况也远非清和升平,但佛教教育的发展并未停滞,总体上甚至称得上形势一片大好。80 年代以降,中国赴泰国、缅甸、斯里兰卡留学的学僧日益增多,近年,僧众到这几个佛教国家学习巴利语或上座部佛学的热忱更超过了赴欧美、日韩等发达地区,几成为修习佛学者的首选。那么,这些国家佛教教育的特点是什么? 同样作为有悠久佛教信仰传统和佛学研修传统的国家,何以这几个在经济上并不十分发达政治也并不"现代"国家的佛教教育却走在了世界前列? 他们的佛教教育中是否也存在某些需要探讨和总结的经验? 又可以为我们的佛教教育带来些启示?

诚然,"十年树木,百年树人",佛教教育的兴盛绝非一蹴可就,需要深厚的文化土壤。比如在社会评价体系中,如出家学佛比在商界、政界能获得成功具有更高的社会地位就是一项重要条件——只有这样,一心学佛修佛、成为有道高僧才会成为才智之士的首选。但文化底蕴需要较长历史时期的累积,社会风气也需要很多人的共同努力,相对而言,教育制度层面的探讨和比较则或能为中国佛教界带来启迪。

一、南传佛教诸国佛教教育的总体特点

有关南传佛教国家佛教发展的历史和现况,国内的《各国宗教概况》(世界宗教研究所编写,北京:中国社会科学出版社,1984 年版)、《当代佛教》(杨曾文,北京:东方出版社,1993 年版)等几部概论性著作中已有所涉及,另外也有《南传佛教史简编》(邓殿臣,北京:中国佛教协会,1991 年版)、《南传佛教史》(净海,北京:宗教文化出版社,2002年版)、《神圣与世俗——南传佛教国家的宗教与政治》(宋立道,北京:

宗教文化出版社，2000 年版）等几种专门以南传佛教为主题的专著出版，但总体来看，国内佛教界和佛学界对南传佛教的了解尚停留在上世纪七八十年代阶段上。惟善法师曾著《当代中国佛教留学僧运动——以斯里兰卡国留学僧为例》（《世界宗教文化》2006 年第 2 期）一文，专门对国内学僧赴斯里兰卡留学的现象及其留学生涯予以述介，但这一问题还有更多的面向和更深的维度供我们探索和思考。

南传佛教诸国的传统佛教教育与北传的古代中国佛教相似，同样以"寺学"、"丛林教育"为发端，也即是对原始佛教丛林制度的延续。斯里兰卡从 16 世纪开始便相继沦为葡萄牙、荷兰和英国的殖民地，基督教势力的入侵、殖民统治对佛教文化破坏之严重不难想见，但佛寺中的学校仍得以勉强维持；佛教研究在后期受到了英国学术的影响，不过佛教学校里仍基本保持传统研究模式，注重佛经的注疏和教授巴利语。缅甸在英国殖民统治时期，原本由寺院学校承担的普及教育逐步为英人设立的普通学校所取代，但英政府对缅甸的佛教事务介入较少，基本采取听之任之的态度，佛教传统并未受到太多的冲击。未曾彻底沦为殖民地的泰国情况还要更好一些，在 19 世纪 70 年代以前，泰国没有大学，从初等到高等的所有民众教育几乎都由寺庙承担，僧众仍担负着传学授道的职责。进入 20 世纪，现代化教育制度与大学教育逐渐兴起，但佛学脱离历史传统、正式成为现代大学学术研究的组成部分要到 50 年代以后。

简言之，泰国、缅甸、斯里兰卡三国尽管程度不同地受到过西方势力的困扰，但佛教信仰传统和佛教教育传统却难能地保持和延续了下来，而这些传统的影响在今天仍然十分显著，这主要可从两方面得到反映。

一方面是寺院教育的延续。旧时在东南亚佛教国家诸如泰国、锡兰、缅甸等国家的教育可以说均由佛教寺院和僧众承担。以斯里兰卡为例，在西方国家入侵之前，这种传统寺院教育模式一直持续着。但值得一提的是,这种教育模式虽然说是寺院教育,但并非是纯粹宗教教育,它同时还担负着世俗教育的重任,学员也是僧俗皆有。[2] 虽然,教育现代化进程对这些佛教国家原有的教育机制有所影响,实行国民教育与宗教教育分离;但是以寺院为载体的佛学院仍得以持续发展。此外,佛教星期日学校(Dhamma School)可说是大多数南传佛教国家现代佛教教育比较活跃的一种模式,这种学校一般由寺庙承办,担负着对青少年施以佛教教育和道德熏陶的重要使命。在斯里兰卡,这种教育模式不但得到佛教徒的认可,而且还受到其他宗教徒的赞许与支持,一些伊斯兰教、天主教等教徒同样送自己的孩子去佛教星期日学校接受教育;而且这种教育模式还受到当地政府大力赞赏,据斯里兰卡《每日新闻》2009 年 10 月 3 日报道:"近日,斯里兰卡城市发展部部长 Rohana Dissanayake 在出席马特莱分区秘书礼堂举行的佛学院聘书颁发仪式时,致辞表示:佛教星期日学校教育体系有助于建立一个遵纪守法的社会,并且它在斯里兰卡十年计划(Mahinda Chintana program)中得到了巨大发展。"[3]除此之外,一些传统寺学也发展成为专门性的佛学院、佛教大学,如:一九五八年班达南内阁时代,斯里兰卡的两所著名的传统僧侣学校——"智严学院"(Vidaya-layalankaparivena)和"智增学院"(Vidyodayaparivena),取得州立大学的正式地位,[4]分别为现在的贾亚瓦德纳普拉大学(The University of Sri Jayewardenepura)和克拉尼亚大学(The University of Kelaniya)。[5]

尽管佛学院和佛教大学大多引进了现代教育管理模式,如考试、升

---

[2] Adikari, A. Classical Education and the Community of Mahasangha in Sri Lanka, Godage Publishers, 2006, p.253.

[3] Source: Deprtment of Buddhist Affairs, Sri Lanka.

[4] (德)贝却(Heinz Bechert)《东南亚传统佛学与其今日之重要性》,转引自《内明》第 152 期。

[5] 惟善《当代中国佛教留学僧运动——以斯里兰卡国留学僧为例》,《世界宗教文化》2006 年第 2 期。

级、学位授予之类,在学科建制和研究方法上也受到现代学术的影响,但仍不同程度地保持着旧有的寺学传统。以泰国仅招收学僧的几百所巴利文佛学院所规定的巴利文九级课程和会考内容为例,可见其教育传统延续性之一斑:

一、二级:基础巴利语文法;

三级:法句经注;

四级:法句经注;吉祥义明解;

五级:吉祥义明解;

六级:法句经注;一切善见律注;

七级:吉祥义明解;一切善见律注;

八级:一切善见律注;清净道论;

九级:清净道论;阿毗达磨义广明;阿毗达磨复注。[6]

另一方面则是综合性大学里对佛学格外偏重。缅甸政府曾在《第三次宪法修正案》中明确要求大学、师范院校教授佛学课程。[7] 在斯里兰卡的综合性大学里,佛教是学生学习的重要课程之一。特别在哲学系,除讲授巴利佛教哲学外,还要开设大乘佛教龙树哲学以及藏传佛教的相关课程。[8] 比如斯里兰卡凯拉尼亚大学设有巴利语和佛教的本科教育以及研究生院,下设三个大的学科,分别为佛教文献学、佛教哲学和佛教文学;所设课程从佛教基础知识到较艰深的佛学问题,从与现代学术接轨的佛教社会学、佛教心理学、佛教艺术和建筑,到巴利文、

---

[6] (泰文)《社会评论》杂志特第四号《佛教与泰国社会》专号,1966 年 8 月;转引自净海:《南传佛教史》,北京:宗教文化出版社,2002 年版,第 248 页。以上不同级别所设的相同经典,教授深度和考试重点均有不同,低级别重文法基础和巴利语译泰文;中等级别着重巴泰互译;八、九两级,除巴泰互译外,还要求用巴利文写作诗偈或韵文。以后的课程内容亦有所变化。见净海:《南传佛教史》,第 248 页脚注。

[7] 净海《南传佛教史》,第 185 页。

[8] 黄夏年《20 世纪的亚洲的佛教研究》,《闽南佛学院学报》2000 年第 2 期。

梵文、早期佛教教义,以及对上座部和大乘佛教思想的精研,[9]兼具深度与广度,所涉内容也覆盖了传统和现代的不同方面。由于曾被英国及其他国家殖民的原因,英语在泰国和斯里兰卡被广泛使用,所以在泰国和斯里兰卡这样不甚"发达"的佛教国家,竟开办了多所全英文教学的国际学校,其文化包容性和国际化程度亦自然不容小觑。

总的说来,南传佛教教育最显著的优势在于其佛教传统的延续性,使其在面对现代性和文化全球化的挑战之时能够有所作为,没有受到边缘化。同时,南传佛教教育还带有其他一些与北传大乘佛教不同的鲜明特点。这其中的原因或许同这几个佛教国家的僧众长期对政治和社会生活的参与和介入有关,而体现在佛教教育上,就是在佛教大学的本科课程中,不仅包括文学、史地、科学等科目,还设有法律、商业、计算机等应用性极强的学科。[10] 还有一个重要的原因则与南传国家自身的佛教文化传统有关,即南传佛教的"白衣尼"实际上仍没有获得与男性平等的学习和教育机会,尽管也受到尊重,但社会地位仍与比丘不可同日而语。

二、南传佛教教育的争议与疑惑

需要指出的是,本文所述的南传佛教国家佛教教育的成功,是相较中国、日本、韩国等一系北传佛教国家,尤其是对应本国的佛教教育中所存在的问题而言的。而这些问题大体上集中在三个方面,一是佛教与世俗的矛盾,一是佛教传统与现代性的关系,一是学修的关系。下面先述介南传佛教国家在这些方面的特点与经验。

首先,最显而易见的是佛教的世俗化问题。在泰、缅、斯等国,佛教

---

[9] 惟善《当代中国佛教留学僧运动——以斯里兰卡国留学僧为例》。

[10] Dr. Pranab Kumar Baruya, *Early Buddhist Education and its Modern*,《第二届世界佛教论坛论文集》,2009 年。

对世俗事务的卷入几乎是全方位的，而且相当深入。

先是在争取民族国家独立的过程中，佛教曾扮演了举足轻重的角色。如 1946 年以时任斯里兰卡智严佛学院[11] 院长 Kiriwatuduwe Praguasara 长老为首的等僧侣，虽然在振兴民族独立与文化教育的活动中被教内外人士误解，受到反对和压制，至此斯里兰卡也首次出现了"政治和尚"、"和尚政治"等新生词汇。但该校全体僧侣仍然毫不畏惧，顶风出版《时代》报刊，给予当时殖民政府的宪法、经济、教育等方面有力的打击。这种行为用 Kiriwatuduwe Praguasara 长老本人的话讲是："我们相信今天世界上为人们利益所作的每一件事都属于政治。谁都承认发展宗教是僧侣的职责。某一宗教的发展显然是建立在信仰该宗教的国民的发展的基础之上的。历史证明，任何时期僧伽罗佛教徒有所发展，佛教才有发展。因此为了不玷污民间的生活，只要是有助于国民利益的事，不管叫它政治也好，叫它别的什么也好，僧侣干这种事就很适合。"[12]

公允地说，荷兰、英国等国家在斯、缅等地的殖民地统治中，在为当地居民改善生活条件、提供更多更平等的受教育机会还是有许多正面的举措的。正因如此，殖民统治最能激起人们不满和反抗的往往是对佛教信仰的贬低和打压，因而产生了作为传统之代表的佛教与民族主义的结合；在缅甸，甚至直接以比丘为主体领导了反对殖民当局的政治运动。

在原本保持了民族独立的泰国以及取得了独立以后的缅甸和斯里

---

[11] 智严佛学院，斯里兰卡克拉尼亚（kelaniya）大学的前身。音译维迪亚兰卡（Vidyalankara）佛学院，成立于 1875 年。当年斯里兰卡正处于英国殖民统治时期，斯里兰卡的民族文化、语言、教育和佛教活动受到严重的摧残和压迫，正处于奄奄一息的危机之中。1875 年勒脱玛拉纳·斯里·达磨劳格（Ratmalane Sri Dhammaloka）创建了智严佛学院，在复兴斯里兰卡的民族文化、语言、教育和佛教活动的近现代史上点燃了一盏明灯。

[12] 郑于中《斯里兰卡智严佛学院》，《法音》杂志 1991 年第 12 期（总 88 期）。

兰卡,佛教进一步对政治的参与是政治改革和宗教改革,而在社会实践中,这两件事往往是联系在一起的。一方面,是政治势力通过推崇佛教,与佛教徒结好为己方争取支持;另一方面,佛教僧侣也借助政治势力获得政策支持和经济资助。

僧伽以及比丘个体的修行与参与世俗政治之间的紧张,并不是一个全然陌生的新问题,它原本在历史中也曾出现过。但近代实际参与民族解放运动和政治改革运动的实践经历对佛教僧众的政治立场和生活态度的影响却又有产生了的课题。至于僧众本身也已成为政治势力的组成部分,成为能够左右政治生活的一股力量则更是具有某种"现代"的性质。僧团是否应该捍卫佛教信仰、维护僧团利益? 答案是肯定的。但作为佛教修习者,应该以怎样的方式达到这些目的? 捍卫的力度、维护的边界和底线又应当设在哪里? 这些问题同样影响到佛教教育,是佛教教育必须正视的难题。

其次,佛教传统与现代性的关系,带有一定的普遍性。与前一个问题相关,南传国家民族意识的觉醒也正是开启民族国家现代性的另一个面向,也就是说,佛教在介入民族独立和民族发展的过程中,就已经自觉不自觉地成为了现代性的推手。现代性对信仰传统来说是一柄双刃剑,它所带来的效率和便捷即便对传统佛教教育、佛教传播也是深受其惠的。然而,现代性为生活方式乃至思维方式所带来的巨大改变已经超出了任何团体可以完全掌控的范围。

对于亚洲国家宗教与现代性之间关系的复杂性,马来西亚学者Syed Hussein Alatas 曾作出过较充分的梳理;[13] 而针对南传国家佛教与现代化的问题,宋立道也曾从宗教社会学的角度作出过讨论,他得出的结论是:"佛教与现代化进程决不会相背而行,在核心价值观不变的

---

[13] Syed Hussein Alatas, "Religion and Moderniztion in Southeast Asia", *European Journal of Sociology*, Volume 11 Issue 02, November 1970, pp265–296.

情况下,两者可以相互适应,相互融洽。"[14]但我们这里关注的焦点在于精神层面。现代性对观念和信仰所造成的改造几乎是不可逆的,而我们对它的作用实际上很难作出十分公允的评价。它无疑为人们固有的信仰带来了开放性和多样性,而其直接后果就是修行目标不复如以往一样明确无误,以往受到普遍认同的佛教价值被多元价值所取代,原本不成为问题的信仰的坚守变成了南传佛教教育中的一个显著问题——在现代大学中,比丘的还俗率长期居高不下。[15]"行政管理上民主化的进展,现世主义和非宗教学习风气的蔓延,全民文化素质的提高,以及精通各个领域的知识和专业化知识的在家知识分子的涌现",这些由现代性所带来的社会发展均"使僧侣不易看清自己在社会上应扮演的角色"。[16]

第三,与"现代性困扰"关联在一起的是"学修问题"。南传上座部佛教的一大特点是对禅定的重视,而现代教育兴盛所导致的一个直接结果就是"戒"、"定"二学与学院教育所偏重的"慧"学分离。南传佛教教育一项公认的成就正是其包容性和开放性,但比丘与俗家修学者同时就学,他们所面临的诱惑要超过以往任何一个时期,这就明显对其戒、定工夫的考验更高了,但这却完全是处于现代大学教育理念之外的内容。法光(K. Dhammajoti)长老在评价斯里兰卡的几百所比利维纳时就曾指出,比利维纳的教育标准通常是很高的,其环境也多属寺院式——学僧要集体用斋、参加早晚课诵,但因为有些学院吸收居士来学院授课,也接受俗家的孩子和青年为学生,完全不关注戒律;当然他们的教育教学偏重于"文字般若",但也并不是开悟证道的智慧,不过是

---

[14] 宋立道《佛教与现代化的关系考察》,《佛学研究》1995 第 4 期。

[15] K. Dhammajoti, "The Education of Bhikkhus in Sri Lanka", *M. Y. Buddhistic series*, Vol 1, M. Y. Esperanto Publisher, 1991. 这里参考的主要是广兴、圆慈的译文(《斯里兰卡的僧伽教育》,《法音》1990 年第 2 期)。

[16] [斯里兰卡]卡鲁纳达萨著,建华译《僧侣在佛教教育和佛学研究中所扮演的角色》,《法音》1990 年第 6 期。

一般的理性知识罢了。[17] 针对比利维纳系统的弊端,斯里兰卡的一些大长老建立了各种提倡禅定的"比丘培训中心"和更为激进的完全与现代教育唱反调的"阿兰若中心",泰国、缅甸也成立了多所"内观禅修中心"。这类中心对于现代佛教教育具有一定的补偏救弊的效果,但其局限性也显而易见——实际上"不能培养出博学的僧伽来应对日益西方化的知识分子的挑战"。[18]

三、北传佛教与南传佛教教育的几点比较

2009 年 3、4 月间,无锡和台北两地联合举办了"第二届国际佛教论坛",其中特别开设了分论坛,探讨"佛教教育的机遇与挑战"问题。与会者以北传佛教学者为主,关注的话题也多与当前大乘佛教教育有关。从各界学者所发表的意见来看,困扰大乘佛教教育的问题与南传佛教大异其趣。

首先,诸家对佛教教育的定位不仅不尽一致且大多显得过于"宏大"宽泛而不具体。一位来自香港的学者提出,广义上的佛教教育是一种"觉悟的教育",培养完善的人格,改变生命,解脱烦恼、生死(香港佛教联合会宽运法师);来自澳门的学者则以佛教教育为"智能之开拓、觉性之显现为目的"(澳门佛教总会心慧法师);台湾学者还关注到与其他宗教的对话以"促进世界和平"(台湾圆光佛学院惠谦法师)的维度;大陆也有学者提出"佛教是一种幸福观的教育"(南京大学圣凯法师),等等。另外,来自日、韩、菲等国学者观点也基本相类,有提出以佛教"独特的教义与修持方法为今日人类所面临的空前危机作出贡献"(菲律宾大乘信愿寺传印法师);以"佛教之教解决西方孤立的个人

---

[17] K. Dhammajoti, "The Education of Bhikkhus in Sri Lanka", ibid.
[18] ibid.

主义所带来的隐患"、为应对"西欧秩序中心"提供对策(韩国天台宗景迁法师);以佛教当"对已成为时代性与世界性问题的人类的精神、心灵困境发挥作用"(韩国圆光大学金永斗);或以佛教之"人性教育"来解决为全人类带来痛苦的只重视物质文明的精神问题(日本大谷大学木村宣彰),[19]这与在前一届于杭州和舟山举办的"国际佛教论坛"上,也有学者将佛教教育确定为"缘起的生命教育"(香港大学佛学研究中心衍空法师)相似。[20]。

上述观点的确具备了"国际"视野和关心"全人类"的胸怀,但就佛教当下的状况来说,这些抱负似乎又过于宏阔。此前已经有学者指出过当下国内佛教教育"教育理念和教育目的不够明确"的问题。[21] 相比之下,有的学者将佛教教育之目的确定为"培养人才,广宣佛法"和"理论研究,深化佛说"上面,[22]似要切合实际些。

其次,在教育内容上,有学者提出了一种源自《维摩诘经》的"禅式教育法",[23]也有台湾学者主张僧伽教育应以中国传统禅观为主体。[24] 但总体上各地佛学院实际的教育内容和课程设置相当随意,侧重点和主导思想并不十分清晰。当然,这并不意味着理论资源匮乏。赵朴初老人生前所倡导的佛学院"学僧生活管理丛林化,丛林学院化",被奉为后世佛教教育之圭臬。以后中国佛学院、江西尼众佛学院、广东岭东佛学院、五台山普寿寺、温州太平寺等多地进一步将这一宗旨发展为"学修一体化、生活丛林化"的模式;其他还有中国佛学院灵岩山佛学分院的"教遵天台,行归净土"、福建佛学院女众部强调的"解行并进"之类,也仍是"学修一体"思路的延伸。但这里"学修一体"

---

[19]《第二届世界佛教论坛文集》,2009年。

[20]《首届世界佛教论坛文集》,2006年。

[21] 理净法师《当前中国佛教教育现状的分析与思考》,《法源》2006年总第24期。

[22] 黄夏年《佛教教育与学术研究浅议》,《第二届世界佛教论坛文集》,2009年。

[23] 王雷泉《佛教教育的目的、方法及前瞻》,《首届世界佛教论坛论文集》,2006年。

[24] 惠空法师《当前僧伽教育的内涵》,《首届世界佛教论坛论文集》,2006年。

实际上只是一个相当空泛的指导原则,在落实上尚有较大一段空白需要填补。

针对国内佛教教育所面临的问题,不同地域的学者在某种程度上则达成了共识。有身处弘法一线的法师通过调研对大陆僧伽教育现状得出的结论是"办学不力,僧才不才",很多机构办学院不过是为了"撑门面",而学僧入学则是为了"捞文凭、捞资格"(湖北东方山弘化禅寺正慈法师);香港学者对大陆的观察则是"师资断层,资金短缺,资料匮乏",其中师资问题尤为严重(香港佛教联合会宽运法师);学院派学者也将"缺乏师资,教材单一,学不致用"视为佛教教育发展的瓶颈(中国社科院黄夏年)。[25] 可见,从民国时期起,大陆佛教教育的首要问题——人才匮乏——始终没有得到根本解决,同时也为一代一代有识之士所忧虑关注。[26]

至此,国内佛教教育与南传上座部佛教教育之间的差异已经相当明显:

南传佛教教育的核心问题是有着悠久历史的传统宗教在与现代性发生碰撞时所生发的问题,而国内的佛教教育自上世纪中叶间断后,基本是在 80 年代刚刚起步,它所面临的困境几乎就是如何从零开始——比如我们当下佛教教育的核心目的何在?而高质量的佛教教育首先需要一定数量、学修兼备的师资,然后才能够谈得上发展,这一基本前提又要如何达到? 诚然,近年来赴泰、缅、斯、日、美、英等国的留学僧正是

---

[25]《第二届世界佛教论坛文集》,2009 年。

[26] 我们对台湾佛教教育的具体困境并不十分了解。台湾佛教状况与大陆相当不同,正慈法师就以台湾的"庙堂多、常住众、信众多、领头雄"为优于大陆的明显优势;而来自辅仁大学宗教学系圣玄法师却将其视为阻碍台湾佛教教育发展的内因,即由于过度侧重于佛教"传统教育"的"单一宗教"、"解行并重"、"师徒私相授受"而无法与科学化、国际化与生活化的宗教学教育相抗衡。(《第二届世界佛教论坛论文集》,2009 年)——这是一种相当奇特的现象,即我们认为大陆所缺少的却被认为正是为台湾佛教发展造成阻碍的东西。

朝向这一方向所做的努力，但归国学僧成为教育主力尚需时日，其效果如何也有待检验，且留学制度的背后也还掩藏着其他问题。

南传佛教所面临的问题相当实际，所以尚有希望由大长老们以及一些学者提供一些可能的解决问题的办法，而我们目前针对国内佛教教育所能提出的问题相当空泛，因而提供的对策也只能是原则性的，大都并不解决实际问题。这里所牵涉的另一个问题是，由于长期缺少佛理的传承和印证，造成了由佛理生发的独立见解也尚属不能，因而国内学者的教育理念中充斥着标语性的、口号性的词句，在提法上也存在过多的想当然。

福州鼓山涌泉寺与近代僧教育

王荣国(厦门大学)

【内容摘要】 闽南佛学院创办五年后，虚云于住持福州鼓山的次年，发起再兴办"福建鼓山佛学院"，因办学条件欠缺，只能请延闽院教务长大醒法师为院长，师资亦借助于闽院，印顺法师因此受命一度执教于鼓山。"鼓山佛学院"终因掌院务的大醒离去与师资等问题而告停改为"福建鼓山法界学苑"，以慈舟主持事务。又因虚云于1934年春移锡广东曹溪南华，"法界学苑"最终无疾而终。沉寂十余年之后，圆瑛、盛慧于1949年春发起创办"鼓山佛学院"，然而，始终只是一个未见实施"计划"而已。因缺乏办学支撑的社会条件、经济基础与师资诸方面的因素，鼓山涌泉寺始终未能圆兴办僧教育的"梦"。

【关键词】虚云法师　近代佛教　福建佛教　福州鼓山　僧教育

　　兴办僧教育是中国佛教在近代转型中出现的，民国时期，福建掀起佛教革新浪潮，福州鼓山涌泉寺也出现革新气象，兴办僧教育是其革新的内容之一。涌泉寺位于福建省福州市东郊闽江北岸之鼓山。鼓山方圆数十里，山巅"有石状如鼓"，因名"鼓山"；亦说"每雷雨作，其中簸荡若鼓声"，故名。[1] 鼓山兴于唐德宗朝，曾建有华严宗的寺院，名"华

---

[1]（宋）梁克家《三山志》卷三十三《寺观类一·僧寺》"鼓山涌泉寺"条。点校本，北京：方志出版社 2003 年 2 月；（明）黄仲昭《八闽通志》卷之四《地理·山川》闽县"鼓山"条。点校本，福州：福建人民出版社 1990 年 5 月。

严台"，其规模不大，武宗会昌灭佛时沦为废墟。五代开平二年，雪峰义存的法嗣神晏在鼓山建造"禅宫"，弘传禅宗。乾化五年（915）更名"鼓山白云峰涌泉院"。宋元时期，鼓山寺仍是名闻丛林的禅宗道场。明中叶，鼓山相继遭水火之灾。其后，僧徒四分寺址结庵而居，鼓山彻底衰微。天启中重建寺院，元贤与道霈相继住持，鼓山获得复兴。道光朝，鼓山道风日衰。光绪年间，妙莲致力恢复殿堂、寮、塔等建置。民国时期，自虚云法师住持鼓山起，古刹涌泉寺开始出现兴办僧教育的新气象。本文[2]拟就鼓山涌泉寺兴办僧教育进行一番梳理，冀求有助于对福建近代僧教育史乃至中国近代僧教育史了解。

一、福建鼓山佛学院

福建鼓山佛学院，简称"鼓山佛学院"。[3] 民国十九年（1930）3月，《中国佛教会报》刊登了《福建鼓山佛学院章程》。此《章程》曰：

一、宗旨：本院以培植佛教人材，阐扬大乘教义、化导社会、实行平等，启发爱国思想，自利利人为宗旨。

二、定名：本院系鼓山创办，故定名为福建鼓山佛学院。

三、组织：本院由本寺住持暨职员协商，护法官绅共同组织之。

四、经费：本院经费由常住先行负担，次由发起人逐渐筹集。

五、职员：本院应设职员如左：

院长一人，副院长一人，院董若干人；

---

[2] 本文是在拙作《虚云法师在鼓山创办僧教育》（纯一主编《虚云禅师佛学国际研讨会论文集》中州古籍出版社，2012 年）基础上改写，在改写过程中新增了《福建鼓山佛学院章程》、《福建鼓山扩办法界学苑》（内含《章程》）、《鼓山佛学院缘起》等重要资料。

[3] 民国时期的媒体也有称"鼓山佛学苑"。

教务主任一人,教员若干人,督学一人;

会计一人,庶务一人,文牍一人;

书记二人,招待一人,传达一人;

院役若干人。

六、学额:暂定学僧四十名,俟经费充裕再行推展。

七、年限:初级三年毕业,高级五年毕业。

八、年龄:三十五岁以下十五岁以上者为合格。

九、资格:曾经秉受具戒,确有大乘志愿,文理清顺,不染嗜好者,分别考选。

十、课程:本院为造就佛教专门人材起见,宜多讲内典,以开圆信,其世谛学课仍须认真教授,俾使促进党化,共达大同。分佛学国学如左下:

佛学

佛遗教经、八大人觉经、四十二章经、沙弥律备、毘尼日用、俱舍论、性相通说、八识规矩颂、因明论、教观纲宗、禅林宝训。

以上第一学期。

圆觉经、楞严经、维摩经、四分律、成唯识论、十不二门、永嘉禅宗集、各宗派源流。

以上第二学期。

法华经、梵网经、止观删繁、辅弘记、中论、佛教史等。

以上第三学期。

国学

三民主义、国文、社会学、地理、历史、尺牍、算术、体育、梵呗、书法、偈颂、常识。

十一、行持:早殿课颂,三时禅观、正月修忏、冬月修七。

十二、月费:无论职员学僧,按月每人发洋银一元,作剃头、沐浴、纸笔之用。

十三、书籍:学僧应用书籍一律由本院发给。

十四、待遇:学僧在院均取平等待遇之态度,如毕业后得随其资格之如何,升为本院职员及本寺纲领或介绍至诸方布教任职。

十五、奖励:凡品学兼优者,随时升级或照左列奖励之经书、法物、文具、加分、语奖。·

十六、惩罚:学僧违背院章时,得按其情节处以左列各法:

开除、跪香、呵斥。

十七、手续:每学僧一名应缴保证金二十元,俟毕业后发还。

十八、地址:本院设于本寺旧有之佛学研究社。

十九、假期:星期照例放假,逢国庆、佛诞,全体植树纪念。

二十、施行:本章程自呈请政府批准之日施行,倘有不适宜处,得开院董会议修改备案。

发起人 于君彦、黄允中、黄荫、王允晢、郑廷俊、林绍箕、钟讷、吴继篯、陈懋复、文质、陈寿琳、吴权、王九龄、本忠、圣恩、转道、虚云、觉澄、深悟、言峰、亲见、盛慧、德化、汉卿、宝山、春耕、清凉、光见、脩圆、宗镜、德明、星聚堂。[4]

在同年10月出版的《海潮音》杂志也刊登了上述《福建鼓山佛学院章程》,[5]内容相同。

众所周知,虚云是民国十八年(1929年)春住持鼓山的。这份福建鼓山佛学院创办"章程"是虚云主持鼓山后一年确立的。也就是说,虚云住持鼓山一年后开始创办佛学院。由章程可知:1.福建鼓山佛学院",由"由本寺住持暨职员协商",其中"住持"即"虚云"。就是说,"福建鼓山佛学院"是由住持虚云和尚与鼓山寺职员(常住)协商后决

---

[4]《福建鼓山佛学院章程》《中国佛教会报》月刊1930年第七八九期合刊,黄夏年主编《民国时期佛教期刊文献集成补编》第27卷。

[5]《福建鼓山佛学院章程》《海潮音》第11卷第10期,黄夏年主编《民国时期佛教期刊文献集成》第176卷。

定创办,并得到福州护法商绅支持。发起人共有 30 余人,僧俗人数大致各半,社会名流与居士列名在前,僧人居后。居发起人之首的于君彦(字幼芗)是福州闽县人,光绪二十九年(1903)进士,授翰林院编修。光绪三十三年(丁末,1907)福建官立商业学堂创建后,担任学堂监督,属有声望的社会名流。虚云等人顺应时代,在办学之初就充分利用媒体宣传福州鼓山涌泉寺办学与招生信息。

2. 佛学院的经费由来:(1)鼓山寺常住先负担;(2)发起创办人逐渐筹集。显然有,后者是主要的。

3. 学制分初级与高级两种:初级三年,高级五年。

4. 佛学院的课程"多讲内典,以开圆信",同时,教授"世谛学课"。"内典"即"佛学";所谓"世谛学课",即"国学"。然而,这里的"国学"大多数是普通学校的课程内容,如社会学、地理、算术、体育、常识,也有些实则为"佛学"的内容,如梵呗、偈颂。显然,并非通常所说的"国学"。

5. 学僧"行持":早殿课颂,三时禅观、正月修忏、冬月修七。显然很注重学僧"行持"。

6. 佛学院实行奖惩制度。对"品学兼优者"实行奖励,随时升级或相应奖励"经书、法物、文具、加分",甚至"语奖"。对违背"院章"者给予"惩罚",按其情节处以,"开除、跪香、呵斥"。显然,其"奖惩制度"带有突出的佛教化导劝善色彩。

然而,上述"章程"刊出后过半年没有办学进展的信息。据民国二十年(1931 年)4 月 10 日出版的《现代僧伽》报导:

> 鼓山佛学院由虚云和尚住持鼓山后创办成立,继因虚云和尚因公往滇,内部因本山子孙之疑嫉及办事人之失检,以致暂时停顿,近因虚云和尚回寺,复拟恢复学院,该请应慈法师主理一切云。[6]

---

[6]《鼓山佛学院行将复活》,《现代僧伽》第四卷第一期,第 89 页。

显然,"鼓山佛学院"的创办并不顺利,因住持虚云一度离鼓山返滇处理公务而暂时停顿。

上引文说,民国二十年4月,因虚云返回鼓山拟恢复佛学院,请应慈法师主理恢复佛学院的一切事务。据《虚云年谱》可知:民国十七年(1928)秋,达本老和尚去世,次年正月,虚云由沪返回鼓山,海军部长兼福建省主席杨幼京(树庄)、前福建省主席方声涛率官绅挽留虚云住持鼓山。虚云"以薙染初地,缅怀祖德,义不可辞也,遂就任"。[7] 民国十九年(1930)九月,虚云与文质和尚一同回滇,将云栖寺交与定安和尚之后,返回鼓山。这就是上述《现代僧伽》报导所说的虚云一度离鼓山返滇处理公务后再回鼓山一事。《福建鼓山佛学院章程》的刊出不意味着佛学院事实上已经开办。笔者至今未见到此前已创办"佛学院"的记载,可能当时"鼓山佛学院"在筹办之中,因虚云法师返滇,筹办之事停顿。虚云返回福州鼓山后,重新提出恢复创办佛学院一事。

据于凌波《灵源和尚》记载:

> 民国二十年(1931)春,涌泉寺传春戒,虚云老和尚请应慈、文质二师为羯磨阿阇黎。应慈法师带着弟子隆泉等到鼓山,在戒期中讲《梵网经》。戒期圆满,灵师奉虚云老和尚之命,随侍应慈法师回到上海。并与应老弟子隆泉法师同到宁波天童寺坐禅⋯⋯[8]

可见,应慈法师是应邀参加民国二十年涌泉寺春期传戒而到鼓山的,在戒期中开讲《梵网经》。前述所谓"请应慈法师主理一切",应指在此次传戒期间虚云拟请应慈法师在鼓山主理办佛学院的事。但应慈戒期圆满即回上海了。据《虚云年谱》记载:

> "是年(指,民国二十年),(虚云)仍在鼓山重理山中事务,传

---

[7] 岑学吕编著《虚云年谱》第68—69页。北京:宗教文化出版社1995年。

[8] 于凌波《灵源和尚》,《佛门人物》。网络版。

戒讲经,办戒律学院。"[9]

引文所谓"办戒律学院"恐未必,可能是指应慈律师在鼓山春季传戒期间开讲《梵网经》。

民国二十年6月出版的《现代僧伽》刊登一则《涌泉寺大火及学院之复兴》的新闻说:

> 福州鼓山涌泉寺,本为闽中古刹,其内部情形,已志本刊。最近虚云和尚倍加整顿,……该寺之佛学院,本拟今春复办,奈因未能请得相当教授,现正值传戒时期,待戒期圆满,将派人来厦,与本社大醒法师磋商一切云。[10]

引文中的"奈因未能请得相当教授",除了指未能聘请到合适的教员,应该也指想请应慈法师最后落空。由于请不到教师,春季开办"佛学院"的愿望难以实现,不得不延期,并转换思路,打算派人前往厦门南普陀寺闽南佛学院,与大醒法师磋商请他办学的事。

民国二十年八月,鼓山监院与知客就鼓山佛学院开办发布了通告。《现代僧伽》刊登这份通告,兹录《福建鼓山涌泉寺通告》全文如下:

> 佛法显晦,端在先导。近百年来,政治维新,丛林衰落,内乏住持僧材,外多残害魔事。若不整兴禅林,讲修佛学,何以维持大教,何以利(益)群生?虚云长老以禅宗大匠,为本寺方丈,主持以来,方两寒暑,禅堂先立,积弊俱除,宗教律净,共事弘扬。又聘慈舟律师助宣毗尼,大醒法师办理学院,并设莲社以资归宿,分堂教学,极合机宜。至本寺道场清静,山林幽邃,甚为稀有。凡我海内同胞,有志修禅、习律及修净业、为将来住持佛教之学者,允宜依止,来者随时均可安单。特此通告。

> (附告一)鼓山佛学院,另有详章,函索即寄。

---

[9] 岑学吕编著《虚云年谱》第70页。
[10]《涌泉寺大火及学院之复兴》,《现代僧伽》第四卷第二期,第186页。

（附告二）凡从北方来者,由上海搭轮,从南方来者,由香港搭轮,直购福州轮票。轮抵马尾,改佣小船至鼓山下院,便有人引送上山。

鼓山涌泉寺监院、知客等同启。民国二十年八月。[11]

上文说的是:(1)鼓山佛学院开办的时间为虚云任鼓山方丈两年后。(2)基本宗旨是"宗教律净,共事弘扬"。(3)聘请慈舟律师"助宣毗尼",聘请大醒法师"办理学院"。以上"通告"表明,虚云确实于传戒圆满后派人与大醒法师磋商,而且得到大醒法师的应允。(4)实行"分堂教学"。所谓"分堂教学",应指"修禅"与"习律"分开教学。大醒法师办理"佛学院"侧重于前者,慈舟律师主持"习律"。至于"修净业"则是"修禅"与"习律"的最终归缩,因此"设莲社以资归宿"。(5)该"通告"全称《福建鼓山涌泉寺通告》,由监院、知客同启,发布于"民国二十年八月"。此"通告"有两个"附告"。其一,告知鼓山佛学院有详细章程,"函索即寄";其二,告知各地求学的僧人取海路来鼓山及其乘轮船的办法。这说明,鼓山佛学院开始报名是在民国二十年八月。前文所说的"佛学院停办"之事,应指虚云往云南鸡足山佛学院筹办之事告停。

同年10月10日,《现代僧伽》刊登《涌泉寺佛学院已复兴》的报导:

现在该寺已停顿之佛学院,上月由住持虚云和尚派该寺监院宗镜法师至厦门请大醒法师去主持院务。醒法师去鼓后,业已与云和尚商定办法,继续兴办。由云和尚与醒法师共负院长责任,教务主任由醒法师自兼,事务主任仍由监院宗法师担任。并已由醒法师于闽南佛学院中,委任心道、印顺二法师先行往鼓分任学监及教师务职。学僧现有十余人,已开学上课。同时向外招僧,学额定

---

[11]《福建鼓山涌泉寺通告》,《现代僧伽》第四卷第三期,第228页。

为四十名。正式开学之后，并得某护法特施田三百余亩充作佛学院永久经费云。[12]

由上可以判定，鼓山佛学院应是在民国二十年九月开学的，有学僧10余人。得到某护法居士施田三百余亩充作佛学院永久经费。由虚云与大醒二法师共同担任院长，大醒兼任教务主任，事务主任由鼓山监院宗镜法师担任。学监由闽南佛学院的道心法师担任，印顺法师任教师。大醒委派道心、印顺二人先行到鼓山。与上引《福建鼓山佛学院章程》比较可知，无论招生人数，还是师资都没有达到预期的。

印顺当时在闽南佛学院就读，他是怎么来鼓山的呢？在此，有必要对此作专门交待。据印顺法师自述：

> 十九年（二十五岁）十月底，与师兄盛明，到天童寺去受戒，……在普陀过了旧年，得到先师的同意与资助，我就于二十年（二十六岁）二月，到厦门南普陀寺闽南佛学院（以下简称闽院）求法，插入甲班（二年级）。暑期考试还没有终了，我就病倒了，精神一直不能恢复。八月初，代院长大醒法师要我去鼓山涌泉佛学院教课（实际是易地休养）。在鼓山，礼见了当代的名德——虚云与慈舟二老。我那时出家不久，对丛林规制，佛门惯例，什么都不懂。冒冒失失的样子，现在想起来，还有点觉得可笑。年底，我回到厦门过旧年。

> ……二十年（出家的下一年）五月，我在厦门病了。天天泻肚，同学们劝我医治，我总是说："明天再说"。我没有医病，问题是没有钱。我不能向人借钱，我没有经济来源，将来拿什么还人呢！记得故乡的一句俗语："有钱药又药，没钱拼条命不着"。病，由他去吧！又信同学（普陀锡麟堂子孙）来看我，一句道破："你是没有钱吗"？"是的，只有一块钱"。他说："够了，够了，我给你安

---

[12]《涌泉寺佛学院已复兴》，《现代僧伽》第四卷第三期，第263页。

排"。买了一瓶燕医生补丸(二角八分),让他泻一下,不准吃东西。买半打小听的鹰牌炼乳,一天可吃三次。用不到一块钱的特别办法,果然生效,病就渐渐好了。但病后没有调养,逢到天气炎热,睡眠不足,身体不免虚弱下来。一位同学死了,上山去送往生。经不起山风一吹,感冒咳嗽,这算不得大病。一直拖到七月,精神还是不能恢复。承大醒法师的好意,派到鼓山去教课。山上空气好,天也凉快了,这才好转过来。[13]

民国二十年(二十六岁),到厦门闽院求学。上学期就写了《抉择三时教》、《共不共之研究》(虚大师曾有评论),都登载在《现代僧伽》。下学期到了鼓山,又写了《评破守培上人读唯识新旧不同论之意见》,载在《海潮音》。这一年,可说是我写作开始的一年。[14]

可见,二十六岁的印顺于民国二十年二月到厦门闽南佛学院求法,插入甲班学习,五月暑假考试还没有终了即病倒。八月初,大醒遣他到鼓山佛学院教课,同时也是让其易地休养。印顺到了鼓山,由于"山上空气好,天也凉快了",身体也好转过来。这一年是印顺研究佛学的开始,在鼓山授课之余,写下《评破守培上人读唯识新旧不同论之意见》一文,后来刊登在《海潮音》上。同年年底,印顺返回厦门过旧年。次年春季,印顺为闽院甲班学生开课,秋季即离闽院,返回浙江普陀山。

大醒法师来鼓山办佛学院的消息传出,给受挫中的鼓山佛学院带来了生机。据《现代僧伽》杂志于民国二十年12月10日出版的第四卷第四期刊登的《鼓山佛学院消息》新闻报导说:

鼓山佛学院自大醒法师担任院长后,现有教师三人,学僧二十

---

[13] 印顺《平凡的一生》,《妙云集》下编之十《华雨香云》,第10、26—27页。台北:正闻出版社1981年10月。
[14] 印顺《平凡的一生》,第129—130页。

名。学僧每日早晚课诵,上午、下午上佛学及国文等课五小时,入夕进禅堂坐香,两月以来,成绩尚有可观。[15]

这则《鼓山佛学院消息》实际反映的应是 11 月的情况。引文说"两月以来,成绩尚有可观。"由此上推"两月"余,大致是九月开学的。大醒法师可能是在九月前往鼓山任院长的。主课佛学与国文两门,分别安排在上、下午。由当时就读闽南佛学院的印顺教授佛学。[16] 观本法师教授国文。[17] 学僧晚上则进入禅堂。前已述及,开学时,有学僧"十余人",到了十一月增至二十名。学僧增多的主要原因是大醒法师的声誉与影响。必须指出,作为学校教育的佛学院其教学实行的是学期制,其时间的起始与终结有明确的规定,开学后因某一法师的影响而增加学僧人数的现象,在当时其他地方的佛学院也出现。这种现象带有传统丛林参学的色彩。

据新闻报导说:

> 闻律学专家慈舟法师亦将为该院任教律学云。[18]

就是说,虚云拟延请慈舟法师教授律学。鼓山佛学院的办学宗旨中有"习律"一项,延请慈舟大概是预先已有考虑的。

正当鼓山佛学院呈现良好势头之时,不久形势又急转直下。据民国二十一年(1932)4 月的《现代僧伽》刊登的《鼓山佛学院势将停办》报导说:

> 鼓山佛学院自去秋由住持虚云和尚聘闽南佛学院大醒法师为院长后,顿呈活泼气象,旋因大醒以闽南事繁不得分身,于是辞去院长职。近来学生渐散,势将停办。[19]

---

[15]《鼓山佛学院消息》,《现代僧伽》第四卷第四期,第 342 页。

[16] 印顺《平凡的一生》,《妙云集》下编之十《华雨香云》,第 10 页。台北:正闻出版社 1981 年 10 月。

[17]《又讯》,《现代佛教》第 5 卷第 5 期。观本原为香港著名老居士。

[18]《鼓山佛学院消息》,《现代僧伽》第四卷第四期,第 342 页。

[19]《鼓山佛学院势将停办》,《现代佛教》第五卷第四期,第 360 页。

就是说,大醒法师任鼓山佛学院院长,使佛学院"顿呈活泼气象",但不久,大醒法师因闽南佛学院"事繁不得分身",辞去院长之职。这则报导所说的3月份的事。的确,当时大醒法师在闽南佛学院任代理院长,兼负责《现代僧伽》刊物,事务繁多,辞去鼓山佛学院院长之职是迟早的事。由于大醒法师的离去,学僧也逐渐散去。使鼓山佛学院出现了生存危机。

不过,到了4月份,鼓山佛学院又出现新的转机。据《现代僧伽》的报导说:

> 鼓山佛学院又渐呈活动。现拟招学僧五十名,且得当代弘律之慈舟律师,常驻讲律,又得前香港著名之老居士,今现比丘身,法名观本者,教授国文;而总其全院之责任者,为闽南佛学院派去之心道法师云。[20]

由上可知:(1)慈舟律师已确定常驻鼓山佛学院"讲律"。(2)由观本法师教授国文。(3)由闽南佛学院派往鼓山佛学院的心道法师负责全院事务。因此,处于危机中的鼓山佛学院又呈现新机,拟招"学僧五十名"。

民国二十二年(1933)3月1日(丙寅岁,初六日)《佛学半月刊》刊载一则新闻说:

> 福建鼓山涌泉寺佛学院,现定于古历二月十五日起,恭请应慈老法师宣讲《大乘梵网经》,欢迎参听。[21]

就是说,虚云拟请应慈律师于农历二月十五日到鼓山佛学院宣讲《大乘梵网经》。但据《虚云年谱》记载:

> (民国二十二年癸酉,1933年)"春戒,请应慈法师讲《梵网

---

[20]《又讯》,《现代佛教》第五卷第五期,第448页。
[21]《鼓山讲经》,《佛学半月刊》第50期,1933年3月1日出版,第14页。

经》。"[22]

可见,上述请应慈律师讲《梵网经》是鼓山涌泉寺春季传戒期间的安排,对于鼓山佛学院来说可能是挂个名而已,而不是特地为鼓山佛学院开课,实则类似培训班,上文所谓拟招"学僧五十名"应与此有关。

二、福建鼓山法界学苑

福建鼓山佛学院于民国二十二年改为"福建鼓山法界学苑"。民国二十二年,《香海佛化刊》第五期《纪闻》刊载《福建鼓山扩办法界学苑》一文,文章称:

原日(?)福建鼓山涌泉寺诸硕德所办之佛学院,今以普及僧教育、成就人才起见,特从新改组,定名为"福建鼓山法界学苑"。兹将其简章录后:

(1)苑址:原为鼓山涌泉寺内同人于民国二十年所组织之佛学院设于寺内,已经呈请政府立案,今虽结束续办"法界学苑",仍以本寺为苑址。

(2)名称:今本苑改组,以《华严经》为主课,此经乃法界经,余为此经所流,无论大小,拈随一法,无非法界,故定名曰:"福建鼓山法界学苑"。

(3)宗旨:佛法即众生心法,良心破产,故佛法衰微。从挽救良心处救佛法,当以解行相应,自救救人为宗旨。

(4)经费:概由常住先行担负,次由发起人逐渐筹集。

(5)额数:一正额二十名,每月一人成就衣单一洋元、纸笔洋元四角二。附额十名,每月一人成就衣单洋半元、纸笔洋元四角三。预额十名,以备补额,每月一人成就纸笔洋四角。

---

[22] 岑学吕编著《虚云年谱》第71页。

（6）资格：一、考取时，以品格端正，文字清顺，语言明了，戒曾具足者为合格；二、平常时稍能持戒，柔和善顺，不越苑规为合格。然苑规亦多秉承律仪，以避私见。

（7）年龄：在二十岁以上三十岁以下，有特别品学者，年龄上下或可放宽三五岁，然皆须无绵延病疾及诸嗜好。

（8）志愿：须发菩提心，不畏艰辛苦屈切忌儱侗窠白摆脱名利羁锁，不失本苑宗旨，增益其所不能。

（9）奖励：凡品学速有进步者，以五等奖励：经书奖励、法物奖励、文具奖励、加分奖励、语言奖励。

（10）惩罚：如违教规律仪苑章等，由教员随其轻重，分三等处罚：开除、跪香、呵斥。必须恳切忏悔而后已。

（11）学期：以四年为一大学期，半年为一小学期。前一年半，粗涉三藏，为华严预课，以期行解相应，故律为尤重，后二年半，以华严为正课，以期同入法界故。

（12）课程：唯在调停身心，使解不废行，行不碍解为得宜，每日早起礼拜，习观一句，半钟。天明受食，食已受课。将晚，蒙山念佛一句，半钟。无论夏冬，光黑长短夜，养息六句，钟日养息一句钟。其上课时间，所授法门，随时随宜再订，良以苑中佛事，多诸变更，预订每难相符。

（13）假期：如丛林常例，每月四个放香之日放课，剃头、沐浴、洗衣、布萨；偶感有病，及有特别事故，教职员自当酌量准假。

以上条章临时草创，倘有不当处，得由本苑同人随时会议修改。

发起人：住持虚云，首座慈舟，后堂体敬，监院盛慧、宗镜、复腾，副寺心月、福泉。

赞成人：知客常悟、严见、清福、明空、澄朗、修果、明观，书记隆暄，僧值法如。

佛历二千九百六十年七月本苑同人订。[23]

可见:(1)"福建鼓山法界学苑"是在先前"福建鼓山佛学院"原址上创办的,仍设在福州鼓山涌泉寺内。(2)招生人数分正额与附额,共30人。其中正额20名,附额10名。附额"以备补额","正额"一旦人数流失,即可补充"正额"人数。从总体上看,法界苑的招生数较"鼓山佛学院"时减少。(3)教学内容"以《华严经》为主课"。"前一年半,粗涉三藏,为华严预课,以期行解相应,故律为尤重","后二年半,以华严为正课"。与"鼓山佛学院"的课程相比较,明显要"专"。(4)学僧年龄。"福建鼓山佛学院章程"要求"三十五岁以下十五岁以上者为合格。"法界学苑则要求"在二十岁以上三十岁以下,有特别品学者年龄上下或可放宽三五岁。"显然,年龄缩小了"五岁"。(5)法界学苑实行奖惩制度。对"品学速有进步者"实行五等奖励,分别奖予经书、法物、文具、加分,以及"语言奖励"(即口头表扬)。对"违教规律仪苑章"者实行"惩罚","随其轻重",分别给予开除、跪香、呵斥三等处罚。受处罚者"必须恳切忏悔而后已"。与前述福建鼓山佛学院"奖惩制度"相同,带有突出的佛教化导劝善色彩。对比可知,是承袭前者的。(6)发起人有虚云(住持)、慈舟(首座)、体敬(后堂)、盛慧(监院)、宗镜(监院)、复腾(监院)、心月(副寺)、福泉(副寺)。法界学苑的创办除了有发起人外,还有赞成人。其赞成人有常悟(知客)、严见(知客)、清福(知客)、明空(知客)、澄朗(知客)、修果(知客)、明观(知客)以及书记隆暄与僧值法如。显然,比"福建鼓山佛学院"的发起人少,特别是不再有社会人士。

上述章程是民国二十二年七月制订的。据同年9月1日的《佛学半月刊》报导:

---

[23]《香海佛化刊》第五期《纪闻·福建鼓山扩办法界学苑》,黄夏年主编《民国时期佛教期刊文献集成补编》第47卷。

福建鼓山涌泉寺,原设有佛学苑,今就原址改办"法界学苑",以华严经为主课,经费由常住先行负担,俟逐渐筹集,学生定正额二十名,副额十名,预额十名。[24]

这则消息反映的是民国二十二年8月的事。就是说,"鼓山佛学院"原来也叫"鼓山佛学苑",到民国二十二年下半年,改名"法界学苑",亦即"法界学院",以讲授《华严经》为主课。然而,由谁主讲则未提及。"学生定正额二十名,副额十名,预额十名。"这里的"副额"即上述章程所说的"附额";"预额"则是章程所无,应是章程制订后新增的。

法界学院应于同年9月如期开学。据民国二十二年台湾《南瀛佛教》的刊登一篇消息《福州鼓山涌泉寺寺僧三人为募净财来台》称:

南支那第一名刹之鼓山涌泉寺,……该寺寺僧宗镜、心月、微琮三师受方丈之意,欲向本岛乞募净财,以资经费。……据云:该山之住僧现有数百人,其中在此修行之台湾僧侣亦有二十余名,寺内设有"华严学院",是以每月所需之食粮颇繁。[25]

这则消息反映的是当年11月前的情况。可见,"华严学院",亦即"法界学苑"应于9月开办。由于当时鼓山住僧数百,其中有台湾僧侣在山修行者达20余人,加上开办"华严学院",所以鼓山资粮告紧,虚云乃派遣寺僧宗镜、心月、微琮三人前往台湾"乞募净财,以资经费。"可以看出,当时"法界学院"的开办也颇艰难。

民国二十三年初,台湾《南瀛佛教》刊登一篇善慧和尚来稿,题为《游鼓山略记》,其中谈及鼓山办学的情况时说:

现山中设立专门"华严学院",院主德清上人外,教员金山高

[24]《鼓山佛学院改办法界学苑》,《佛学半月刊》第62期,第14页。

[25]《杂报·福州鼓山涌泉寺寺僧三人为募净财来台》《南瀛佛教》第11卷第11号,第45页,黄夏年主编《民国佛教期刊文献集成》第114册,第373页。

昙〔旻〕三人,学徒四十余人,在住大众出家人五百左右。预约明春再加设"高等研究会",将来海外派出为传教师十名,此事诚为教中发展之因缘也。[26]

善慧和尚原为台湾基隆月眉山灵泉寺的住持,卸任后游日本、朝鲜,然后到国内考察,较长时间驻锡祖庭福州鼓山,后又移锡东南亚。上述《游鼓山略记》是善慧在鼓山期间写的[27]。从上引文可知:(1)"法界学院"确实也叫"华严学院",院主为德清(即虚云)。(2)有教员三人,来自"金山高旻"。(3)有学徒(即生徒)"四十余人"。(4)拟于明年春再加设"高等研究会",培养将来向海外弘法的人才。这体现虚云当时的弘法抱负。

民国二十三年(1934)10月《佛学半月刊》对福州鼓山的近况作了报导:

> 鼓山涌泉寺,距福州三十余里,三面临海,悬岩古洞,潜迹者颇多,风景之雅,气序之和,甲于他方,创于梁之圣晏国师。数百年来,僧众恒数百人,虽清规稍迟,然亦未尝有失祖风。前闽省杨树庄主席素重佛法,故恳请虚云老和尚主之。入住后,百废尽举,延寿堂之安老也,大徽堂之向上也,净土堂之持名也,戒月堂之讲教也。禅教净律,四风备焉。惟所办学院,精神上时现病态,故虚公再三请之于慈舟老法师。慈老睹其为法之诚,慨然出关主其教。去秋改组以来,四方学子,闻风而至,定名"法界学院",以华严为主故也。规章之严,皆本乎律仪,纯以德育培溉之,欲求其将来之有用,免于俗化,故唯一之宗旨,在解行并进。前数月前,西南各界要人,鉴于广东之佛法僧伽有弘扬整顿之必要,而绥靖主任李汉魂

---

[26]《南瀛佛教》第12卷第1号,第55页,黄夏年主编《民国佛教期刊文献集成》第114册,第487页。

[27] 参见王荣国《鼓山传戒照片年代的重订昭示:一段闽台佛教交往的历史》《福建文博》2009年第3期。

师长尤以恢复曹溪南华为己任,故函电交驰,特请虚老和尚赴彼重
兴,屡却不获,今虚公赴粤矣,至于常住法王位,仍其自兼,各堂口
均责成其负责人,而院务则完全责成慈舟法师云。[28]

这则报导反映的是民国二十三年9月及其以前的情况。从中可
见:(1)因"所办学院,精神上时现病态",所以虚云再三请求慈舟法师
来山办学。在闭关中的慈舟鉴于虚云"为法之诚","慨然出关",为其
主办僧教育。(2)鼓山僧教育于"去秋改组"定名"法界学院",以教授
"华严为主","四方学子,闻风而至"。(3)数月前,虚云移席广东曹溪
南华寺,法界学院"院务"完全由慈舟法师负责。

据《虚云年谱》记载可知:民国二十三年春,虚云"将鼓山佛学院重
新整顿,邀请慈舟老法师主持院务",四月,虚云因粤中人士礼请重兴
曹溪南华移席岭南。[29] 慈舟法师在虚云法师离开鼓山后一段时间也
移锡福州法海寺开讲《华严经》。[30] 虚云法师主持鼓山时代的僧教育
随之结束。

三、余　论

福州鼓山创办近代僧教育始于虚云和尚任住持后的民国十九年
(1930),其时社会名流居士与鼓山寺常住联合发起创办"福建鼓山佛
学院",创办之始就起步艰难,因实际掌院长之务的大醒法师离任以及
师资缺乏,而改办为"福建鼓山法界学苑"。如果说,"福建鼓山佛学
院"属于"综合性佛学院教育"的话,"福建鼓山法界学苑"就属于"专门

---

[28]《福州鼓山近讯》,《佛学半月刊》第88期,第8—9页。
[29] 岑学吕编著《虚云年谱》第76页。
[30] 史明《缅怀虚云和尚的盛德》,见《名僧录》。慈舟住持北京净莲寺,法界学院迁往
　　北京继续开办。

佛学院教育"[31]。然而,"福建鼓山法界学苑"开办至中途因住持虚云移锡广东曹溪不久也迁离鼓山。

此后,《弘化月刊》于民国38年3月刊登圆瑛法师《鼓山佛学院缘起》一文。其全文如下:

> 佛学发源于西乾,光大于东亚,流衍三千,化被五洲,不为任何方土所限,不为任何时代所拘,亦不为任何民族语言文字所隔阂。盖其善超诸有,普被三根,言教则洞达依趣,问理则陶冶肝肠,制行则随顺正轨,克果则用极体圆,如如善巧,圆满究竟,故无往而不适也。虽然,法不自弘,弘之在人,是故饮光庆喜,集结三藏,迦旃尼子,制作婆娑,乃至龙树提婆,晖光般若,世亲无著,阐演瑜伽,遂使微言大义,有如日月经天,江河行地,五竺归心,六师稽首,良不忝也。洎乎白马东来,传承祖印,高僧大德,相继发挥,乃衍成十宗五派。十宗者,律宗、禅宗、密宗、净宗,天台、贤首、慈恩、三论与俱舍、成实是也。五派者,临济、曹洞、沩仰、云门、法眼是也。自六朝,历唐宋元明,代有贤哲,或则戒球莹洁,或则定海澄清,或则辩才无碍,或则德业有光,相与弘宗演教,摄化群伦,庐大千,于含灵,抑扬天地之致,若蟠虬龙而舞祥麟,骎骎乎,化被草木,赖及万方者矣,比来大化式微,吉光隐曜,欲挽颓波,应场全力,非英才无以荷圣教,非学院无以育英才,此鼓山佛学院所以亟亟倡立而不容少缓者也。且鼓山为八闽之名蓝,僧伽之汇海,枢纽佛化,津逮东南,道法之隆替,所系至巨。圆瑛、盛慧等,秉如来之遗嘱,负倡导之使命,乘我衰腊,奋此报身,酬佛祖之隆恩,赞吾国之文教,固无敢或懈焉者也。所望各方人士,成就匡扶,自不难日益光大,是为启

---

[31] 王荣国《福建近代佛教僧材教育》,《福建佛学院30周年佛教教育学术研讨会论文集》,2013年10月印刷。

　　鼓山佛学院院长圆瑛、副院长盛慧谨启。[32]

　　上述《鼓山佛学院缘起》是圆瑛于民国三十八年（1949）春撰写并发表的，由上文可知，福州鼓山涌泉寺拟创办"鼓山佛学院"，而且已经确立以圆瑛法师为院长，盛慧法师为副院长。然而，笔者再没有发现有关《简章》与招生消息的资料，圆瑛、盛慧计划创办的"鼓山佛学院"，似乎只是一个没有进入真正实施的"计划"而已。

　　在近代中国兴办僧教育的热潮中，福建厦门的南普陀寺于民国十四年（乙丑，1925）率先创办"闽南佛学院"。五年后，虚云等于民国十九年也发起在福州鼓山兴办"福建鼓山佛学院"。然而，因师资等问题不得不告停而改为"福建鼓山法界学苑"，不久又因虚云和尚于民国二十三年（1934）春移锡离去而迁离鼓山，最终无疾而终。沉寂了15年之后，圆瑛、盛慧二法师于民国三十八年春计划发起创办"鼓山佛学院"，然而，这只是一个计划而已，始终未见实施。与福州鼓山兴办僧教育不断受挫的情形相反，厦门南普陀寺兴办僧教育一定意义上说，获得成功，这是因为厦门南普陀兴办僧教育有福州鼓山所不具备的优势条件：（1）厦门南普陀寺支撑的基础是闽南的华侨社会，闽南华侨多而且经济雄厚，闽南人乐施，为兴办僧教育积聚良好的经济基础，俗家福州的圆瑛法师在泉州开元寺兴办慈儿院之所以获得成功，就在于闽南华侨社会的经济支持。鼓山寺的情况就相反，上文揭示其经济困顿，曾派僧人渡海到台湾化缘。（2）厦门南普陀紧临厦门口岸。考察中国历史可知，海洋港口的兴衰决定所在地域经济、人文与宗教的盛衰。在福建历史上有四大海洋港口依次兴盛：唐五代福州港、宋元泉州港、明代漳州月港与清代厦门港。到了近代特别是民国时期，福建前述三大港口都衰微，只有厦门港仍然兴盛，海上交通便利。太虚、弘一等名僧就是在

---

[32] 圆瑛《鼓山佛学院缘起》《弘化月刊》第 5 卷第 93 期（1949 年 3 月），黄夏年主编《民国时期佛教期刊补编》第 70 卷。

南北往返时中途停靠厦门而与厦门结下法缘,交通的便利也为学僧求学提供方便。(3)厦门南普陀寺是一个由子孙小庙基础革新形成的新兴十方丛林制佛寺,福州鼓山涌泉寺是千年古刹,多少带有明代以降子孙庙的流弊,寺内的人际关系相对复杂,阻力较多,如虚云一离鼓山即出问题,就是例征。正是这些原因,近代福州鼓山涌泉寺始终未能圆兴办僧教育的"梦"。

律净双弘　以身允蹈

——北宋律祖元照的教育思想

国　威（四川大学）

【内容摘要】　元照是北宋时期著名律僧，一生以弘传南山律宗为己任，被后人誉为律宗中兴之祖。他早年接受了律学和天台学的良好教育，学成后著书讲说，致力于僧才的培养。元照在末法观的影响下，结合自身宗教经验，将净土引入律学，不但促进了宋代"诸宗归净"的大潮，还形成了极具个人特色的律净双弘、重视实践的教育思想。由此，律宗教育发生转向，由单一的律学授受变为律净双弘。此种教育传统经元照弟子的发扬，不仅进一步加速了律宗与净土的合流，客观上也延续了律宗的宗派生命。

【关键词】元照　律宗　净土　教育　思想

中国律学肇始于汉魏而开宗于隋唐，至唐代达到顶峰，其时相部宗、南山宗与东塔宗鼎足为三，然南山独步称尊。及至北宋，相部与东塔相继凋零，唯余南山一脉维系宗门。当时执南山牛耳者，当推灵芝大智律师——元照。元照（1048—1116），或称元炤、圆照，字湛然，号安忍子，浙江钱塘人，活动于北宋中后期，一生以弘传南山律学为己任，是中国律宗史上承前启后的人物。实际上，元照不仅是一位杰出的律宗思想家，也是一位出色的佛教教育家，他将净土引入律宗教育，使"独尊戒律"的教育传统发生了重大的致变,而为本宗的延续注入了活力。本文即以元照的教育思想为中心,首先梳理元照的师资所承,借以考察其教育背景;其次归纳元照的教育思想及其特点;最后探讨元照的教育思想在律净合流中的角色和作用。

一、元照的教育背景

一个人的教育思想,无疑与其教育背景有关,而对教育背景的考察,师承关系应该是一个重要的切入点。元照的老师就文献可征的有两位,一是东藏慧鉴,一是神悟处谦。元照的五世法裔守一在《终南家业》卷一亦记载了乃祖的师资所承:"唯灵芝记主大智律师,妙赜真源,深研理味,律遵南皋,而教领南屏,位隐西湖,而道闻西竺。"[1]"南皋"即为南山道宣,"南屏"当指神悟处谦,因其驻锡南屏山,并卒于此,故有是称。虽然元照依慧鉴得度,但守一并不将其看作有师徒授受的关系。即便如此,慧鉴对元照律学的启蒙,必然有重要影响,故本文仍将其作为重点来论述。

东藏慧鉴是元照佛门生涯中的第一位导师,启蒙之功不可掩没,故元照的传记中大多记载了这位高僧:

《释门正统》卷八:"元照,字湛然,号安忍子,余杭唐氏,母竺。幼依祥符东藏鉴律师,十八通经得度。学毗尼,冰寒蓝出。"[2]

《武林西湖高僧事略》:"师名元照,字湛然,余杭唐氏。少依祥符东藏慧鉴师学毗尼。"[3]

《佛祖统纪》卷二九:"律师元照,余杭唐氏。初依祥符鉴律师,十

---

[1]《卍新纂大日本续藏经》(以下简称"《卍新纂续藏经》"),东京:国书刊行会,昭和五十年(1975)至平成元年(1989),第59册,第718页b栏。

[2]《卍新纂续藏经》,第75册,第362页c栏。

[3]《卍新纂续藏经》,第77册,第585页c栏。

八通诵《妙经》，试中得度，专学毗尼。"[4]

另外，有些传记虽然没有提到慧鉴，但也提供了相关线索，如《咸淳临安志》卷七〇："灵芝大智律师，字湛如，号安忍子，钱塘人，本姓唐。母竺氏尝梦异僧托孕。□居祥符寺东藏，穷清净毗尼之学。"[5]《明一统志》卷四六："元照，钱唐人。自幼出家，博究群宗。初居天台，移杭之东藏，学徒争从之。"[6]元照居祥符东藏，应是依止于慧鉴。

以上佛教文献的记载信息寥寥，而世俗载籍所涉更少，唯曹勋《松隐集》卷三五《华严塔铭》稍详人：

> 佛者道仙，钱塘人，俗姓张氏。初，其母梦在精舍，见数僧室中相语，光明赫然。母瞻礼叹仰，有老僧授以明珠，使吞之，已有娠，生师，风骨秀整。自为儿即不喜戏弄，求出家，父令依祥符寺慧鉴律师。是时律师先梦神谓曰："汝母复来也。"翌日，师从其父来。时方四岁，律师以梦故，不欲子之，令礼法孙奉基。[7]

"祥符寺慧鉴律师"应该就是东藏慧鉴。道仙（1094—1148）四岁出家，时当绍圣四年（1097），其时慧鉴仍在世，且已有法孙辈，故其年齿至少应长于元照二、三十岁左右。

会稽沙门妙生在《佛制比丘六物图辨讹》的序文中，称"一旦东藏律师别出《六物图》，将以革其弊"，[8]又撰《三衣显正图》，续述其意。妙生弟子本慧于《三衣显正图》卷末有跋语："丙寅绍兴十六年孟夏一日，门人本慧重开。东藏律师者，大智律师之师，乃慧鉴律师也。"[9]

---

[4] [日]高楠顺次郎、渡边海旭等编《大正新修大藏经》（以下简称《大正藏》），东京：大正一切经刊行会，大正十三年（1924）至昭和九年（1934），第49册，第297页b栏。

[5] 《景印文渊阁四库全书》，台北：台湾商务印书馆，1986，第490册，第720页上栏。

[6] 《景印文渊阁四库全书》，第472册，第1090页上栏。

[7] 《景印文渊阁四库全书》，第1129册，第543页下栏。

[8] 《卍新纂续藏经》，第59册，第611页a栏。

[9] 同上，第619页b栏。

认为《佛制比丘六物图》为慧鉴所作。实际上，妙生所谓"东藏律师"乃指元照（因元照亦居东藏），非慧鉴也。因此，慧鉴并没有作品流传于世。

元照大概于七、八岁时从学于慧鉴，即宋仁宗至和年间（1054—1056）。元照《论增戒书》："贫道自龆龀出家，冠年比试获中。"[10]可能当时作为童行或者沙弥，至十八岁时试经得度，方正式取得僧人的身份。有宋一代，僧尼取得合法身份有三个途径：试经度僧、特恩度僧和进纳度僧。《佛祖统纪》卷五一"仁宗"条下："诏试天下童行诵《法华经》，中选者得度。"[11]同书卷四七：

> （淳熙）十一年，上竺左街僧录若讷札子：洪惟圣朝遵用唐制，立试经度僧之科。窃详《大宋高僧传》、洪觉范《僧宝传》所载，自建隆开国至于南渡，名德高行皆先策试《法华》，然后得度。以由此经是如来出世一化之妙唱，群生之宗趣，帙唯七卷，繁简适中，故学者诵习，无过与不及之患。[12]

可知宋代以诵读《法华》作为度僧的考核标准。元照以通诵《妙法莲华经》而得度，则其从慧鉴所学，除了律学的基础知识外，此经亦应是重要的内容。

宋神宗熙宁年间（1068—1077），元照再次驻锡祥符寺，且一住数年，《论增戒书》谓："贫道熙宁间自温、台游方还本受业院，在祥符寺之东南隅，闭户专业，谢去人事，乘闲挥麈，赞述戒律……如是数年间，罔敢自息。"[13]但不知"祥符寺之东南隅"是否即"东藏"。此时慧鉴仍在世，元照有可能依之继续学习。

然而，元照从学于慧鉴，最重要的行果似乎只有两方面，一是受戒

---

[10]《卍新纂续藏经》，第59册，第662页a栏。
[11]《大正藏》，第49册，第452页c栏。
[12] 同上，第430页a栏。
[13]《卍新纂续藏经》，第59册，第662页b栏。

得度,取得正式僧人的身份;二是打下律学基础。至于律学理论和思想的授受,似乎并不明显。守一认为乃祖"律遵南阜",没有提到慧鉴;元照的著作中也从来未曾引用慧鉴之语;《人天宝鉴·元照传》又载:"在沙弥中,已为众讲,解习毗尼。每怅然兴恨,无所师承。"[14] 故元照的律学思想当直承南山律祖道宣,恐与慧鉴关涉不大。慧鉴很有可能只是元照的依止师。

　　对元照佛学思想有重要影响的另一位僧人是天台宗的神悟处谦。元照在《净业礼忏仪序》中表达了对处谦的感激之情:"元照自下坛来,便知学律,但禀性庸薄,为行不肖。后遇天台神悟法师,苦口提诲,始知改迹,遂乃深求祖教,博究佛乘,而于佛祖微言,薄有所领。"[15] 几种重要的元照传记,皆强调二人的师承关系,其中昙秀《人天宝鉴》所记尤详:

　　　　灵芝照律师,钱塘人。幼有凤成,年十八以通经得度。在沙弥中,已为众讲,解习毗尼。每怅然兴恨,无所师承。时处谦法师深得天台之道,师见之曰:"真吾师矣。"请居坐下。风雨寒暑,日行数里。谦每讲,必待师至。或少后,众以过时为请,谦必曰:"听讲人未至。"其爱之若此。师欲弃所习而从之,谦曰:"近世律教中微,汝他日必为宗匠。当明《法华》以弘《四分》,吾道不在兹乎?"师乃(愽)[博]究群宗,以律为本……[16]

因《人天宝鉴》袭自元照《塔铭》,故真实性是可以保证的,从"听讲人未至"的环节,可见处谦对元照的重视和期许。

　　据《杭州南屏山神悟法师塔铭》、《释门正统》卷六和《佛祖统纪》卷一三,处谦(1011—1075),字终倩,永嘉潘氏。九岁从常宁契能出家,宋

---

[14]《卍新纂续藏经》,第87册,第16页a栏。

[15]《大正藏》,第47册,第170页a栏。

[16]《卍新纂续藏经》,第87册,第16页a栏。

真宗乾兴元年（1022）以特恩得度。先依慈云遵式，再依神照本如，为第一座。还返乡邑，嗣契能之席，历住慈云、赤城、妙果、白莲。北海郡王为请"神悟"之号。后归永嘉，于巾子山慧林讲《金刚》。晚年出山，阐化于杭之宝阁、净住、天竺、南屏，并皆名刹。凡坐十道场，登门者三千，受业者四十，弘道者三十。熙宁八年四月五日，示疾奄逝，寿六十五，腊五十六，葬南屏山。

关于处谦之学，元照总结为"五时之教，权衡于《法华》；一家祖乘，梗概于《止观》"[17]。另外，处谦尝撰《法华玄记十不二门显妙》一卷。可见其学得天台之髓，以《法华》为宗。元照以《法华》开显《四分》圆意，即是听取处谦的建议。

元照从学于处谦的时间，已难以详考，但处谦移席杭州，大概在熙宁元年（1068），并于熙宁八年（1075）卒于杭州南屏山。元照与择瑛同依处谦，应该在此段时间内。另据《论增戒书》，元照有游方温、台的经历："贫道熙宁间自温、台游方还本受业院，在祥符寺之东南隅，闭户专业，谢去人事，乘闲挥麈，赞述戒律。"[18]彼处为天台祖庭，故此行可能亦是受处谦之影响。

从以上的师承关系中，可知元照受到了律学和天台学的良好教育。其中，律学是元照一生的立身之本，而天台宗"开权显实"、"三谛圆融"等学说则沉潜于思想深处，成为元照佛学体系中基础性的理论前提。

另外，净土思想是元照佛学体系的另一重要板块。之所以不在师承部分论述而单独介绍，是因为元照皈信净土乃缘于其自身独特的宗教体验，而非通过听讲、阅经等传统教育手段习得。《净业礼忏仪序》详细记载了这一过程：

元照自下坛来，便知学律，但禀性庸薄，为行不肖。后遇天台

---

[17]《卍新纂续藏经》，第59册，第652页b栏。
[18] 同上，第662页b栏。

神悟法师苦口提诲，始知改迹。遂乃深求祖教，博究佛乘，而于佛祖微言，薄有所领。窃自思曰：初心晚学，宁无夙善？但不遇良导，作恶无耻，虚丧一生，受苦长劫。于是发大誓愿，常生娑婆五浊恶世，通达佛理，作大导师，提诱群生，令入佛道。复见《高僧传》慧布法师云："方土虽净，非吾所愿。若使十二劫莲华中受乐，何如三涂极苦处救众生也？"由是坚持所见，历涉岁年，于净土门，略无归向，见修净业，复生轻谤。

　　后遭重病，色力痿羸，神识迷茫，莫知趣向。既而病差，顿觉前非，悲泣感伤，深自克责，志虽洪大，力未堪任。仍览《天台十疑论》，初心菩萨未得无生忍，要须常不离佛。又引《智度论》云：具缚凡夫，有大悲心，愿生恶世，救苦众生，无有是处。譬如婴儿不得离母，又如弱羽秖可（传）[傅]枝。自是尽弃平生所学，专寻净土教门，二十余年，未尝暂舍。研详理教，披括古今，顿释群疑，愈加深信。[19]

元照早期不但对净土毫无信向之意，反而多所轻谤，后来身染重病，濒死的经验才使其对净土的态度产生了情感上的反转。此种体验虽然具有偶发性，但这"属于生命本身而非理性神学的层次"，[20]故对经历者具有极强的震撼力和感染力。此后，元照终其一生心向净土，而且以之作为教化徒属的主要内容，详见下文论述。

需要说明的是，神悟处谦亦修净业，如《释门正统》卷六《处谦传》："熙宁乙卯四月丙寅，令设香华，讽《普贤行法》、《弥陀经》称赞净土，乃曰：'吾得无生，日用积有岁月，今以无生而生净土矣。'端坐而化。"[21]但在现有记载中，处谦的净土信仰只限于临终前，故其净学似乎对元照

[19]《大正藏》，第47册，第170页a栏。

[20] 段德智《宗教学》，北京：人民出版社，2010，第149页。

[21]《卍新纂续藏经》，第75册，第332页b栏。

影响不大。从学处谦之后，元照仍然"坚持所见，历涉岁年，于净土门，略无归向，见修净业，复生轻谤"，直到遭遇大病，痊愈后方"顿觉前非"，从而专心净业。

二、元照的教育思想及其特点

作为律宗龙象，元照当然有光大门庭之志，其中，培养僧才就是实现志愿的重要途径之一。《释门正统》卷八谓追随元照之徒"众常三百"[22]，可见其在当时颇具影响。元照的教育思想兼有律宗和个人特色，在中国佛教史和教育史上都值得一书。

（一）元照的教育思想

元照自温、台游方归来，于祥符寺开启了自己的教育生涯。在数十年的教化活动中，元照形成了丰富并极具个人特色的教育思想。其中最为突出的两点，一为律净双弘的教育内容，一是以身允蹈的教育原则。

1. 律净双弘

元照将戒律和净土结合起来作为教学内容，有三方面的佐证，一为传记及后人所作赞颂：《释门正统》卷八："每曰：生弘律范，死归安养，平生所得，惟二法门。其他述作，从予所好。"[23]西湖居士李济《咏史·灵芝大智律师》："道继南山阐律乘，志洪乐土办归程。临终说偈加趺化，湖上俱闻天乐声。"[24]道衍《诸上善人咏·灵芝元照律师》："洞彻毗尼更立言，广慈得法领芝园。故乡清泰思归切，妙观才成即返

---

[22]《卍新纂续藏经》，第 75 册，第 362 页 c 栏。

[23] 同上。

[24]《大正藏》，第 74 册，第 225 页 b 栏。

辕。"[25]"生弘律范"、"阐律乘"、"更立言"属于教育学的范畴无疑,但"死归安养"、"办归程"、"思归切"是否仅是单纯的个人追求,而非教育世人的内容? 实际上,元照在《为义天僧统开讲要义》中已经明确表示:"元照学行寡薄,于此一宗忝曾留意,初心狂简,猎涉多知。三百(五?)年来自觉衰病,诸无所堪,唯于净土颇尝研究,每以两端开诱来学。"[26]可知净土思想与戒律一样,都是元照教育内容的重要组成部分。

体现元照教育思想的第二个方面是两篇讲义,一为前引《为义天僧统开讲要义》,乃元照为高丽僧人义天讲法的记录。在这篇三千多字的讲义中,元照用三分之二的篇幅讲解戒律,最后以三分之一的篇幅讲述了自己皈心净土的经历,并愿与杨杰同生西方:"但期同获上品上生,得佛授记,却来娑婆,教化众生,皆生安养耳。"[27]第二篇讲义是《为判府蒋枢密开讲要义》,听法者乃杭州地方大员蒋之奇。蒋之奇提前确定了宣讲的内容:"愿闻略讲戒律大意。"[28]但元照在介绍了律宗的一些基本知识后,仍然以净土相诱掖:"所以十方诸佛、三世圣人,乃至弥陀净土、依正二报,并由愿心取证,非誓不立,亦须全藉信愿行力之所庄严也。"[29]

再者,从教学效果,即其弟子的思想构成中,亦能体现出律净双弘的教育特点:钱塘七宝院用钦,"依大智学律,闻其示众曰:'生弘毗尼,死归安养。出家为道,能事斯毕。'即标心净土,一志不退。日课佛至三万。"[30]律净双修的学风直承其师。再如明庆行诜,"学律于大智,住明庆二十年。偶寝疾,即设像,命徒系念数日。忽起索三衣,自唱《弥陀

---

[25]《卐新纂续藏经》,第78册,页174页a栏。

[26]《卍新纂续藏经》,第59册,第645页a栏。

[27] 同上,第645页b栏。

[28] 同上,第642页a栏。

[29] 同上,第643页b栏。

[30]《大正藏》,第49册,第279页b栏。

经》,厉声念佛,加趺而化。"[31]亦存元照之遗风。因此,律净双弘是元
照教育思想中最为重要的特点。

2. 以身允蹈

律学本身的特点就决定了其重视实践的宗风,律宗的历代祖师,如
道宣、允堪等,皆为持戒精严、以身作则的高僧。元照更是将这一传统
发展到极致,《人天宝鉴》:"师乃(愽)[博]究群宗,以律为本,非苟言
之,实允蹈之。尝依南山,六时致礼,昼夜行道。"[32]元照不仅躬身行
道,而且在教育方面也是不遗余力,如《释门正统》卷八:"授菩萨戒几
万会,增戒度人六十余。"[33]《佛祖统纪》卷二九:"所至伽蓝,必为结
界。"[34]除了筑坛、结界、授戒等教化活动,甚至在生活方式上也复归
于佛陀:"披布僧伽梨,振锡擎钵,乞食于市,曰:'吾佛盖尔,学者羞为
之乎?'习俗骇异。"[35]故时人杨杰为之作赞曰:"持钵出,持钵归,示人
长在四威仪。遵佛入廛时不识,虚空当有鬼神知。"[36]同时,元照也将
净土信仰落实到行动的层面,不但撰集《净业礼忏仪》,指导修行路径,
而且常以净土劝诱世人,《马侍郎往生记》:"钱唐照律师勉以系念
法。"[37]苏轼亦因元照之请而画弥陀像,为亡母祈福:"钱塘元照律师,
普劝道俗归诚西方极乐世界。眉山苏轼敬舍亡母蜀郡太君程氏簪珥遗
物,命匠胡锡画阿弥陀佛像,追荐冥福。"[38]

元照之所以将身体力行作为教育原则,除了律宗传统的影响,还源
于对僧人"师范"作用的重视。律宗向来注重教师的表率作用,道宣根

---

[31]《大正藏》,第 49 册,第 279 页 a 栏。
[32]《卍新纂续藏经》,第 87 册,第 16 页 a 栏。
[33]《卍新纂续藏经》,第 75 册,第 362 页 c 栏。
[34]《大正藏》,第 49 册,第 297 页 c 栏。
[35]《卍新纂续藏经》,第 75 册,第 362 页 c 栏。
[36] 同上。
[37]《大正藏》,第 47 册,第 190 页 b 栏。
[38] 同上,第 215 页 b 栏。

据诸部戒律,在《行事钞·师资相摄篇》中制定了为人师表者应遵守的种种规范。但据元照看来,当时的实际状况是"师不师、范不范",并在著作中给予激烈批判,《资持记》卷一:

> 儒礼云:师者,教人以道之称。杨子云:师者,人之模范。今人无道,以何教人,将何模范?妄摄徒属,群居不义,开四趣门,塞三乘路,毁戒作恶,互相赞护,杨子所谓"模不模、范不范,不为不多矣",信哉![39]

元照从正面指出为人师表者当具有的素质:"大师者,德重学优,堪为世范,非今紫(紫)[服]滥称之者。"[40]必须德学兼备,才是合格的教师。元照也在自己的教学活动中,恰如其分地诠释了这一点。

因应不同的受众,元照也采取不同的教育方式。实践在宗教教化体系中居于核心地位,故元照最引人注目的教育方法就是躬身行道。对于此点,苏轼曾有如此评价:"杭州圆照律师,志行苦卓,教法通洽,昼夜行道,二十余年矣,无一念顷有作相。自辩才归寂,道俗皆宗之。"[41]前文提到的授戒、乞食等行为也是鲜明的写照。其次,为了扩展教育范围,元照以著书立说来教化世人。他不仅注释南山三大部,深入探讨律学问题,还在晚年撰写《观无量寿佛经义疏》和《阿弥陀经义疏》,将自己的净土思想诉诸文字,指导众生的修习。另外,元照还热衷于立碑造像等活动,将佛教的教育影响最大化。如他曾得《阿弥陀经》古碑,较传世本多出"专持名号以称名故诸罪消灭即是多功德多善根多福德因缘"二十五字,故重新刊石并立于灵芝寺大殿,以广其传:

> 梁、陈乃南朝两国之名。朝散郎陈仁棱书,碑在襄州龙兴寺。

---

[39]《大正藏》,第40册,第227页b栏。

[40] 同上,第229页c栏。

[41] (宋)苏轼撰,孔凡礼点校:《苏轼文集》,北京:中华书局,1986,第2300页。《淳祐临安志辑逸》卷五亦录此赞,作"杭州元照律师",故"圆照"当为误记,《武林掌故丛编》,第24集,《淳祐临安志辑逸》卷五,叶一六右。

本朝殿撰李公讳友闻字季益尝守官于彼,持此经皈钱唐。疏主得之,喜不自胜,遂复刊石,立于灵芝大殿。之后续因兵火焚毁。[42]大殿是寺院的核心建筑,重刻古碑并立于此处,有力地促进了《阿弥陀经》的传播。撰写《越州龙泉弥陀阁记》来支持僧众建阁造像的活动,也是传播净土思想的表现之一。

(二)元照教育思想的特点

元照的教育思想既有时代的影响,又有个人特色,总体来说,表现为如下两点:一是受末法意识影响强烈,二是律净合一。现分述如下:

1. 末法观的影响

末法意识肇始于佛陀入灭后,但直到佛教东流,才形成一种时代观和危机意识[43]。其中,南山律祖道宣是宣扬末法观的代表人物之一。元照在继承道宣律学的同时,也接受了末法思想,这在元照著作中处处可见,如《资持记》卷一:"今世愚僧,不知教相,破戒作恶,习俗成风。见持戒者事与我违,便责不善随方,呵为显异。邪多正寡,孰可言之?法灭世衰,由来渐矣。"[44]同书卷二:"初嗟悔法不行。当隋唐之世,僧英极众,佛法大兴,尚云亦少,况今末法,焉可言哉!"[45]《行宗记》卷二:"末世奢纵,反竞豪雄,不论道业空虚,但务堂舍高广。"[46]《济缘记》卷二:"此理幽远,末世机劣,非彼所闻,纵闻不行,言之何益?"[47]《观无量寿佛经义疏》:"初标忻厌,二叙可厌,三立誓远离,此之三节,

[42] (宋)戒度:《闻持记》卷三,《卍新纂续藏经》,第22册,第529页b栏。
[43] 参见[日]藤堂恭俊、塩入良道著,金万居译《中国佛教史》(上),台北:华宇出版社,1986,第249—250页。
[44] 《大正藏》,第40册,第167页a栏。
[45] 同上,第354页a栏。
[46] 《卍新纂续藏经》,第39册,第869页b栏。
[47] 《卍新纂续藏经》,第41册,第200页c栏。

即示末世修行要术。"[48]基于上述观念,元照的教育思想和活动具有强烈的救赎性和针对性。

元照认为,当时佛法所教化的对象是五浊恶世的众生,而末法众生的特点是根机钝劣、业感缠身、信心不固,即《资持记》卷三所谓"末法五浊益深,我慢自高,略无正信"和《阿弥陀经义疏》"薄地凡夫业感缠缚,流转五道百千万劫"。[49] 教育对象的这些特点,决定了教育的内容。在元照看来,戒律和净土是对治众生迷痴的良药,在其教育实践中,也正是以此为根基,针对"众生之心,习恶日久,如猿猴野马,难可禁制"的情况,[50]必须强调戒律在修行中的基础地位:"欲入圣道,须修实行,修行之门,必先以戒而为基本。"[51]同时,由于末世众生,仅凭自力难以解脱,故必须借助他力,修习净土:"言其终者,谓归心净土,决誓往生也。以五浊恶世,末法之时,惑业深缠,惯习难断,自无道力,何由修证?"[52]律净双弘,元照是在"开权显实"的原则下将两者相融合,达到逻辑上的统一(下节详论)。

总之,元照的佛学思想和教育思想皆通过批判"五浊恶世"的现实而建立,可以说,末法意识在元照的思想体系中占有基础性的地位。

2. 从"律净无碍"到"律净合一"

从宋代开始,净土教发展迅速,大有涵摄诸宗之势。面对来势汹汹的净土思想,禅宗、天台宗等都作出了接受和吸纳的姿态。但台、禅诸宗的理论皆以般若为根底,与净土基本理论有内在矛盾,甚至相互对立。[53] 如天台创始人智𫖮,对净土的态度就比较复杂,他虽然重视观

---

[48]《大正藏》,第37册,第289页a栏。

[49]《大正藏》,第40册,第391页c栏;《大正藏》,第37册,第363页a栏。

[50]《卍新纂续藏经》,第59册,第644页b栏。

[51] 同上,第644页a栏。

[52] 同上,第645页a栏。

[53] 魏道儒《西方净土与唯心净土的对立、协调与融合发展》,载《中国净土宗研究》,北京:宗教文化出版社,2008,第191页。

想和称名等修行方式,但并未将阿弥陀佛的净土视为终极的开悟境界。[54] 另外,台宗教义在解释净土权实的问题上显得力不从心,智顗只好将净土割裂为凡圣同居土、方便有余土、实报庄严土和常寂光土。虽然表面上能自圆其说,但原本统一的净土概念却被拆分得七零八落。[55] 后世台宗围绕净土权实展开热烈讨论,然而问题最终未能解决,甚至在不断的"圆融"中使本宗逐渐沦为净土的附庸。禅宗教义与净土的对立更为尖锐,其目的是以唯心净土取消西方净土的实在性。如四祖道信认为:"若知心本来不生不灭,究竟清净,即是净佛国土,更不须向西方。"[56]慧能亦持此见:"迷人念佛生彼,悟者自净其心,所以言佛随其心净则佛土净。"[57]直到永明延寿,方提倡禅净双修,既坚持唯心净土,又不否认西方净土,但二者之间的根本对立是无法解决的,有关佛土本质的争论在后世并未停息。所以,台宗、禅宗在融摄净土时,面对的首要任务,就是弥合彼我之间的理论鸿沟。然而,无论如何努力,净土与这些宗派之间最好的结果就是相互无碍,如《庐山莲宗宝鉴》卷三:

> 慈觉赜禅师云:念佛不碍参禅,参禅不碍念佛,法虽二门,理同一致。上智之人凡所运为,不着二谛,下智之人各立一边,故不和合,多起纷争。故参禅人破念佛,念佛人破参禅,皆因执实谤权,执权谤实,二皆道果未成,地狱先办。[58]

宗赜虽然在"中道"的层面上强调参禅与念佛"理同一致",但就俗谛而言,二者仍然属于两种异质的法门。在宗门意识强烈的宋代,诸宗融合的原则是以本宗思想为基础,融摄其他宗派的内容。如上引宗赜之语,

---

[54] 俞学明《天台的净土权实辩》,载《中国净土宗研究》,第115页。

[55] 潘桂明、吴忠伟《中国天台宗通史》,南京:凤凰出版社,2008,第544—545页。

[56]《大正藏》,第85册,第1287页c栏。

[57]《大正藏》,第48册,第341页b栏。

[58]《大正藏》,第47册,第318页b栏。

虽然主张禅、净"理同一致",但禅为"实"、净为"权"的观念却根深蒂固。台、禅诸宗虽然吸收了净土的部分理论,但毫无保留予以全盘接收的,只是观想、念佛等净土修行方式。

律宗在创建之初便吸收了《法华》、《涅槃》的圆融思想,排他性不强,对各种修行法门兼收并蓄,元照《为义天僧统开讲要义》:

> 是以如来出兴于世,为令众生复本真性,以方便力种种开示一代时教,无非皆为趣一佛乘……西天二十四祖、此方蕞林禅德棒喝言句、天台贤首开拓法门、南山祖师阐扬律藏,方便提诱,皆为此事。但由众生宜乐不同,致使宗途有异……乃知戒是截苦海之舟航,趣涅槃之梯隥。[59]

无论禅、台、华严、律还是净土,都是佛陀的方便开示。因此,律宗吸收观想、念佛等法门时的态度与台、禅不异。然而,律、净的融合并未与台、禅一样,满足于方法论意义上的"无碍",而是进一步达到"合一"。这与两者在理论与实践上的相类有莫大关系:首先,戒律虽然在发展过程中亦吸收了部分般若思想,但并未将其作为根基和主体,故与净土学说不存在理论上的根本对立;其次,律、净本身的理论皆不甚发达,这就为两者的相互融摄提供了一定空间。也正是由于本身理论不发达,两者都需要借助他宗思想来阐释、完善本宗,这就产生了相互融摄的需要;最后,两者重视实修的性格是一致的。因此,戒律和净土几乎无需调和与论证,就能毫无芥蒂地迅速融合。元照皈心净土未久,便将求生西方净土的主张写入《资持记》。其后,还将净土思想纳入律宗仪轨中,如《授大乘菩萨戒仪·露过求悔》:"从今受戒,誓断杀害,常行慈悯,不食众生身分血肉。以此净业,普与众生,庄严净土,誓求作佛。"[60]另外,元照还创造性地将西方三圣作为僧人的受戒三师,《授

---

[59]《卍新纂续藏经》,第59册,第644页a栏。

[60] 同上,第634页a栏。

大乘菩萨戒仪·请师乞戒》："大小乘戒，皆从师授：受声闻戒，坛上十僧为师；受菩萨戒，诸佛菩萨为师。或请弥陀为和尚，观音为羯磨，势至为教授。近时道俗，皆修净业，弥陀缘熟，故多请之。"[61]最终，元照用"行"与"果"的范畴将戒律与净土统一起来，《观无量寿佛经义疏》："复有三种众生当得往生，何等为三？一者慈心不杀，具诸戒行；二者读诵大乘方等经典；三者修行六念，回向发愿，愿生彼国。"[62]当然，元照并非原封不动地将净土思想移植到律宗理论中，而是找到两者在形式与理论上的契合点，在此基础上进行嫁接，这样既维系了本宗的特色，又吸纳了新的营养。

律净合一，不仅是元照佛教思想的核心理念，也是其教育思想的重要原则，《为义天僧统开讲要义》：

> 每以两端开诱来学：一者，入道顿有始；二者，期心必有终。言其始者，即须受戒，专志奉持，令于一切时中，对诸尘境，常忆受体，着衣、吃饭、行住坐卧、语默动静，不可暂忘也。言其终者，谓归心净土，决誓往生也。[63]

戒律和净土，在教育内容的层面上亦得到统一。

三、律宗教育的转向

元照之前的律宗诸祖，虽然亦有博涉群宗者，但教育弟子仍以律学为主，内容比较单一。如被尊为律宗十二祖的择梧，虽然相关资料不多，但与其相善的孤山智圆在《大宋钱唐律德梧公讲堂题名序》一文中记载了择梧的教育活动：

---

[61]《卍新纂续藏经》，第59册，第634页b栏。
[62]《大正藏》，第37册，第300页a栏。
[63]《卍新纂续藏经》，第59册，第645页a栏。

公名择梧,字元羽,钱唐人也。立性直方,发言正淳,行甚高,名甚扬,虽学经论,通书史,而专以戒律为己任。且欲示后学以复之之路,知发轸于律学也,故于律学既能言之,又能行之,而颓纲颠表自我强而树之。故吴越之僧,北面而事者不知纪极,其后学有济济跄跄、动不逾闲者,人必知其由公门而出也"[64]

另外,择梧有据可查的著述仅有《义苑记》七卷,是律学方面的著作,为疏通道宣之《行事钞》。据此可以推知,择梧的教育内容应以律学为主。再如律宗十三祖允堪,虽然"学无不通",但"专精律部",[65]《新编诸宗教藏总录》卷二著录的作品有《统要钞》、《会正记》、《正源记》、《发辉记》、《辅要记》、《发真钞》等,皆为律学方面的著作。允堪的自述也证实了此点:"愚庆荷大师之道凡二十载,所述诸科记仅将百卷。"[66]现有文献中没有允堪教育活动的记载,但从其作品类型可以推测,允堪主要从事于律学的宣讲。

与前代诸师不同,元照不但将净土引入戒律,大大扩展了律宗教学的内容,而且通过弟子传承,使之成为新的教育传统。首先,元照将净土思想融入了戒律的阐释中,如道宣《行事钞》"瞻病送终篇"提到,安置病人的无常院内须设立佛像:

祇桓西北角日光没处为无常院,若有病者,安置在中,以凡生贪染,见本房内衣钵众具,多生恋著,无心厌背故,制令至别处堂,号无常,来者极多,还反一二。即事而求,专心念法。其堂中置一立像,金薄涂之,面向西方,其像右手举,左手中系一五彩幡,脚垂曳地。当安病者在像之后,左手执幡脚,作从佛往净刹之意。[67]

五代律僧景霄撰《简正记》释《行事钞》,但对此处不着一字,而元

[64]《卍新纂续藏经》,第56册,第910页b栏。
[65]《大正藏》,第49册,第870页c栏。
[66]《卍新纂续藏经》,第59册,第518页a栏。
[67]《大正藏》,第40册,第144页a栏。

照在《资持记》中却极力发挥：

> "其堂中"下次明设像。立弥陀者，归心有处也。然十方净土
> 而偏指西方者，系心一境，想念易成故。西方诸佛而独归弥陀者，
> 誓愿弘深，结缘成熟故。是以古今儒释靡不留心，况浊世凡愚，烦
> 恼垢重，心猿未锁，欲马难调，舍此他求，终无出路。请寻大小《弥
> 陀经》、《十六观经》、《往生论》、《十疑论》等诸文，详究圣言，必生
> 深信矣。[68]

实际上，道宣的原文并未明言佛像为阿弥陀佛，"净刹"也不必特指西
方净土，但元照将其不容置疑地认定为西方阿弥陀佛。[69] 虽然元照
此时皈心未久，对净土的认识水平不超出《净土十疑论》的范围，但敬
信之心已昭昭可见。另外，元照在其他律学著作中亦宣扬净土信仰，如
《济缘记》卷三："然而浊世障深，惯习难断，初心怯懦，容退菩提，故须
期生弥陀净土。"[70]正是由于元照的大力提倡，律宗教育方由单一的
律学授受转为律净双弘。[71]

其次，律净双弘的传统并未随着元照的往生而断裂，而是通过其弟
子辈的传承而延续下去。除了前文提到的用钦和行诜，慧亨、覃悦等人
都是律净兼修。元照五世法孙铁翁守一，在其所撰《律宗会元》、《终南
家业》中，仍然大谈净土观法，知乃祖家法百年后仍维持不坠也。另
外，元照的净土思想还通过入宋学律的俊芿传入日本，对日本净土教影
响深远。[72]

从净土教史的角度来看，律宗教育的此种转向虽然促进了律净合

---

[68]《大正藏》，第40册，第411页b栏。

[69] [日]佐藤成顺著：《宋代仏教の研究——元照の净土教》，东京：山喜房佛书林，
　　 2001，第237页。

[70]《卍新纂续藏经》，第41册，第260页c栏。

[71] 律宗教育的此种转向，已有学者论及，但由于并非研究主题，故未展开，见杜钢《中
　　 国佛教净土宗教育研究》，华东师范大学博士后出站报告，2007，第114—115页。

[72] [日]福岛光哉著：《宋代天台净土教の研究》，京都：文荣堂书店，1995，第161页。

流,但在"诸宗归净"的大潮中只能算是一朵小小的浪花;然而就律宗史而言,元照为律学教育注入了新的思想和内容,不仅扩大了本宗的影响,而且客观上延续了宗派生命。宋代以降,随着世俗生活的侵蚀和禅门清规的一统天下,单纯的戒律已难以维系律宗的生存。但戒律的种子始终沉潜于经声佛号的念诵中,为律宗保存着一息法脉,否则,明末千华派以及弘一大师的戒律复兴,也许根本就不会出现。[73]

---

[73] 当然,"引净入律"也是一把双刃剑,净土在保存戒律精神的同时也挤占了律宗仪轨和传统生活方式的生存空间。由于净土具有惊人的涵摄力,故即使禅宗、天台在与之合流的过程中也逃不开沦为附庸的命运。元照的举措虽然当时对律宗的发展起到了促进作用,但后世再未出现能平衡戒、净的律师,致使律宗被遮蔽和淹没,这是"律净合流"的另一面。

鸠摩罗什研究

鸠摩罗什的即心净土思想及其对禅净两宗的影响

宗　柱（中国佛学院普陀山学院）

【内容摘要】　鸠摩罗什于 436 年译出《维摩诘经》，随译随讲。他对《维摩诘经》即心净土的理解，形成了他的即心净土观，对其当世净土宗的极乐净土信仰有一定的消解作用，和后世禅宗唯心净土观的形成，也产生了影响。

【关键词】鸠摩罗什　即心净土　唯心净土　极乐净土

鸠摩罗什法师，其学说如前人所论，"最重《般若》三论（或四论）之学"，[1]"主毕竟空。"[2]他在中土的德业，以译经为主，文字著述不多。在他有限的著述中，有关净土的论述更加稀少。其净土思想，集中在对《维摩诘经》净土的理解。

《维摩诘经》是中土流通甚广的一部经典，除其本身义理的高妙之外，罗什的翻译功不可没。《维摩诘经》在中土前后有七译，罗什之前，已经有五次翻译，由于先前的译本存在诸多的不足，尤其是"理滞于文"，[3]所以罗什对其进行了重译。罗什边译边讲，弟子僧肇"时预听

［1］汤用彤《汉魏两晋南北朝佛教史》，北京大学出版社，2011 年版，第 175 页
［2］同上，第 176 页。
［3］僧肇《注维摩诘经序》，《大正藏》第 38 册，第 337 页中。

次",[4]加以记录,又按照自己的理解为之作注。罗什的口述、僧肇的注解,以及后来同为罗什弟子道生的注,杂糅一起,就形成了现在所见的《注维摩诘经》,这体现了长安译场对《维摩诘经》的理解。

《维摩诘经》对佛国净土,有很大篇幅的论述,其心净土净的即心净土思想,对中土特别是禅宗的影响很大。出于理论建设的不可回避,罗什也阐明了自己的看法,他的这些观点,在当时及身后对禅净两宗产生了或显或隐的影响。具体言之,罗什的即心净土观,相对于以后禅宗唯心净土思想的形成,可谓发了先声;对净土宗极乐净土的信仰,起了消解的作用,致使其生前的长安译场,净土信仰沉寂。传统中土佛教的各宗派,从修行的法门上说,主要是禅宗和净土。禅宗的净土观是唯心净土,净土宗的归宿是极乐净土,而罗什的即心净土观,对这两种净土观都产生了影响。

一、《维摩诘经》的即心净土

《维摩诘经》中阐明净土的地方,主要在第一《佛国品》,是品集中表述了对净土的看法。

《佛国品》或者说本经的缘起是,佛在毗耶离的菴罗树园,当时有一位宝积长者子,向佛请问菩萨如何修行净土之行,净化国土,缘熟成佛。释尊于是为他说了净佛国土的原理,总结主要有三点。

其一,从发心的角度,指明了建立净土的基点所在:"众生之类是菩萨佛土。"[5]这是因为菩萨建立佛土,最终还是为了摄受众生,饶益众生,如果离开众生,菩萨成佛和建立佛土,都没有任何意义。

其二,从实践的角度,提出了菩萨庄严净土之行的具体科目。如

---

[4] 僧肇《注维摩诘经序》,《大正藏》第38册,第337页中。
[5] 《维摩诘所说经》卷上,第538页上。

"直心是菩萨净土,菩萨成佛时,不谄众生来生其国",[6]还有深心、大乘心、布施、持戒、忍辱、精进、禅定、智慧、四无量心、四摄法、方便、三十七道品、回向心、说除八难、自守戒行不说彼阙、十善等,一共十七种净行。

其三,从修证的次第,列出了修行的十三个阶段:

> 菩萨随其直心,则能发行;随其发行,则得深心;随其深心,则意调伏;随意调伏,则如说行;随如说行,则能回向;随其回向,则有方便;随其方便,则成就众生;随成就众生,则佛土净;随佛土净,则说法净;随说法净,则智慧净;随智慧净,则其心净;随其心净,则一切功德净。是故,宝积!若菩萨欲得净土,当净其心,随其心净,则佛土净。[7]

其中,最后一句"欲得净土,当净其心,随其心净,则佛土净"阐明了即心净土的观点,可以说是点睛之笔,也是此品的关钥所在。

释尊宣说之后,在场的舍利弗于是产生怀疑,现在所见娑婆国土,土石坑坎,荆棘遍地,秽恶充满,难道是佛为菩萨的时候,心不清净吗?释尊知道他的心念,于是告诉他,我的国土清静,只是你有业障,所以看不见。这时候,螺髻天王对舍利弗汇报自己的心得,我看到释迦牟尼佛的国土清静,就像自在天宫。仁者心有高下,所以看不见佛的净土,如果存心平等,则能得见。释尊为了证明给舍利弗看,于是以足指按地,当下三千大千世界众宝庄严。释尊说,我的国土常自这样清静,只是为了度化下劣根机的人,才示现众恶充满的不净国土。

二、罗什的即心净土观

罗什对《维摩诘经·佛国品》的即心净土,有自己独特的诠释,他

---

[6]《维摩诘所说经》卷上,第538页中。
[7]《维摩诘所说经》卷上,第538页中—下。

有关净土的观点受到后人的关注而产生影响，主要是在对这一品的一些注解上。其说大要有三。

其一，佛一庄严报土，众生所见各异。在经文螺髻天王向舍利弗说，自己所见的佛土，就像自在天宫一样清静这一段下，罗什注说，螺髻天王所见的净土，还不是释迦牟尼佛净土的真实相状，释迦佛的净土是在下文足指按地后，所现的样子："下言譬如宝庄严佛国，始是释迦真报应净国。"[8]那么，为什么众宝庄严的佛土，螺髻天王看到的只是像自在天宫呢？罗什说：

> 佛土清净，阶降不同。或如四天，乃至如六天，或如梵天，乃至如净居，或有过净居天。过净居天者，唯补处菩萨生此国也。……螺髻所见如自在天宫者，复是其所应见耳，而未尽其净也。[9]

这是因为螺髻天王内心清静的程度有限，所见的佛土清静程度也就有限，他只能看到相当于自己水平的样子，像自己所住的天宫。同样的道理，四天王天的天人，看到的像四天王天的天宫，梵天看到的像梵天的天宫，五净居天的三果圣人，看到的如五净居天的样子。所以佛的国土，虽然是至极清静庄严的，到了不同的众生所见，由于他们内心清静的程度不一，就呈现不同的样子。这完全符合经文"随其心净，则佛土净"的思想内涵。

其二，净秽同在一处，净土就在此世界。同段注下，罗什说："净国即在此世界，如《法华经·寿量品》中说。"[10]《法华经·寿量品》中，释迦牟尼佛开近显远，告诉我们一个真相。一般人认为释迦牟尼佛是今生出家，于伽耶城新近成佛的，实不知他是久远劫前就已经成佛的古佛，今生成佛只是示现。一般人认为，释迦牟尼佛这一期的寿命结束

---

[8]《注维摩诘经》卷一，《大正藏》第38册，第337页下。

[9] 同上。

[10] 同上。

后,就入涅槃了,殊不知佛并没有灭度,还在灵山说法。乃至劫末的时候,大三灾来临,劫火焚烧整个器世界尽,佛的净土清静安隐,还在此世间,不会被烧毁。"众生见劫尽,大火所烧时,我此土安隐,天人常充满。"[11]被烧毁的,只是众生业报所现的秽土,烧秽不烧净。由此罗什肯定了秽土的存在,认为净土和秽土并行存在着。"此净秽同处,而不相杂。"[12]

其三,佛能为众生,示现净秽不同的国土。佛足指按地示现净土后,告诉舍利弗,我的国土恒常清静,现在娑婆世界众恶不净,都是佛为了度化根机下劣的人所示现的。此段下,罗什注说:

> 若随其罪福自致净秽者,非示之谓也。而言示之者,有示义也。诸佛能为众生现净而隐不净,现净而隐不净,则无益众生。任而不隐,义示同也。[13]

意为,既然是佛的示现,就不是根据众生的罪过和福报自得的,而是佛所展示给大家的。所谓示,有示现的意思。当然佛可以光为众生显现净土,而将秽土隐藏,但这样对众生并没有利益。就像一个田舍翁,让他居住在富丽堂皇的皇宫中,生活条件固然很好,但他会感觉很不自在,住得不习惯,他还是习惯住乡下的农村小院。所以佛就对劣等根机、内心不净的人,示现秽土。当然,佛种种示现,也不是随心所欲,率意而为,而是根据众生的内心清静与否而现的。即如罗什在前一句的注说:"称适众心,故现国不同。"[14]这样一来,所谓的现土不同,就不完全是佛一边的意思了,还有众生作用的成分,这又回到第一条所表明的,众生所见的土各异,与自己内心是否清静,清静程度高低的状态有关。

---

[11]《妙法莲华经》卷五,《大正藏》第9册,第43页下。
[12]《注维摩诘经》卷一,第337页下。
[13] 同上,第338页中。
[14]《注维摩诘经》卷一,《大正藏》第38册,第337页下

　　罗什的净土观,受到了后世义学界的重视和关注。隋朝净影寺慧远,在其《大乘义章》中申述罗什的净土思想为:"什公所立:诸佛有土,众生全无,但佛随化,现土不同。"[15] 这是针对罗什净土观的第三条,佛土是佛所示现而言。唐吉藏在《法华玄论》中评论说:"什公得于迹土,失于本土。"[16] 这是针对罗什净土观的第一条,说释迦牟尼佛的净土,是众宝严饰而说的。从佛的法报化三身来说,法身无相,没有有形的土可言,报化二身有相,有有形的土可依。法身为本,报身和化身为迹。所以罗什所说的净土,是迹土,不是本土。

三、罗什即心净土观对禅净两宗的影响

(一)对禅宗唯心净土观的影响

　　《维摩诘经》中的很多理念,对后世禅宗产生了深远的影响。经中出世与入世不二的法门,一切烦恼都是佛种的思想,心净则佛土净的净土观等,为禅宗所吸收,成为其丰富的思想资源。

　　四祖道信禅师,在有人向他请教,用不用求生西方的时候,这样回答:

　　　　若知心本来不生不灭,究竟清静,即是净佛国土,更不须向西方。……佛为钝根众生,令向西方,不为利根人说也。[17]

　　将净土归结为净心。答语虽然没有说明他说这番话的依据所在,但看其句中的关键是"知心……清静,即是净佛国土"一语,这与《维摩诘经》"随其心净,则佛土净"的表述,非常的相似。可以推测他的思想

---

[15] 慧远《大乘义章》卷十九,《大正藏》第44册,第837页上
[16] 吉藏《法华玄论》卷九,《大正藏》第34册,第442页上
[17] 净觉《楞伽师资记》,《大正藏》第85册,第1287页下

来源,是《维摩诘经》的净土观。

六祖慧能大师与韦刺史的一段对话,表明了他的净土观。他的净土观,也是承自《维摩诘经》即心净土的。

《坛经·决疑品》,韦刺史向六祖请问了一个问题,弟子经常看到有僧俗众念阿弥陀佛,发愿往生西方净土,请和尚为解答,这些人能往生吗? 六祖的回答是:

> 迷人念佛求生于彼,悟人自净其心。所以佛言,随其心净即佛土净。……凡愚不了自性,不识身中净土,愿东愿西,悟人在处一般。所以佛言,随所住处恒安乐。[18]

六祖的回答,直接引用了《维摩诘经》的经典命题,认为随其心净则佛土清静,那么对觉悟的人来说,只要自净内心就行了,他将《维摩诘经》的即心净土,归结为净心净意。并进一步表明了他对求生西方的态度,这是迷惑的人所行的事。可见,他虽然没有否定有西方净土,但是并不推崇往生西方净土。

六祖的答语,展示了祖师禅处处指归心性,注重内心求证的特色。他对阿弥陀佛和西方净土的解释,都是从回归自性的角度说的,认为我们自性当中就有西方净土,就有阿弥陀佛,只要内心平等正直,就是阿弥陀佛,内心清静,就是西方净土。"平直即弥陀。……但心清净,即是自性西方。"[19]既然一切法不离自心,只要向自性中去求就行了,不必舍近求远:"若悟无生顿法,见西方只在刹那。不悟念佛求生,路遥如何得达?"[20]净心净意的净土观,连带发展为迷悟论,提倡心性的悟证。

六祖的这种态度,直接为禅宗后来的净土观定了调。他对阿弥陀

---

[18]《六祖大师法宝坛经》,《大正藏》第48册,第352页上。
[19]《六祖大师法宝坛经》,第352页中。
[20] 同上。

佛和西方净土汇归自性和内心的诠解，发展到后来，形成了禅宗自性弥陀、唯心净土的思想。

稍后于六祖，唐朝的华严学者李通玄，在其《新华严经论》中，将诸多经典中的净土分为十类，其第九为唯心净土，并且引用《维摩诘经》心净土净一句为例证，认为《维摩诘经》净土，是唯心净土的代表。这是已知文献中，最早提出唯心净土这一概念的。到宋朝，谈唯心净土的就多了。与即心即佛的心性论结合，禅宗形成了独特的自性弥陀、唯心净土的佛土观。虽然其他宗派也有讲自性弥陀和唯心净土的，但是禅宗的大德讲得最多，禅宗几乎成了这种说法的代言人。除了一些出入禅净两宗的大德，如五代宋永明延寿，北宋天衣义怀等，他们融通禅净两家，一方面也提倡唯心净土，但同时也不排斥事相上往生西方，对西方净土的态度依然是正面的。而纯粹的禅门中人，对极乐净土的兴趣则并不高，评价也不高。如南宋临济宗的大慧宗杲，在为《龙舒净土文》作的序中说："若见自性之弥陀，即了唯心之净土。未能如是，则虚中为此文功不唐捐矣。"[21] 相对于唯心净土，他对极乐净土的评价是有所贬抑的。甚至有的学禅之人，直接以唯心净土否定有极乐净土的存在。如南宋王龙舒的《龙舒净土文》，介绍了当时的一些情形："世有专于参禅者云：惟心净土，岂复更有净土，自性弥陀，不必更见弥陀。"[22] 当然，这是禅宗的末流，不足论。

禅宗唯心净土观的基本观点，是认为净土就在自心，就在这个世界，并不需要离开此世界，另外往生彼岸世界。这跟罗什即心净土观的第二点——净土即在此世界——是一脉相承的。毫无疑问，罗什所译的《维摩诘经》及罗什在是经注中所透露的即心净土观，对禅宗的唯心净土观具有相当的影响。

---

[21] 宗晓《乐邦文类》卷二，《大正藏》第47册，第172页下。
[22] 《龙舒净土文》卷一，《大正藏》第47册，255页下。

通过以上对禅宗唯心净土观形成脉络的考察,我们可以发现,其思想的来源应该是《维摩诘经》的即心净土观。虽然其他经典也有讲即心净土,但是《维摩诘经》讲的最详尽、最典型,影响也最大。罗什的即心净土观,是依附于《维摩诘经》的。虽然没有直接证据显示,禅宗的大德引用了罗什的观点,与其思想形成有直接的联系。然而鉴于《维摩诘经》对禅宗的深远影响,和罗什在中国佛教史上的地位,以及他的注解曾经被隋唐义学界的大德普遍关注的事实,他的即心净土观,对禅宗净土观的影响应该是毋庸多言的。

(二)对净土宗极乐净土信仰的影响

鸠摩罗什于401年十二月,从凉州到达长安,开启了他的中土弘法之旅。第二年二月八日,他翻译出了《阿弥陀经》,这是专讲极乐净土的经典,在他后来译出的《大智度论》和《十住毗婆沙论》等典籍中,也有带说极乐净土和赞说念阿弥陀佛的。然而他在世的时候,整个长安僧团,西方净土的信仰却是一片沉寂。号称有三千弟子的庞大译场,史料有载确切有弥陀净土信仰的,只有僧睿一人[23]。

而在同时代的南方佛教中心,庐山东林寺,慧远大师于402年七月,率领一百二十三人,启建念佛社,共同发愿往生西方。此后同仁们并作诗唱和,结集为《念佛三昧诗集》,盛况一时空前。慧远大师的高足刘遗民居上,与罗什上首弟子僧肇,过从甚密,多有书信往来。慧远大师的念佛三昧诗和为诗集作的序,以及刘遗民的念佛三昧诗,在刘遗民致僧肇的信中,也附带寄上,僧肇应该是拜读过的。而且相信,以当时庐山和长安两大僧团的友好关系,以及人员不断往来的密切程度,庐

---

[23]《东林十八高贤传》载有昙顺,自幼出家从罗什受学,但他修习净业,是后来到庐山师从慧远大师后的事。又如道生。著有唱《佛无净土论》,其履历,先是在庐山止住七年,后方游历长安从罗什受学,最后又回到南方,终老庐山。即使道生有弥陀净土信仰,其因缘当是受在庐山,非在长安从罗什处。

山结社念佛如火如荼的盛况,整个长安僧团应该会有所闻,但事实上似乎对后者影响不大。长安僧团净土信仰不振的原因,作为僧团领袖人物鸠摩罗什对净土的态度,应该起了重要甚至是关键的作用。

鸠摩罗什作为长安僧团的佛法导师,他的一举一动,信仰上的偏向,相关的佛学观点,乃至修持上偏重什么法门等,都对身边的人产生重大影响。净土法门是从有门入手,罗什奉持的中观学说主张毕竟空。净土法门认为,娑婆此土是五浊恶世,是秽土,要舍秽取净,往生彼岸极乐净土,才能离苦得乐。罗什的即心净土观,认为净土就在此岸世界,直接消解了往生他方净土的动力。当然,罗什所说的此岸世界的净土,是释迦牟尼佛的净土,也没有否定西方净土。但是既然此岸就有净土,为什么要舍此别求,去求取他方净土呢? 而且心清净土才能清静,所以修行的当务之急是净心,强调当下的心性修养,关注现实的生活世界,而不是像净土宗那样,孜孜于感应佛力急务,往生,关注来世净土的彼岸世界。

由此,我们可以说,罗什的净土观,是造成他生前长安僧团净土法门不能盛行的原因之一。这种影响,应该是显在的。

鸠摩罗什所倡"念佛三昧"与
道信"一行三昧"之比较[1]

白　冰(西北大学)

【内容摘要】　鸠摩罗什所倡五禅观之"念佛三昧"取代了小乘的界分别观,从观想十方诸佛入手,以大悲心拯济一切众生,从而求得佛道,体现了大乘佛教的精神。道信"一行三昧"为念佛法门,是早期禅宗的主要禅法,鸠摩罗什所倡"念佛三昧"尚未达到"一行三昧"直指心源的理论高度。这是因为五禅观之"念佛三昧"还没有受到如来藏思想的影响。从小乘五门禅,菩萨五门禅,道信"一行三昧",至慧能的顿悟成佛,禅法经历了由小乘到大乘,由五门禅到一门禅(即"念佛三昧"),由渐法到顿法,由般若到与如来藏相结合的发展过程。禅法自汉代传入至唐代,逐渐形成了中国独有的特色,"念佛三昧"的发展为禅宗的形成奠定了理论和修持上的基础。

【关键词】鸠摩罗什　道信　念佛三昧　一行三昧

汉朝时期,安世高为佛教初期传入的译者,其所译禅籍多为小乘禅,包括《佛说大安般守意经》一卷、《阴持入经》一卷、《地道经》二卷、

---

[1]　本文为教育部课题"南北朝禅学研究"、西北大学课题"鸠摩罗什所译《坐禅三昧经》等禅法经典研究 13NW03"阶段性研究成果。

《阿毘昙五法行经》一卷、《禅行法想经》一卷等。

魏晋南北朝时期,禅法经典众多。姚秦鸠摩罗什所译禅经有《坐禅三昧经》二卷、《禅法要解》二卷、《思惟略要法》一卷及《禅秘要法》三卷等。其他的禅法经典还有东晋佛陀跋陀罗译《佛说观佛三昧海经》十卷、《达摩多罗禅经》二卷,刘宋昙摩蜜多译《五门禅经要用法》一卷等。鸠摩罗什、佛陀跋陀罗等所译禅籍多为大乘禅。

《坐禅三昧经》为鸠摩罗什所译,学界并无异议,但对《禅秘法要》的译者是否为罗什尚有歧义。因此,关于《坐禅三昧经》的考辨,就不再为研究范围之列。此经中的禅法思想为五禅观,兼具大小乘的思想。禅经译出后,五禅观的思想在南北朝广为流传,直接影响了后世的天台宗、禅宗和净土宗等宗派的修持方法。早期禅宗[2]的禅法以道信、弘忍所创"东山法门"的"一行三昧"为代表。罗什所倡"念佛三昧"与道信的"一行三昧"有何异同,是我们了解禅法在中国发展的契入点。进而从禅法的角度,分析禅宗的形成和发展,更有利于我们了解佛教中国化的进路。

一、修行主体不同

《坐禅三昧经》中对修行主体作了界定,分为等分行人、重罪人和入佛道的行者,即菩萨道行者。以修持阶段来分,又有初习行、已习行和久习行三种。"若多等分人念佛法门治,诸如是等种种病,种种法门治。"[3]"第五法门治等分行,及重罪人求索佛。如是人等,当教一心

---

[2] 禅宗最早起源于楞伽师,以修习《楞伽经》为主。学界对于禅宗的创立有所分歧,我们暂取慧能创立禅宗的观点,从菩提达摩至中国开始,至慧能大弘禅宗为止,称为早期禅宗。

[3] (姚秦)鸠摩罗什译《坐禅三昧经》卷上,《大正藏》第15册,第271页下。

念佛三昧。念佛三昧有三种人,或初习行,或已习行,或久习行。"[4]

但是禅经最先说对于破重戒,重罪的人是不在此生修行主体之列的。"学禅之人初至师所,师应问言:汝持戒净不? 非重罪恶邪不? 若言五众戒净,无重罪恶邪,次教道法。若言破戒,应重问言:汝破何戒? 若言重戒,师言如人被截耳鼻,不须照镜。汝且还去,精懃诵经,劝化作福,可种后世道法因缘,此生永弃。譬如枯树,虽加溉灌不生华叶及其果实。若破余戒,是时应教如法忏悔。"[5]重罪人学禅此生永弃,后面又说重罪人可修念佛三昧,看似矛盾的说法并不矛盾。禅经并没有否认重罪人不可修禅法,通过精懃诵经,劝化作福,种后世道法因缘即可。

何谓等分行,《显扬圣教论》说:"等分行,谓于前世不习上品贪欲瞋痴,设有习者,复已修习彼对治法。是因缘故;于此生中,逢可爱等三种境界;随境品类,起贪瞋痴三种缠惑。非难离,非易离;非难厌,非易厌。于修善法,不迟不速。"[6]律说轻罪可由忏悔羯磨法而得净治,四重五逆等重罪(波罗夷罪)则不可用忏悔法。但大乘经典中,则谓重罪也可依忏悔法而灭除。念佛为忏悔的方法,"佛有无量功德,念佛无量功德故,得灭无量罪也。"[7]

等分行者是没有发菩提心、大悲意和大誓愿的人。《华严经》说:"等分行者为其显示殊胜法门,为欲令其发菩提心,称扬一切诸佛功德。为欲令其起大悲意,显示生死无量苦恼。为欲令其增长功德,赞叹修集无量福智。为欲令其发大誓愿,称赞调伏一切众生。"[8]

---

[4]《坐禅三昧经》卷上,第276页上。

[5]《坐禅三昧经》卷上,第270页下、上。

[6](唐)玄奘译《显扬圣教论》卷3,《大正藏》第31册,第494页下。

[7](隋)吉藏撰《观无量寿经义疏》,《大正藏》第37册,第242页下。

[8](唐)实叉难陀译《大方广佛华严经卷》第66,《大正藏》第10册,第354页下。

　　《坐禅三昧经》五禅观中以"念佛三昧"代替"界分别观"，[9]此法门能让六道众生不再受苦毒。"若心不住，师当教言，汝当责心，由汝受罪不可称计，无际生死，种种苦恼，无不更受。若在地狱，吞饮洋铜食烧铁丸。若在畜生，食粪噉（同"啖"）草。若在饿鬼，受饥饿苦。若在人中，贫穷困厄。若在天上，失欲忧恼。常随汝故，令我受此种种身恼、心恼、无量苦恼。今当制汝，汝当随我。我今系汝一处，我终不复为汝所困更受苦毒也。"[10]

　　禅经中又提到行者一词，"若行者求佛道，入禅先当系心专念十方三世诸佛生身[11]……常念佛身相如是，行者便得十方三世诸佛，悉在心目前，一切悉见三昧。"[12]此处念佛行者，为行菩萨道的行者。《禅经》中说，以修持阶段来分，又有初习行、已习行和久习行三种。对于重罪之人，行者应为久习行之人了。

　　道信的"一行三昧"思想，主要来自于《文殊说般若经》，其修持主体为善男子、善女人。《文殊说般若经》说："善男子、善女人，欲入一行三昧，应处空闲，舍诸乱意，不取相貌，系心一佛，专称名字。随佛方所，端身正向，能于一佛念念相续，即是念中，能见过去、未来、现在诸佛。"[13]经典中对在家的信男、信女，每用善男子、善女人之称呼。"善"，系对信佛、闻法、行善业者之美称。从佛经翻译来看，最早出现善男子这一称谓的为吴康僧会译《旧杂譬喻经》卷上，为优婆塞，持五戒之男子。大乘佛经出现之后，善男子所指为"发心"（发求受耨多罗

---

[9] 界分别观，又作界方便观、析界观、分析观、无我观。乃观想十八界之诸法悉由地、水、火、风、空、识所和合，以对治我执之障。外道于身心常执为我而起我执，故于地、水、火、风、空、识六界起因缘假和合之分别，若观无我，则能对治我执。此观为圣道之方便，故称界方便观。

[10]《坐禅三昧经》卷下，第276页上。

[11] 即托于父母所生而具足三十二相之佛身，与"法身"相对。

[12]《坐禅三昧经》卷下，第281页上、中。

[13]（梁）释曼陀罗仙译《文殊师利所说摩诃般若波罗蜜经》，《大正藏》第08册，第731页中。

三藐三菩提之心）的因位菩萨了。大乘佛典呼菩萨时，多称善男子，呼比丘时，多呼其名。《大智度论》说："菩萨初发心，缘无上道。我当作佛，是名菩提心。"[14] 凡依大乘佛教教义，决心实践成佛道路的人就是菩萨。

善男子、善女人念佛的益处不仅功德无量无边，而且能成正觉。"善男子、善女人欲入一行三昧……能于一佛念念相续，即是念中。能见过去未来现在诸佛。何以故？念一佛功德无量无边，亦与无量诸佛功德无二。不思议佛法等分别，皆乘一如，成最正觉。悉具无量功德，无量辨才……施为举动，皆是菩提。"[15]

从念佛的功德来说，五禅观之"念佛三昧"针对的是等分行和重罪之人，"念佛三昧"可灭除重罪，而且通过长久的习行，行者以菩萨念佛三昧得入佛道。"一行三昧"的修持者，善男子、善女人是信佛、闻法、行善业之人，念一佛功德无量无边，亦与无量诸佛功德无二，但这种功德实质是落到心性的觉悟上。

从修持所依佛理来说，"念佛三昧"的主体为重罪人，先除灭重罪，再行菩萨道，以般若智观"像亦不来，我亦不往"，[16]"心得自在意，不驰散，是时得成念佛三昧。"[17]"何况念佛得诸三昧，智慧成佛。"[18]但到了一行三昧的时候，如来藏思想已经为中国佛教的重要特质了，由因位菩萨而修，直接从心性上来念佛。

从中，我们看出五禅门之"念佛三昧"发展到"一行三昧"修持主体的不同，等分行人、重罪之人与善男子、善女子的重要区别在于念佛之初时，是否发菩提心，而不是以后的回小向大。

---

[14]（姚秦）鸠摩罗什译《大智度论》卷40，《大正藏》第25册，第362页下。

[15]（唐）净觉撰《楞伽师资记》，《大正藏》第85册，第1286页下、1287页上。

[16]《坐禅三昧经》卷上，第276页上。

[17] 同上，第277页上。

[18] 同上，第277页中。

二、修持过程不同

等分行人、重罪人的"念佛三昧",经久习至菩萨念佛三昧。首先,要有一个佛像场所,观佛之相,再以心意不转,系念在像,不令他念,从心念上摄佛之像。"第五法门治等分行,及重罪人求索佛。如是人等,当教一心念佛三昧。念佛三昧有三种人,或初习行,或已习行,或久习行。若初习行人,将至佛像所,或教令自往谛观佛像相好,相相明了。一心取持,还至静处,心眼观佛像。令意不转,系念在像,不令他念。"[19]

我今系汝一处,我终不复为汝所困,更受苦毒也。汝常困我,我今要当以事困汝,如是不已,心不散乱。是时便得心眼见佛像相光明,如眼所见无有异也。如是心住,是名初习行者思惟。是时当更念言,是谁像相,则是过去释迦牟尼佛像相。如我今见佛形像,像亦不来,我亦不往。如是心想,见过去佛。初降神时,震动天地,有三十二相大人相。[20]

专心念佛不令外念,外念诸缘,摄之令,如是不乱。是时便得见一佛,二佛,乃至十方无量世界诸佛色身。以心想故,皆得见之。既得见佛,又闻说法言,或自请问。佛为说法,解诸疑网。既得佛念,当复念佛功德法身。[21]

尔时复念二佛神德,三四五佛,乃至无量尽虚空界皆悉如是。复还见一佛,能见一佛,作十方佛。能见十方佛,作一佛。能令一色作金银水精毘琉璃色,随人意乐,悉令见之。尔时惟观二事,虚

---

[19]《坐禅三昧经》卷上,第 276 页上。
[20] 同上,第 276 页上。
[21] 同上,第 277 页上。

空佛身及佛功德,更无异念。心得自在,意不驰散,是时得成念佛三昧。[22]

何况念佛得诸三昧,智慧成佛,而不专念。是故行者,常当专心,令意不散。既得见佛,请质所疑,是名念佛三昧,除灭等分及余重罪。[23]

上述引文表明"念佛三昧"的修持次第为:

念佛三昧→灭罪→智慧成佛
等分行人、重罪人→谛观佛像→三十二相大人相→诸佛色身→佛功德→心得自在意不驰散→得成念佛三昧→除灭等分及余重罪→智慧成佛

"念佛三昧"对治的等分人和重罪之人,目的是除罪。如果进一步求佛道,就是行者的菩萨念佛三昧了。《禅经》下卷说:

若行者求佛道,入禅先当系心专念十方三世诸佛生身。……但念诸佛生身,处在虚空。譬如大海清水中央金山王须弥,如夜闇中然大火,如大施祠中七宝幢。佛身如是,有三十二相,八十种好。常出无量清净光明,于虚空相青色中,常念佛身相如是,行者便得十方三世诸佛,悉在心目前,一切悉见三昧。若心余处缘还摄令住念在佛身,是时便见东方三百千万千万亿种无量诸佛。……当念佛种种无量功德,一切智一切解一切见一切德,得大慈大悲自在。……以大悲心,我当拯济一切众生,令得佛道度生死岸。以佛种种功德法味悉令饱满,一切佛法愿悉得之。闻诵持问观行得果为作阶梯,立大要誓被三愿铠:"外破魔众","内击结贼","直入不回",如是三愿,比无量诸愿,愿皆住之,为度众生得佛道故,如是念,如是愿,是为菩萨念佛三昧。[24]

菩萨念佛三昧的次第为:

---

[22]《坐禅三昧经》卷上,第 277 页上。
[23] 同上,第 277 页中。
[24]《坐禅三昧经》卷下,第 281 页上、中。

菩萨念佛三昧
行者求佛道→念十方三世诸佛生身→三十二相八十种好→念佛种种无量功德→大慈大悲自在→以大悲心拯济众生→佛道度生死岸→菩萨念佛三昧

等分行、重罪之人初习行时,是观想佛像,而菩萨行者是念十方三世诸佛生身,念诸佛生身处在虚空,常念佛身相如是。由此,十方三世诸佛悉在心目前,一切悉见三昧。吕澂先生在《中国佛学源流略讲》中指出:"般若的实践也是针对小乘讲的,小乘讲禅为十念,大乘则讲般舟(念佛)三昧与首楞严(健行)三昧;前者是借助于智慧,专心念佛,可以使佛现前,小乘则不承认有佛的形象呈现。后者是健步如飞之意,得到这种禅定,可以给成佛的行动增加力量,使追求的目标,更易于实现。"[25] 五门禅之"念佛三昧"大乘的特点在于:承认佛现前和以大悲心拯济众生。

道信"一行三昧"分"事一行三昧"和"理一行三昧"。"事一行三昧"专称名号,从现实心念佛、观想佛。"善男子、善女人欲入一行三昧,应处空闲,舍诸乱意,不取相貌,系心一佛,专称名字,随佛方便所,端身正向,能于一佛念念相续,即是念中。能见过去未来现在诸佛。何以故?念一佛功德无量无边,亦与无量诸佛功德无二。不思议佛法等分别,皆乘一如,成最正觉。悉具无量功德,无量辨才,如是入一行三昧者,尽知恒沙诸佛法界无差别相,夫身心方寸,举足下足,常在道场,施为举动,皆是菩提。"[26]

"理一行三昧",说明法界平等无差别的道理。《文殊说般若经》说:"文殊师利言:'世尊,云何名一行三昧?'佛:'法界一相,系缘法界,是名一行三昧。如法界缘不退不坏,不思议无碍无相……尽知恒沙诸佛法界无差别相。'"[27]

---

[25] 吕澂《中国佛学源流略讲》,中华书局,1979 年,第 29 页。

[26] 净觉《楞伽师资记》,《大正藏》第 85 册,第 1286 页下、1287 页上。

[27]《楞伽师资记》,第 1286 页下、1287 页上。

对于一般修持者而言,是从现实心念佛、观想佛,进而观法界实相,悟空寂之理,这是从"事一行三昧"到"理一行三昧"。而对于利根之人,则从现实心直接观法界实相,顿见佛道,即能达到"亦不念佛,亦不捉心"[28]的境界。

> 云何能得悟解法相,心得明净? 信曰:亦不念佛,亦不捉心,亦不看心,亦不计心,亦不思惟,亦不观行,亦不散乱,直任运,亦不令去,亦不令住,独一清净。究竟处心自明净,或可谛看,心即得明净,心如明镜。或可一年,心更明净。或可三五年,心更明净。或可因人为说,即悟解。或可永不须说得解。经道:众生心性,譬如宝珠没水,水浊珠隐,水清珠显。[29]

事、理一行三昧之分,解释了"系心一佛,专称名字"与"亦不念佛,亦不捉心"两种看似矛盾的说法,其实是所指不同而已。"亦不念佛,亦不捉心,亦不看心"是已经见道,这是就"顿悟"或者是先通过渐修之后"见道"而说的。对于未见性的人,是根本做不到"亦不捉心"的这种境界,但后文又说,"或可一年,心更明净,或可三五年,心更明净"这种说法又明显是渐修的方法,不过修持实际上分为"见道"与"修道"两个过程[30]。此处渐修说的是修道,讲的是保持"心性明净"的过程,"心即得明净,心如明镜,或可一年"这就要看修持者长时间的功夫了。非利根者,从现实心到念佛,到观想佛,最后悟空寂之理,从而心得明净。利根之人,从现实心直接悟空寂之理,少去了中间的观想过程。对于道信所说的"心"如何更深一步的理解呢? 下面来看两段文献:

> 亦不念佛,亦不捉心,亦不看心,亦不计心,亦不思惟,亦不观行,亦不散乱,直任运。[31]

---

[28]《楞伽师资记》,第 1287 页中。

[29] 同上。

[30] "见道"是通过渐修而悟或顿悟达到的,但之后仍有修道的过程。

[31]《入道安心要方便法门》,收录于《楞伽师资记》,《大正藏》第 85 册,第 1287 页中。

即看此等心是如来真实法性之身,亦名正法,亦名佛性,亦名诸法实性实际,亦名净土,亦名菩提金刚三昧本觉等,亦名涅槃界、般若等。名虽无量,皆同一体,亦无能观所观之意。[32]

"亦不捉心"的心指的是妄念,"此等心"是如来真实法性之身、正法、佛性、诸法实性、净土、菩提金刚三昧本觉等,所以这两个心的含义是不同的。道信说:"念佛心是佛,妄念是凡夫。"修持者的念佛心是从现实层面开始的,从摆脱妄念逐级深入,通过"系心一佛,专称名字",从而返回到自己的清净本心,本有的佛性,故能达到"亦不念佛,亦不捉心,亦不看心"的境界。

对于一般修持者而言,"一行三昧"的修持次第如下表:

一般修持者		
见道 (事→理)	返回清净本心	善男子、善女人→不取相貌→系心一佛,专称名字→念一佛功德无量无边→成最正觉
修道	保持清净本心	亦不念佛,亦不捉心,亦不看心→或可一年,心更明净→或可三五年,心更明净

道信所提倡的"一行三昧"是一种"念佛法门",既有观想念佛,也有实相念佛,通过"事一行三昧"而进入"理一行三昧"。在此过程中,修持者的清净本心并非完全显现,而是逐步显现,无论"一年"或"五年"后,让心"更明净","更"的区别就在于"清净本心"显现的程度。"佛言:菩萨摩诃萨当念一行三昧,常勤精进而不懈怠。如是次第渐渐修学,则能得入一行三昧。"

结合《文殊说般若经》对"一行三昧"的叙述,我们看出,首先,"理一行三昧"是见道的境界。在"理一行三昧"中,能够体知法界一相,无有差别。其次,入"一行三昧"前有一定的条件。首先要知道般若波罗蜜,依智慧入;修定的环境要空旷;修行的方法是专称佛号。最后,

---

[32]《入道安心要方便法门》,第 1287 页上。

"一行三昧"是渐修的法门。修行者应该努力精进,不能懈怠,这样才能入"一行三昧"。但是,对于凡夫来说,"入一行三昧"也并非是一件易事,道信强调"念一佛功德无量无边,亦与无量诸佛功德无二"由此而渐入,通过"念佛"的方式而"见道"。

在道信的禅法中,"念佛三昧"中以大悲心拯济众生虽然没有突出,但却被以后"东山法门"的继承者神秀,放到了四弘誓愿中,即一切菩萨于因位时,所发起的四种誓愿。在《大乘无生方便门中》,神秀谈到修禅的步骤时,特别提到发四弘誓愿,发菩提心,这里的发菩提心就是缘因佛性,是辅助正因佛性的净心成就佛果。"各各胡跪合掌,当教令发四弘誓愿:众生无边誓愿度、烦恼无边誓愿断、法门无尽誓愿学、无上佛道誓愿证,次请十方诸佛为和尚等,次请三世诸佛菩萨等,次教受三归,次问五能。"[33]

比较鸠摩罗什所倡"念佛三昧"与道信"一行三昧",从修持过程来看,有三点不同:1."念佛三昧"是通过观想佛,修习之后得菩提。而"一行三昧"是先知般若波罗蜜依智慧得入。2."念佛三昧"在佛像处,进而心念摄佛像。而"一行三昧"初修时是专称佛号。3."念佛三昧"对于等分行和重罪之人是对治惑障,久习后,行者以菩萨念佛三昧而入佛。而"一行三昧"对于一般行者而言,是通过"念佛心"的方式而"见道",渐悟成佛。

三、理论来源不同

"念佛三昧"与"一行三昧"都是念佛的修持方法,但两者之间有很大的不同,究其根源是理论来源的不同。

"念佛三昧",为支娄迦谶译出的菩萨乘禅经《般舟三昧经》和《首

---

[33]《大乘无生方便门》,《大正藏》第85册,第1273页中。

楞严三昧经》所倡导。"般舟"即念佛;"首楞严",意为健行、健步如飞;"三昧"即定。前经说借助于智慧,专心观念佛的三十二种相、八十种好,可使十方诸佛现前。后经则认为修持首楞严三昧可为成佛的行动增加力量,易于达到成佛的目标。除此以外,我们还将《坐禅三昧经》和鸠摩罗什译的《大智度论》做一个比较。

念佛三昧	《坐禅三昧经》	《大智度论》
何为念佛三昧	专心念佛,不令外念。外念诸缘摄之令还。如是不乱,是时便得见一佛二佛乃至十方无量世界诸佛色身,以心想故皆得见之。[34]	云何为念佛三昧? 答曰:念佛三昧有二种:一者,声闻法中,于一佛身心眼见满十方。二者,菩萨道于无量佛土中,念三世十方诸佛。以是故言念无量佛土诸佛三昧常现在前。[35]
得念佛三昧	尔时复念二佛神德三四五佛乃至无量尽虚空界,皆悉如是。复还见一佛,能见一佛作十方佛,能见十方佛作一佛。…虚空佛身及佛功德,更无异念。心得自在意不驰散,是时得成念佛三昧。[36]	是菩萨住是圣无漏出世间法,不共一切声闻、辟支佛,具足圣神通,住圣神通已,以天眼见东方诸佛,是人得念佛三昧。乃至阿耨多罗三藐三菩提终不断绝,南西北方四维上下亦如是。[37]
得入佛道	若行者求佛道,入禅先当系心专念十方三世诸佛生身。[38]	是菩萨念佛故,得入佛道中。[39]
除灭重罪	念佛三昧除灭等分及余重罪。[40]	是念佛三昧能除种种烦恼种种罪。[41]

[34]《坐禅三昧经》卷上,第 277 页上。

[35] 鸠摩罗什译《大智度论》卷 7,《大正藏》第 25 册,第 108、109 页上。

[36]《坐禅三昧经》卷上,《大正藏》第 15 册,第 277 页上。

[37]《大智度论》卷 87,第 672 页中。

[38]《坐禅三昧经》卷下,第 281 页上。

[39]《大智度论》卷 7,第 109 页上。

[40]《坐禅三昧经》卷上,第 277 页中。

[41]《大智度论》卷 7,第 109 上。

（续表）

念佛三昧	《坐禅三昧经》	《大智度论》
菩萨念佛三昧	以大悲心我当拯济一切众生，令得佛道度生死岸…为度众生得佛道故，如是念，如是愿，是为菩萨念佛三昧。[42]	复次念佛三昧有大福德能度众生，是诸菩萨欲度众生。诸余三昧无如此念佛三昧，福德能速灭诸罪者。[43]

通过鸠摩罗什所译《坐禅三昧经》与《大智度论》的内容比对，"念佛三昧"都能除灭重罪，见无量诸佛，依此能度众生，得入佛道。由此看出，菩萨念佛三昧的思想来自《大智度论》中的"念佛三昧"是显而易见的。

道信"一行三昧"的思想来源为《楞伽经》、《文殊说般若经》等。据净觉《楞伽师资记》说："唐朝蕲州双峯山道信禅师后，其信禅师，再敞禅门，宇内流布。有菩萨戒法一本，及制《入道安心要方便法门》。为有缘根熟者，说我此法。要依《楞伽经》，诸佛心第一。又依《文殊说般若经》，一行三昧，即念佛心是佛，妄念是凡夫。"[44]"则天大圣皇后问神秀禅师曰：所传之法，谁家宗旨？答曰：禀蕲州'东山法门'。问：依何典诰？答曰：依《文殊说般若经》一行三昧。则天曰：若论修道，更不过'东山法门'。"[45]

从理论上说，"一行三昧"分事和理。"事一行三昧"以"系心一佛，专称名字"为内容。《文殊说般若经》说："善男子、善女人，欲入一行三昧，应处空闲，舍诸乱意，不取相貌，系心一佛，专称名字。"[46]道信说："又依《文殊说般若经》'一行三昧'，即念佛心是佛，妄念是凡夫。""事

---

[42]《坐禅三昧经》卷下，第 281 页中。

[43]《大智度论》卷 7，第 109 页上。

[44]《楞伽师资记》，第 1286 页下。

[45]《楞伽师资记》，第 1290 页中。

[46]（梁）释曼陀罗仙译《文殊师利所说摩诃般若波罗蜜经》，《大正藏》第 08 册，第 731 页中。

一行三昧"指一心念佛,念念相续,这样就能从"事一行三昧"入"理一行三昧",而证得真如之理。"理一行三昧"是见道后的境界,即"法界一相,系缘法界","尽知恒沙诸佛法界无差别相。"

"理一行三昧",说明法界平等无差别的道理,而这又成为佛与众生平等的依据。《文殊说般若经》说:"文殊师利言:'世尊,云何名一行三昧?'佛:'法界一相,系缘法界,是名'一行三昧'。如法界缘不退不坏,不思议无碍无相……尽知恒沙诸佛法界无差别相。'"[47]

其他佛教经典对"理一行三昧"亦有相同的解释。《大智度论》认为"一"就是"一相智慧","行"就是"观",修行者用定心观诸法,无论有相、无相还是空都是一样的,并没有差别,法界平等无碍。

唐代宗密把"理一行三昧"称为如来禅。他认为只要修行者能够顿悟自心本来清净,也就是顿见真如之理,就是"此心即佛",这种禅法即为"如来清净禅"、"一行三昧"或"真如三昧"。"若顿悟自心本来清净,元无烦恼,无漏智性本自具足,此心即佛,毕竟无异。依此而修者是最上乘禅,亦名如来清净禅,亦名一行三昧,亦名真如三昧,此是一切三昧根本。若能念念修习,自然渐得百千三昧。达摩门下展转相传者,是此禅也。"[48]

总　　结

鸠摩罗什所倡五禅门之"念佛三昧",尽管为大乘禅法,实则兼容小乘禅法,里面的内容有很多来自于小乘。到了道信的"一行三昧",五禅门中,只有"念佛三昧"被突出了,而且有了新的发展,其最重要的原因就是如来藏思想的兴起。如来藏心与般若智慧相结合,为直指心

---

[47]《楞伽师资记》,第 1286 页下、1287 页上。

[48]（唐）宗密《禅源诸诠集都序》,《大正藏》第 48 册,第 399 页中。

源、明心见性的念佛法门提供了理论根据。总的来说,念佛法门的变化表现为三个方面:

首先,"念佛三昧"的修行主体由等分行人、重罪之人发展为善男子、善女人。到了道信的"一行三昧",没有等分行人和重罪之人的提法,虽然将小乘修行主体的痕迹抹去了,但禅法依然融摄小乘之人,需发菩提心。《坐禅三昧经》中,虽然也有菩萨一行三昧的行者,但与等分行人、重罪之人是不同的。

其次,"念佛三昧"由外在观像发展为内在的"亦不念佛,亦不捉心"。观佛像发展为称名号,以慈悲心度众生,而后见到诸法界无差别,"亦不念佛,亦不捉心"再渐进修道,更注重心性上的修行。

最后,"念佛三昧"的理论由《般舟三昧经》、《大智度论》发展为《文殊说般若经》、《楞伽经》。由单一的般若空观转为般若与佛性的结合,众生本自具有无漏之智,为无为法的性质,明心见性,以无为无漏之智证无为真如之理。

通过这三个方面,大、小乘兼容的"念佛三昧"发展为早期禅宗的"一行三昧",禅宗在理论上的实践得以完成。印顺法师在《中国禅宗史》中深刻的指出了道信禅法的特点:"戒与禅合一……《楞伽》与《般若》合一……念佛与成佛合一。"[49]《楞伽》与《般若》合一是理论上的发展,念佛与成佛合一是修持上的发展,这为慧能的顿悟法门奠定了理论和实践上的基础,禅宗的创立便在情理之中了。

---

[49] 印顺《中国禅宗史》,江西人民出版社,2007年,第40、41页。

鸠摩罗什法师论"菩萨法身"义

张云江(华侨大学哲学与社会发展学院)

【内容摘要】 本文主要依据《鸠摩罗什法师大义》中有关菩萨法身的相关内容,并参考罗什其他著译,从四个方面论述了"菩萨法身"的内涵:(1)菩萨法身即法性所生身;(2)"菩萨法身"即"化身"与"自受用身";(3)"菩萨法身"之生须留有烦恼残气;(4)菩萨法身或为极其精细的四大所构成。

【关键词】鸠摩罗什法师 菩萨法身

刘宋时期,庐山慧远法师书信咨问鸠摩罗什法师"大乘经中深义十有八途,什法师一一开答",后信函集为《鸠摩罗什法师大义》(简称《大义》)三卷。两位大师的对话代表了当时佛教义学的最高水准。本文撷取《大义》中鸠摩罗什法师有关"菩萨法身"的讨论,并参考罗什译《大智度论》、罗什《注维摩诘经》以及后世如吉藏法师等人的相关论述,讨论罗什法师所说"菩萨法身"之义。

一、"菩萨法身"即"法性所生身"

《大义》中,罗什云:

> 法身有二种,一者法性常住,如虚空,无有为、无为等戏论;二

者菩萨得六神通,又未作佛,中间所有之形,名为后法身。

> 如是菩萨得是无生法忍,舍是生死肉身,得法性生身,住菩萨果报神通中,一时能作无量变化身,净佛世界,度脱众生。[1]

"法性者,有佛无佛,常住不坏,如虚空,无作无尽。""法性"即"诸法实相",佛教中有种种名称:"如"、"真如"、"实际"、"真际"、"般若波罗蜜"、"道"、"无生无灭"、"空"、"无相"、"无作"、"毕竟空"、"无量无边法"等等。需要注意的是,按罗什法师的界定,初地菩萨所证者为"法性"。[2] 菩萨得是法性,由法性所生之身,是为"菩萨法身"。

按罗什法师所说,"菩萨法身"又分为两类,一是十住菩萨,虽然未实证法性,但因得证首楞严三昧,结使微薄,神力自在,能起变化身,亦可称为"菩萨法身",盖追溯根源,此变化身仍是由法性所出生也;另一类是得证无生法忍的初地菩萨,实证法性,不过如意足定力未能成就,由此而生之身,是为"菩萨法身"。[3]《大义》及其他相关著译中讨论的主要是初地菩萨的"法身",本文主要讨论的也是初地菩萨的"法身"问题。

按澄观《华严经随疏演义钞》中引罗什弟子僧叡《维摩疏释》(已佚)云,"菩萨法身"有五种名称:"法性生身"、"功德法身","变化法身","虚空法身","实相法身"。这都是根据菩萨实证"法性"之后从不同方面来说:

> 详而辩之,即一法身也,何者? 言其生,则本之法性,故曰"法性生身";二推其因,则是功德所成,故是"功德法身";三就其应,则无感不形,是则"变化法身";四称其大,则弥纶虚空,所谓"虚空

---

[1]《鸠摩罗什法师大义》卷1,《大正藏》第45册,123页。

[2]《鸠摩罗什法师大义》卷2:又诸菩萨,其乘顺忍中,未得无生法忍,观诸法实相,尔时名为"如";若得无生法忍已,深观故如,是时变名"法性";若坐道场,证于法性,法性变名"真际";若未证真际,虽入法性,故名为菩萨。《大正藏》第45册,136页。

[3]《鸠摩罗什法师大义》卷3,《大正藏》第45册,143页。

法身";五语其妙,则无相无为,故曰"实相法身"。[4]

罗什言:

> 无生菩萨,舍此肉身,得清净行身。[5]

罗什译龙树菩萨《大智度论》中亦云:

> 得无生忍法,断诸烦恼;舍是身后,得法性生身。(卷74,580
> 页)

罗什又言:

> 得无生法忍菩萨,虽是变化虚空之形,而与肉身相似故,得名
> 为身;而此中真法身者,实法体相也。[6]

"得无生法忍菩萨",一般指初地菩萨。"无生法"即真如理体,亦
即前所述"法性"或"诸法实相"等;"得无生法",即《华严经》中所谓
"证真实法",《大般若经》中所谓"证法界、法性、不虚妄性、不变异性"
等,[7]真智安住于理体此不动,谓之"无生法忍"。《大般若经》云:

> 云何名为无生法忍? 谓令烦恼毕竟不生,及观诸法毕竟不起,
> 微妙智慧,常无间断,是故名为无生法忍。[8]

得无生忍,入菩萨位,是名"阿鞞跋致"(或译为"阿惟越致","不退
转"之意),《大智度论》云:

> 三世十方诸佛真智慧中,信力故通达无碍,是名菩萨得无生忍
> 法,入菩萨位,名阿鞞跋致。[9]

之所以是"阿鞞跋致"(不退转),《大智度论》解释云:

> "菩萨位"者,无生法忍是。得此法忍,观一切世间空,心无所

---

[4] 澄观《华严经随疏演义钞》卷4,《大正藏》第36册,27页。
[5] 《鸠摩罗什法师大义》卷1,《大正藏》第45册,122页。
[6] 《鸠摩罗什法师大义》卷1,《大正藏》第45册,126页。
[7] 所谓"证法界、法性、不虚妄性、不变异性、平等性、离生性、法定、法住、实际、虚空界、不思议界毕竟净法。"见《大般若经》卷293,《大正藏》第6册,488页。
[8] 《大般若经》卷376,《大正藏》第6册,944页。
[9] 《大智度论》卷74,《大正藏》第25册,580页。

著,住诸法实相中,不复染世间。菩萨摩诃萨入是法位中,不复堕凡夫数,名为得道人:一切世间事欲坏其心,不能令动;闭三恶趣门,堕诸菩萨数中,初生菩萨家,智慧清净成熟。[10]

总之,"得无生法忍"菩萨即初地菩萨,即住诸法实相中,即证得法性,"法性"无相无为而真实有,实证法性,得此清净行身,是为"证真";菩萨依法性为真身,舍此世肉身,而后由所依真身生变化之身,类似"肉身",称为"法性生身",是为"菩萨法身"。[11]

吉藏《净名玄论》亦云:

> 就菩萨明者,得无生忍,破诸烦恼,名因解脱;得法身,舍于肉身,名果解脱。[12]

初地菩萨得无生法忍,所破者为"烦恼魔";实证法性,所破者为"五阴魔",盖得到真实不坏法身,可以脱离肉身,从此脱离分段生死,进入变异生死阶段,"死魔"仍未破也。

罗什法师关于菩萨法身的定义极为精准。菩萨"法身",一为法性,佛、菩萨、众生理体无二;二为法性生身,即初地菩萨实证法性之后,依法性所生类似"肉身"的变化身。这是不能混淆的。吉藏《净名玄论》亦云:

> 问:云何名法性生身?
>
> 答:此悟法性,是故受身,谓法性生身。
>
> 问。佛亦悟法性,而受身与菩萨何异?
>
> 答:佛穷法性之原,以法性常故,佛身亦常,故云诸佛所师所谓法也,以法常故,诸佛亦常。菩萨未穷法性,法性虽常,而身未常,是故异也。若以所悟法性为身名法性身者,则佛与菩萨法身不二,

---

[10] 《大智度论》卷12,《大正藏》第25册,262页。

[11] 遵式《注肇论疏》:"法身者,法谓法性,身者依也。以法性为依,则证真者之通称。"《续藏》第54册,217页。

[12] 吉藏《净名玄论》卷3,《大正藏》第38册,873页。

同皆常也。但论云受法性生身，法性生身者，从法性而生，故不指法性为身也。[13]

菩萨虽然悟证不生不灭常住法性并依之为真身，但法性所生身（此为"自受用身"）仍有变异，不如佛"自受用身"永无变异。此盖因菩萨对于"法性"未能穷其原也。《佛说宝雨经》中有如是比喻：

> 善男子！如末尼珠有莹拭者、有未莹者，虽同是宝，而已莹者光明具足，人所爱乐；未已莹者，所有光明犹不具足。善男子！如来珠宝与菩萨珠宝体性虽同，然亦有异。何以故？如来珠宝已清净故，离一切垢故。菩萨身中法性珠宝，未能普照一切世界。何以故？以有余故，犹有垢故，如末尼珠未已莹者。是故如来法身与菩萨法身如是差别。[14]

二、"菩萨法身"即"化身"与"自受用身"

罗什根据慧远所提问题回答云：

> 又言四大既绝，将何所构，而有斯形者……今以大乘法论说法身，无有四大五根幻化之事，肉眼所见，尚无所摄，何况法身微妙耶？是故但无三界粗四大、五根耳。为度众生因缘故现，缘尽则灭，譬如日现清水，浊则不见。如是诸菩萨，常在法性中，若众生利根福德清净者，即随其所见应度之身；

> 复次若欲求其实事者，唯有圣人初得道时，所观之法，灭一切戏论，毕竟寂灭相，此中涅槃相、生死相，尚不可得，何况四大五根？如是不应以四大五根为实，谓无此者，即不得有法身也。如一有为法皆虚妄不实，有为法者即是五阴，五阴中最粗者所谓色阴，若然

---

[13] 吉藏《净名玄论》卷3，大正藏38册，873页。
[14] 达摩流支译《佛说宝雨经》卷7，大正藏16册，313页。

者,虚妄之甚,不过四大,所以者何,思惟分裂,乃至微粗亦复不有,论中广说,但于凡夫数法和合,得名色阴,色阴无有决定,何况四大五根?是故不得以凡夫虚妄所见色阴,以为实证,而难无量功德所成之身,若欲取信者,应信法身。[15]

此一段中,罗什说菩萨法性生身有两类,一是"化身",即菩萨常在法性中,如同日现清水一样,可以随其所应见应度之身,这就像镜中像、水中月一样,或如慧远法师所说"法身同化,如镜像之类,方等诸经引喻言,日月宫殿不移,而光影现于江河",无需四大五根亦可化现在有缘者面前。

二是菩萨实证法性之后的"自受用身",即罗什所谓"实事";凡夫认四大五阴为实,故认为除了粗四大五阴之外再无其他境界,罗什此处说,四大五阴原本虚妄,不可以虚妄所见色阴等境界否定真实存在的"法身"。

按菩萨实证法性后有"自受用身",罗什此处所说,并非说怀疑菩萨所证法性之真实,而是说不应以色阴等见怀疑有此"自受用身",故言此"为无量功德所成"。法性所生"自受用身"为有为无漏功德,法性是此有为无漏功德之依止,"自受用身"仍有相续流转,故初地菩萨到七地菩萨为"一生所系",即此身体仍有生灭,吉藏前言"菩萨未穷法性,法性虽常,而身未常"是也,是为初地菩萨以上的"变异生死";吉藏又云:"变易生死中,复有二身,无生智,由悟法性有,故为法身,变易生死果,即是生死报身。"八地菩萨以后名"最后身",再无生处故。初地菩萨以上"自受用身"是出世间生、转之依止。按《华严经》"摩尼宝珠"之比喻,摩尼现色之本色即比喻"自受用身",有青黄等外光映射,宝珠即随机现青黄等色,即比喻众生所见菩萨"化身",摩尼珠本身即比喻"法性"。

---

[15]《鸠摩罗什法师大义》卷1,大正藏45册,125页。

菩萨法性生身为何是"变异生死"呢？罗什法师云：

> 菩萨得无生法忍，舍生死身，即堕无量无边法中……不得说言若天、若人、若在、若灭，何以故，因缘故名为人，因缘散自然而息，无有一定实灭者，但名有变异身。[16]

菩萨真身为"无量无边法"（"法性"），由此"无量无边法"所生类似"肉身"的身体（"法性生身"）若生若灭，究其实质，无有一定实灭者，故名"变异身"，这就不像未悟未证"无量无边法"的凡夫，错认为肉身即是自己真身，肉身陨灭，自己就真的灭了，这样一段一段的生生死死，是为凡夫"分段生死"。

三、"菩萨法身"之生须留有烦恼残气

吉藏云："法性生身，以法性为缘，烦恼为因，故云法性生身。"[17]初地菩萨以上有此法性生身，须有烦恼为因，否则此身必不能起。按吉藏此处所说烦恼，准确说应为"烦恼残气"。庐山慧远法师亦云："从得法忍菩萨，受清净身，上至补处大士，坐树王下取正觉者，皆从烦恼残气生，本习余垢之所化也。"[18]慧远法师向罗什所提问题是，此种烦恼残气的性质是什么，因为"烦恼残气，要由结业五根之劲也"，菩萨"法性生身"不仅已断耳目之对，即心外无境，且无四大五根，"所宅之形，非复本器，昔习之余，无由得起"。那么此种资生菩萨法性生身的烦恼残气性质到底是什么呢？

罗什首先肯定菩萨法性生身须留有烦恼残气的说法是成立的：

> 菩萨得无生法忍，虽无烦恼，应有余习，如阿罗汉成道时，诸漏

---

[16]《鸠摩罗什法师大义》卷1，大正藏45册，124页。
[17]《鸠摩罗什法师大义》卷1，大正藏45册，123页。
[18] 同上。

虽尽,而有残气。但诸罗汉于诸众生中无大悲心,诸有余习更不受生;而菩萨于一切众生深入大悲彻于骨髓,及本愿力,并证实际,随应度众生,于中受身,存亡自在,不随烦恼;至坐道场,余气及尽。若不尔者,佛与菩萨,不应有别。[19]

至于此种"烦恼残习"究为何物,教内是有争议的,罗什分别列举如下:

一种说法是,得无生法忍菩萨(初地菩萨)只成就五神通,而未成就漏尽通,虽有烦恼,但不现前,好像把怨贼关进牢房一样,初地菩萨以无生忍力制诸烦恼,虽然有烦恼,但烦恼不现前。因为有烦恼,所以有受生;因为烦恼已经被制服,所以能以清净心修习六度,度脱众生。

另一种说法是:

> 如大乘论中说:结有二种,一者凡夫结使,三界所系;二者诸菩萨得法实相,灭三界结使,唯有甚深佛法中,爱、慢、无明等细微之结,受于法身。爱者,深着佛身及诸佛法,乃至不惜身命;无明者,于深法中,不能通达;慢者,得是深法,若心不在无生忍定,或起高心,我于凡夫,得如是寂灭殊异之法。此言残气者,是法身菩萨结使也,以人不识故,说名为气,是残气不能使人生于三界,唯能令诸菩萨,受于法身,教化众生,具足佛法。[20]

罗什《注维摩诘经》中亦云:

> 有二种习:一结习,二佛法中爱习。得无生忍时,结习都尽,而未断佛法爱习;亦云:法身菩萨虽有结习,以器净故,习气不起也。

罗什法师言,说法身菩萨断烦恼,这种说法是没有问题的,因为初地菩萨已经"断三界凡夫烦恼";如果说法身菩萨不断烦恼,这种说法也是成立的,因为菩萨有"细微烦恼"。罗什法师举例说,比如燃灯时

---

[19]《鸠摩罗什法师大义》卷1,大正藏45册,123页。
[20] 同上。

有暗有明，就其有明处，说法身菩萨断烦恼，就其有暗处，说法身菩萨有烦恼。初地菩萨入二地，就像点燃了第二盏灯，其明增益，其暗更为微弱，但仍有暗，至三地、四地……，其暗更微弱。至成佛，"暗"才最终消除掉。是说亦见于什译《大智度论》中：

> 是清净有二种：一者、得佛时，除结都尽，得实清净；二者、菩萨舍肉身、得法身时，断诸结清净。譬如一灯能除闇，得有所作，更有大灯，倍复明了；佛及菩萨断诸结使亦复如是，菩萨所断虽曰已断，于佛所断犹为未尽。[21]

按罗什说法，初地以上菩萨"烦恼"或曰"烦恼残气"其实并非凡夫贪瞋痴等烦恼所留下的残气，而是爱佛法、对于佛法深法不能通达之无明以及偶然生起的一点慢心等，一言以蔽之，"所知障"为主导耳。菩萨爱佛法，因为"念佛恩重，深爱佛法，但不起戏论耳，若于一切法中，已断爱者，即不复能具足上地，而此人未满应满，未得应得"。此即谓，菩萨如果不深爱佛法，就不能地地升进，未得应得；菩萨有"无明"，此即谓初地菩萨得无生法忍，虽然破掉凡夫结使，但未除掉佛道结使，"于佛道中，犹有错谬"，否则初地菩萨即应为佛。所以得无生法忍，是得诸法实相，能破邪见戏论，但是"于一切法通达，无近、无远、无深、无浅"，还做不到，是为菩萨无明。总而论之，是为菩萨烦恼残气。由此烦恼残气，加上实证法性之无生法忍力及度生之广大愿力，菩萨才能有法性生身，亦即变异生死身。

又什译龙树菩萨《大智度论》中另有两段相关论述，抄录如下：

> 问曰：从得无生法忍已来，常得法性生身变化不？
>
> 答曰：化法，要有化主然后能化；若得无生法忍，断一切结使，死时舍是肉身，无有实身，谁为变化？以是故，知得无生已来，不应尽结使。

---

[21]《大智度论》卷6，大正藏25册，106页。

今当如实说:菩萨得无生法忍,烦恼已尽;习气未除故,因习气受及法性生身,能自在化生,有大慈悲,为众生故,亦为满本愿故,还来世间,具足成就余残佛法故;十地满,坐道场,以无碍解脱力故,得一切智、一切种智,断烦恼习。

摩诃衍人言,"得无生法忍菩萨,一切烦恼及习都尽",亦是错。若都尽,与佛无异,亦不应受法性生身。以是故,菩萨得无生法忍,舍生身,得法性生身。

若言,"至坐道场,一切烦恼及习俱断",是语亦非。所以者何?若菩萨具有三毒者,云何能集无量佛法?譬如毒瓶,虽着甘露,皆不中食。菩萨集诸纯净功德,乃得作佛;若杂三毒,云何能具足清净佛法?[22]

四、菩萨法身或为极其精细的四大所构成

罗什认为,先前所说菩萨法性生身无"四大五根",是说没有三界凡夫的粗四大五根。凡夫、畜生等亦有其法性身,但不知不证,所以为"粗",且烦恼越重,法性越隐晦,由此所生四大及五根越粗糙,精神等越不得自主、自由,如人身体构造就比畜生更为精细,盖因人道整体而论烦恼比畜生道轻微也;菩萨因清净心实证法性,其所生身之四大、五根变得极为精细。罗什举例云:

法相寂灭清净者,身亦微细。微细故,说言无如欲界天身,若不令人见则不见也,色界诸天,于欲界天亦尔;又如欲界人得色界禅定,有大神通,而余人不见,以微细故;又如禅定无数色,虽常随人,而不可见;虽有而微,微故不现;菩萨四大五根,复微于此,凡夫

[22]《大智度论》卷27,大正藏25册,261页。

二乘,所不能见。唯同地以上诸菩萨,及可度者,乃能见耳。[23]

故初地及以上菩萨由实证法性所生类似肉身之自受用身,是由极其精细的四大所构成,如同欲界天人身体比较精细,人因为身体构造相比较为粗糙,所以就看不到欲界天人;色界天人身体四大构成又比欲界天人更精细,所以后者亦不能看到前者;欲界之人得色界神通,周围的人亦无法看到他。初地及以上菩萨四大所成之"法性所生身"比色界天人身体还要精细,所以只有同地菩萨、上地菩萨及可度众生才能见到。罗什举例说:"《不可思议解脱经》说,十方大法身菩萨佛前会坐听法,尔时千二百五十大阿罗汉在佛左右坐不能见,以先世不种见大法身菩萨会坐因缘故。"净影慧远法师《大乘起信论义疏》:

> 又大智论宣说,入初地菩萨位,生菩萨家,舍离肉身,得法性身,此亦是其离六识也。
>
> 问曰:六识尽在初地,初地以上使无六识,云何得知见闻觉耶?
>
> 答曰:虽无事相六识,犹有七识缘照无漏所得法身及与真识缘起法身眼耳等识,是故用此见闻觉也。
>
> 问曰:若以缘照法身见闻觉知,与前六识有何差别?
>
> 释曰:前六是其事识,分别事相,心外取法。缘照法身所见闻等,知外无法,一切悉是自心所起,如梦所见,于自心相分别照知有异也。[24]

"真识缘起法身眼耳等识",此说较为含混,是否是别造有极其精细的四大五根,由此而起眼耳等识,此处并未明言,而是重点强调由此所见外境如梦所见也。

初地及以上菩萨神通亦与此精细四大构造有关。关于菩萨法身神通,另有一种说法是:

---

[23]《鸠摩罗什法师大义》卷2,大正藏45册,130页。
[24]《大乘起信论义疏》卷1,大正藏44册,183页。

或人言法身菩萨神通不须因假四大五根,乃有施用,世间神通要因四大五根耳。如地上火因木而出,天上电火从水而出,及变化火亦不因木有。当知不得以四大五根定为神通之本。[25]

此应为化身神通。不过,得无生忍菩萨并不一定必然具有神通。想要获得神通,须加修"四如意足"。罗什云:

> 无生忍已,舍结果身,得菩萨清净业行之身,而此身自于分忆,能为自在,于其分外,不能自在无碍。是菩萨若欲善修习如意,亦可有恒沙劫寿耳,如人有力,不假大用。若无力者,乃有所假,初入法身菩萨亦如是,神通之力,未成就故,若修如意者,便得随意所作。[26]

如前所说,菩萨为度众生所现化身,"如是之身,不可分别戏论,如镜中像,唯表知面相好丑而已,更不须戏论有无之实也。"

结　语

通过上述对鸠摩罗什法师论菩萨法身义的分析,可以窥见佛门智慧深妙之一二,以及当时鸠摩罗什法师学问深奥之一斑,《高僧传》称赞鸠摩罗什法师"硕学钩深,神鉴奥远",良有以也。

---

[25]《鸠摩罗什法师大义》卷2,大正藏45册,130页。
[26]《鸠摩罗什法师大义》卷3,大正藏45册,142页。

《金刚经》鸠摩罗什译本偈语研究

韩传强(南京大学历史系)

【内容摘要】《金刚经》的译本主要有姚秦鸠摩罗什译本、元魏菩提流支译、陈真谛译本、隋笈多译本、唐玄奘译本以及唐义净译本等六种。在《金刚经》六种译本中,罗什译本是最早的译本,也是最为盛行的译本。以《金刚经》罗什译本中的两首偈语为基点,考察《金刚经》罗什译本的特点以及罗什翻译风格的特点,这可以隐性地彰显出鸠摩罗什对佛典翻译、佛经流通以及中国文化发展之贡献。

【关键词】《金刚经》 两首偈语 罗什译本 诸种译本

《金刚经》是汉译佛典中流传最广、影响最深的经典之一,历史上有多种译本,而在诸种译本中,鸠摩罗什的译本是现存《金刚经》最早的译本。对于罗什译本,学界关注备至,成果斐然。本文基于先贤研究的基础上,以《金刚经》罗什译本中的两首偈语为考察对象,通过对《金刚经》诸种译本的对比,以期概览罗什译本之特征。

一、《金刚经》诸种译本偈语梳理

在现存《金刚经》诸种译本中,其所呈现的偈语并不是很多。一般而言,《金刚经》诸种译本的偈语主要有两首。以罗什译本为例,这两首偈语分别出现在原文第二十六品和第三十二品。[1] 下面以罗什译本对这两首偈语的译文为基础,来梳理诸种译本对罗什译本的承继和修正。

表1:《金刚经》诸种译本偈语简表[2]

鸠摩罗什译本	若以色见我,以音声求我,是人行邪道,不能见如来。[3]
	一切有为法,如梦、幻、泡、影,如露亦如电,应作如是观。[4]
菩提流支译本(1)	若以色见我,以音声求我,是人行邪道,不应见如来。彼如来妙体,即法身诸佛,法体不可见,彼识不能知。[5]
	一切有为法,如星、翳、灯、幻、露、泡、梦、电、云,应作如是观。[6]
菩提流支译本(2)	若以色见我,以音声求我,是人行邪道,不应得见我。由法应见佛,谓御法为身,此法非识境,法如深难见。[7]
	如如不动,恒有正说。应观有为法,如暗、翳、灯、幻、露、泡、梦、电、云。[8]
真谛译本	若以色见我,以音声求我,是人行邪道,不应得见我。由法应见佛,谓御法为身,此法非识境,法如深难见。[9]
	如如不动,恒有正说。应观有为法,如暗、翳、灯、幻、露、泡、梦、电、云。[10]

[1] 鸠摩罗什译,王月清注评《金刚经》,江苏古籍出版社,2001年,64—75页。

[2] 关于《金刚经》译本问题,一直以来,学界都有不少争议。1995年,方广锠先生在《敦煌文献中的〈金刚经〉及其注疏》一文中指出《金刚经》的译本主要有姚秦鸠摩罗什本、元魏菩提流支译、陈真谛译本、隋笈(芨)多译本、唐玄奘译本以及唐义净译本等六种译本。方先生结合《大正藏》、《碛砂藏》、《资福藏》、《中华藏》等藏经对诸种译本流变进行了考证,并指出,罗什本是最为盛行的译本。参见方广锠:《敦煌文献中的〈金刚经〉及其注疏》,《世界宗教研究》,1995年,第1期,73—80页。本文所列译本情况主要依据《大正藏》所收录译本的情况,同时也参考了史原朋先生的相关研究成果。见史原朋《〈金刚经〉及其不同译本研究》,《中国宗教》,2009年,第2期,29—31页。

[3] 鸠摩罗什译《金刚般若般若蜜经》,《大正藏》,第8册,752页上。

[4] 同上,第752页中。

[5] 菩提流支译《金刚般若般若蜜经》,《大正藏》,第8册,756页中。

[6] 同上,757页上。

[7] 同上,761页中。

[8] 同上,761页下。

[9] 真谛译《金刚般若般若蜜经》,《大正藏》,第8册,766页上。

[10] 同上,766页中。

（续表）

笈多译本	若我色见,若我声求,邪解脱行,不我见彼。法体佛见应,法身彼如来。法体及不识,故彼不能知。[11]
	星、翳、灯、幻、露、泡、梦、电、云,见如是,此有为者。[12]
玄奘译本	诸以色观我,以音声寻我,彼声履邪断,不能当见我。应观佛法性,即导师法身。法性非所识,故彼不能了。[13]
	诸和合所为,如星、翳、灯、幻、露、泡、梦、电、云,应作如是观。[14]
义净译本	若以色见我,以音声求我,是人起邪观,不能当见我。应观佛法性,即导师法身。法性非所识,故彼不能了。[15]
	一切有为法,如星、翳、灯、幻、露、泡、梦、电、云,应作如是观。[16]

从上表可以看出,无论是罗什译本还是罗什译本的后出译本,《金刚经》的偈语一般都是两首。尽管不同译本都两首偈语在汉译上不尽相同,但并无本质意义的殊别,这在后文中会予以详论。[17]

二、《金刚经》罗什译本偈语特点

从表1可以看出,在《金刚经》的诸译本中,鸠摩罗什对这两段偈语的翻译与其他译本是不尽相同的。就译本出现的时间而言,罗什译本最早,但自罗什译本以降,各种后出译本对这两段偈语的翻译并非完全沿革罗什的译法。换言之,在之后诸多的译本中,鸠摩罗什本,尤其是对这两段偈语的翻译,依旧有着自身独特的风格。

---

[11] 笈多译《金刚能断般若般若蜜经》,《大正藏》,第8册,771页上。

[12] 同上,771页下。

[13] 玄奘译《大般若般若蜜多经》,《大正藏》,第7册,985页上。

[14] 同上,985页下。

[15] 义净译《佛说能断大般若般若蜜经》,《大正藏》,第8册,775页上。

[16] 同上,775页中。

[17] 需要说明的是,在《大正藏》收录的上述译本中,菩提流(留)支第2号本虽有第二首偈语的内容,但却没将其作为偈语(如在电子版中用深绿色标出;在纸质版中独立成行)来对待,这也许是《大正藏》编撰的失误,而非译经者或译本自身的原因。

首先,语言凝练。在所有《金刚经》译本中,罗什译本用字是相对较少的,其对这两处偈语的翻译亦不例外。[18] 在《金刚经》诸译本中,只有菩提流支第 2 号译本没有直接列出第二首偈语,而对于第一首偈语,所有译本都齐备。但就诸译本中的第一首偈语而言,尤其是在语言、文字表述上,诸本之间差异明显。

表 2:《金刚经》诸译本第一首偈语字数对比表

译本名称	对罗什译本第一首偈语的补充内容
鸠摩罗什译本	20
菩提流支译本(1)	40
菩提流支译本(2)	40
真谛译本	36
笈多译本	40
玄奘译本	40
义净译本	40

从上表可以看出,第一首偈语,罗什译本只有 20 字,除真谛译本是 36 字外,其他诸译本都是 40 字。当然,我们可能会说,字数间的差异,其症结在于罗什译本漏译了一段文本。[19] 正如《慈恩传》中所指出的那样:"(罗什本)二颂阙一"。[20] 但当我们仔细研读后出诸译本所

---

[18] 按照史原朋先生的统计,在《金刚经》诸译本中,各译本基本情况如下:1. 罗什译本:鸠摩罗什于 401 年在长安译出的《金刚经》,有 5176 字和 5180 字两种;2. 菩提流支译本:元魏菩提流支于 509 年在洛阳译出的《金刚经》,有 6105 字和 6447 字两种;3. 真谛译本:梁代真谛于 562 在梁安郡译出的《金刚经》,全文有 7000 余言;4. 笈多译本:隋笈多于 590 年在洛阳译出《金刚经》,全文有 7109 字;5. 玄奘译本:唐玄奘于 648 年和 663 年先后两次译出《金刚经》(不过,前者可能遗失),全文 8208 字;6. 义净译本:唐义净于 703 年在长安译出《金刚经》,全文共计 5118 字,是所有译本中用字最少的译本。关于此问题的详细探讨,参见史原朋《〈金刚经〉及其不同译本研究》,《中国宗教》,2009 年,第 2 期,29—31 页。

[19] 史原朋《〈金刚经〉及其不同译本研究》,《中国宗教》,2009 年,第 2 期,29—31 页。

[20] 慧立本,释彦悰笺《大唐大慈恩寺三藏法师传》卷 7,《大正藏》,第 50 册,259 页上。

补出的这部分偈语时,我们或许可以说,这正是罗什译本的简洁、凝练之处。我们先看一下后出诸译本对这一偈语的补充。

表3:《金刚经》非罗什译本对第一首偈语的补充

译本名称	第一首偈语字数
菩提流支译本(1)	彼如来妙体,即法身诸佛,法体不可见,彼识不能知。[21]
菩提流支译本(2)	由法应见佛,谓御法为身。此法非识境,法如深难见。[22]
真谛译本	由法应见佛,谓御法为身。此法非识境,法如深难见。[23]
笈多译本	法体佛见应,法身彼如来。法体及不识,故彼不能知。[24]
玄奘译本	应观佛法性,即导师法身。法性非所识,故彼不能了。[25]
义净译本	应观佛法性,即导师法身。法性非所识,故彼不能了。[26]

由表3可见,在五种后出译本中,菩提流支2号本与真谛译本对这一偈语补充的内容是完全一样的;玄奘译本与义净译本对这一偈语补充的内容也是完全一样的。而笈多译本是一种直译,基本按照梵文语法和词序,所以很难判断。至于菩提流支1号本,其对这一偈语所补充的内容是"彼如来妙体,即法身诸佛,法体不可见,彼识不能知"。结合菩提流支2号本与真谛译本、玄奘译本与义净译本,我们可以看出,在第一首偈语的翻译中,罗什译本确实遗漏了后面一部分内容,若从诸种后出译本对这一偈语的补充来看,其遗漏的内容对整个经文的理解并没有产生"致命"的伤害,换言之,并未影响对文意的表达。这样的情况,在罗什译本中还有好几处。按照《慈恩传》记载,罗什译本存在着以下几处缺失:

今观旧经,亦微有遗漏。据梵本俱云"能断金刚般若",旧经

---

[21] 菩提流支译《金刚般若般若蜜经》,《大正藏》,第8册,756页中。

[22] 菩提流支译《金刚般若般若蜜经》,《大正藏》,第8册,761页中。

[23] 真谛译《金刚般若般若蜜经》,《大正藏》,第8册,766页上。

[24] 笈多译《金刚能断般若般若经》,《大正藏》,第8册,771页上。

[25] 玄奘译《大般若般若蜜多经》,《大正藏》,第7册,985页上。

[26] 义净译《佛说能断大般若般若蜜多经》,《大正藏》,第8册,775页上。

直云:"金刚般若"。欲明菩萨以分别为烦恼,而分别之惑,坚类金刚。唯此经所诠,无分别慧,乃能除断,故曰:"能断金刚般若"。故知,旧经失上二字。又如下文,三问阙一,二颂阙一,九喻阙三。如是等,什法师所翻舍卫国也……[27]

由此可见,依玄奘法师看来,旧经(这里即指罗什译本)在经名、问答、偈颂、比喻等方面都有遗漏。史原朋先生曾指出,玄奘所言的"三问阙一"指的是罗什译本中"善男子,善女人,发阿耨多罗三藐三菩提心,应云何住? 云何降伏其心",相较于玄奘译本的"诸有发趣菩萨乘者,应云何住? 云何修行? 云何摄伏其心",其缺的是"云何修行"一句。[28] 至于玄奘所提及的"二颂阙一",上文已经论及,这里不再赘述。而玄奘所谓的"九喻阙一"指的则是罗什译本第二首偈语中只言及"一切有为法,如梦、幻、泡、影,如露亦如电"六喻,相较于玄奘译本所言的"诸和合所为,如星、翳、灯、幻,露、泡、梦、电、云"等九喻,则少了三个比喻。若就九喻与六喻本身而言,并没有实质性的问题,只是多了三个比喻而已。当然,玄奘法师可能出于对梵文本的尊重才有如是说法的。

其次,逻辑严谨。上文我们从语言繁简的比较中对罗什译本两首偈语进行了阐述。其实对于罗什译本这两首偈语而言,它们不仅语言凝练,而且逻辑非常严谨。以下笔者以罗什译本第二首偈语为基础,来探讨这一问题。

如果说,罗什译本因第一首偈语遗漏了一部分内容而略显缺失的话,那么罗什译本第二首偈语并未因少了三个比喻而暴露出任何的不完整性。我们通过对诸译本第二首偈语的审视便可窥一斑。

---

[27] 慧立本,释彦悰笺《大唐大慈恩寺三藏法师传》卷7,《大正藏》,第50册,259页上。

[28] 史原朋《〈金刚经〉及其不同译本研究》,《中国宗教》,2009年,第2期,29—31页。

表 4:《金刚经》诸译本第二首偈语对比表

译本名称	第二首偈语内容
罗什译本	一切有为法,如梦、幻、泡、影,如露亦如电,应作如是观。[29]
流支译本(1)	一切有为法,如星、翳、灯、幻、露、泡、梦、电、云,应作如是观。[30]
流支译本(2)	如如不动,恒有正说。应观有为法,如暗、翳、灯、幻、露、泡、梦、电、云。[31]
真谛译本	如如不动,恒有正说。应观有为法,如暗、翳、灯、幻、露、泡、梦、电、云。[32]
笈多译本	星、翳、灯幻、露、泡、梦、电、云,见如是,此有为者。[33]
玄奘译本	诸和合所为,如星、翳、灯、幻、露、泡、梦、电、云,应作如是观。[34]
义净译本	一切有为法,如星、翳、灯、幻、露、泡、梦、电、云,应作如是观。[35]

从上表可以看出,在《金刚经》诸译本中,与第一首偈语相比,第二首偈语诸译本之间在文字上的差异并不是很大。但是,仔细推敲,罗什译本依然还有一些特点。就第二首偈语而言,菩提流支第 2 号译本与真谛译本是完全一样的;罗什译本、菩提流支第 1 号译本除了在比喻的个数上不同外,其他没有任何区别。在对有为法的表述上,玄奘译本以"诸和合所为"来诠释,而罗什译本则以"一切有为法"来表达。尽管"一切有为法"与"诸和合所为"在表述上并无二致,但在表达习惯上,"一切有为法"与下文的"如梦、幻、泡、影,如露亦如电"之间的承接则显得更加严谨。而与笈多译本的"星、翳、灯、幻、露、泡、梦、电、云,见如是,此有为者"相比,罗什译本的"一切有为法,如梦、幻、泡、影,如露亦

---

[29] 鸠摩罗什译《金刚般若波罗蜜经》,《大正藏》,第 8 册,752 页中。

[30] 菩提流支译《金刚般若波罗蜜经》,《大正藏》,第 8 册,757 页上。

[31] 同上,第 761 页下。

[32] 真谛译《金刚般若波罗蜜经》,《大正藏》,第 8 册,766 页中。

[33] 笈多译《金刚能断般若波罗蜜经》,《大正藏》,第 8 册,771 页下。

[34] 玄奘译《大般若波罗蜜多经》,《大正藏》,第 7 册,985 页下。

[35] 义净译《佛说能断大般若波罗蜜多经》,《大正藏》,第 8 册,775 页中。

如电,应作如是观"则无疑显得严谨、通达多了。

在《天演论》的序言中有这样几句话,虽然与罗什翻译《金刚经》的时日已相隔千载,但对审视罗什译本之特点,却依旧显得非常贴切。

> 吾国学人致力译事来者方多,犹奉"信"、"达"、"雅"为圭臬。先生常云:"信矣不达,虽译犹不译。"达者非字比句次字谓也,要能深解原文义旨而以译文出之;译文习用之字汇、成语,必求其吻合原文而后可。斯则非精通原文与所于译之文无能为役,此译事之始基也。[36]

虽然罗什译本是最早出现的译本,但在某种程度上来说,罗什译本却也是最符合"信"、"达"、"雅"之标准的。

三、《金刚经》罗什译本偈语影响

《金刚经》作为中土译介最早的佛典之一,其对中国佛教乃至中国传统文化都产生了深远的影响。正如王月清先生所言:"在唐代,唐玄宗为推行三教并重的政策,从三教中各选一本典籍,亲自注释,颁行天下,儒教选的是《孝经》,道教选的是《道德经》,佛教选的就是《金刚经》。"[37] 由此可见,《金刚经》对后世产生的影响之深。而在《金刚经》中,常为人所熟记的未必是经文的全部内容,而更可能是经中经典的词句,其中偈语便是这类之代表。一般来说,《金刚经》罗什译本之偈语对后世之影响,可以从以下两个方面来考察。

第一,对后出诸佛经翻译的影响。诚如上文所述,《金刚经》罗什译本是现存《金刚经》译本中最早的译本,后出诸译本对罗什译本的沿革、修正,都可以视为罗什译本对后世的影响。这里,我们还是从诸译

---

[36] (英)赫胥黎著,严复译《天演论·序言》,商务印书馆,1981 年,第 1 页。
[37] 鸠摩罗什译,王月清注评《金刚经》,江苏古籍出版社,2001 年,第 1 页。

本偈语本身入手来对之进行检视。

表5：《金刚经》非罗什译本对罗什译本第一首偈语沿革表

译本名称	第一首偈语前半内容
罗什译本	若以色见我，以音声求我，是人行邪道，不能见如来。[38]
流支译本(1)	若以色见我，以音声求我，是人行邪道，不应见如来。[39]
流支译本(2)	若以色见我，以音声求我，是人行邪道，不应得见我。[40]
真谛译本	若以色见我，以音声求我，是人行邪道，不应得见我。[41]
笈多译本	若我色见，若我声求，邪解脱行，不我见彼。[42]
玄奘译本	诸以色观我，以音声寻我，彼声履邪断，不能当见我。[43]
义净译本	若以色见我，以音声求我，是人起邪观，不能当见我。[44]

从上表可以看出，在罗什译本之后的几份译本中，对罗什译本偈语的沿革是非常明显的。就第一首偈语而言，如果排除后出译本对罗什译本这首偈语的补充部分，除了笈多译本与罗什译本差别比较大外，其它诸译本与罗什译本都非常接近，这种沿革是不言而喻的。就第一首偈语而言，诸译本分歧主要集中在第四句，即是"不能见如来"（罗什译本）、"不应见如来"（菩提流支1号本）、"不应得见我"（菩提流支2号本、真谛译本）、"不能当见我"（玄奘译本、义净译本）。就"不能见如来"与"不应见如来"而言，依上下文之语境，显然，罗什译本的"不能见如来"更合宜；就"不能见如来"与"不应得见我"、"不能当见我"而言，罗什译本依然显得更加顺畅、通俗、明晓。也就是说，罗什译本以降，诸译本对罗什译本有沿革、有发展、有补充，但都没有撇开或绕过罗什译

---

[38] 鸠摩罗什译《金刚般若般若蜜经》，《大正藏》，第8册，752页上。
[39] 菩提流支译《金刚般若般若蜜经》，《大正藏》，第8册，756页中。
[40] 同上，第761页中。
[41] 真谛译《金刚般若般若蜜经》，《大正藏》，第8册，766页上。
[42] 笈多译《金刚能断般若般若蜜经》，《大正藏》，第8册，771页上。
[43] 玄奘译《大般若般若蜜多经》，《大正藏》，第7册，985页上。
[44] 义净译《佛说能断大般若般若蜜多经》，《大正藏》，8册，775页上。

本,这正是罗什译本对后出诸译本影响至深之呈现。

第二,对《金刚经》流传的影响。如前所言,佛教传入东土以后,并不是印度传来的佛教典籍都能在华夏扎根、发芽、开花、结果,也只有一部分在中国获得了发展的春天,其中般若类经典,诸如《金刚经》、《心经》便是这类盛传经典的典型代表。自姚秦以下,鸠摩罗什对中国佛经翻译所作的贡献之大真可谓无法言诠,《金刚经》的盛行便是一个典型。除了上文提到的六种译本之外,《金刚经》的注本也非常多,诸如后秦僧肇的《金刚经注》一卷、晋代慧远的《金刚般若波罗蜜经疏》一卷、《金刚般若波罗蜜经注解》四卷、隋朝智者大师的《金刚般若波罗蜜经疏》一卷等。此外,隋朝的吉藏,唐朝的慧净、窥基、慧能、宗密,明代的朱棣、洪恩以及清代的纯阳子、镇庭子等都曾对《金刚经》进行过注疏。近人丁福保、太虚法师、王恩洋、江味农、南怀瑾、高扬、星云法师等也都对《金刚经》进行过注疏和研究。[45] 在一定程度上,我们可以说,《金刚经》的盛行,与《金刚经》有较好的译本是密不可分的。而在《金刚经》的诸本中,罗什译本无疑是最为盛行的,这从敦煌写卷的抄写中便可知一二。[46] 而《金刚经》罗什译本之所以如此盛行,我们说,这从罗什译本的两首偈语中便可见端倪。尤其是罗什译本中第二首偈语,也即在原文第三十二品中结尾处所言的"一切有为法,如梦、幻、泡、影,如露亦如电,应作如是观"这一句,几近成为《金刚经》的代名词了。[47]

---

[45] 鸠摩罗什译,王月清注评《金刚经》,江苏古籍出版社,2001 年,第 2—5 页。

[46] 方广锠先生曾指出,在敦煌文献中,《金刚经》的译本也是以鸠摩罗什本占绝大部分。另有少量的菩提流支、陈真谛、唐玄奘译本。与传世本相同的是,敦煌文献中的鸠摩罗什译本在形态上既有分为三十二分者,也有不作如此判分者。参见方广锠:《敦煌文献中的〈金刚经〉及其注疏》,《世界宗教研究》,1995 年,第 1 期,73—80 页。

[47] 有关《金刚经》这一偈语的内容研究和延伸,笔者曾经有过简单的涉猎。关于此问题的详细探讨,可参见拙文《架起此岸与彼岸之桥——〈金刚经〉生存关怀研究》,《淮南师范学院学报》,2008 年,第 1 期;《生存与超越——论〈金刚经〉之终极关怀》,《五台山研究》,2008 年,第 2 期;《生存与超越——〈金刚经〉》,西北师范大学硕士学位论文,2009 年。

简要言之,以《金刚经》罗什译本的两首偈语为考察对象来审视《金刚经》罗什译本的风格乃至罗什译经的风格,虽有冒着以偏概全之嫌,却也是对《金刚经》罗什译本乃至罗什译经风格的一种管窥。通过这种检视,以期将罗什对中国佛典翻译乃至对中国文化发展之贡献呈现于学界,这亦是笔者之所寄。

鸠摩罗什舌舍利灵验之历史影响

郭俊良（四川大学道教与宗教文化研究所）

【内容摘要】 一代译经大师鸠摩罗什不仅为我们留下了大量文辞优美的佛教经典，在其死后也留下了荼毗而舌不焦烂的灵验。首先这是鸠摩罗什临终誓愿译经不谬的感应；其次，其舌舍利也是中土最早的舌舍利灵验，由此开始"舌根不坏"第一次从经典走入现实。舌根不坏本与《法华经》无直接关系，但经过后世诵持《法华经》的僧俗信众修行和宣传，渐渐成为诵持《法华经》灵验之重要一科，并逐渐弥散开来。

【关键词】 舌舍利 《法华经》 灵验

导　　言

佛教历来有舍利信仰，历史上修得舍利证验的高僧居士比比皆是。据《法苑珠林》记有"舍利有其三种：一是骨舍利，其色白也；二是发舍利，其色黑也；三是肉舍利，其色赤也。"[1]骨舍利较为常见，肉舍利较为罕见，及至舌舍利让人更觉不可思议。舌头本为血肉，虽有老子柔弱者长存之美誉，但经烈火煅烧而不灰灭，实在神奇。

南怀瑾先生于 2012 年 9 月圆寂之后，荼毗后留下了舌舍利，首愚

---

[1] 道宣《法苑珠林》，《大正藏》第 53 册，598 页下。

法师和宗性法师说舌舍利代表南怀瑾先生说法无误。这种舌舍利代表其说法无误的观念,正是来自于鸠摩罗什舌舍利之故事。2007 年示寂的上海徐恒志老居士,死后烧出了舌舍利,有吊挽者写"历史上仅闻姚秦三藏法师鸠摩罗什和唐三藏法师玄奘有此希有瑞相,徐老为第三人"。[2] 玄奘并无舌舍利瑞相,历史上证得舌舍利者也不乏其人,说"徐老为第三人"当然是不准确的,但首推鸠摩罗什却是正确的。

由上可见,即使到了现在,说起舌舍利首先想到的就是鸠摩罗什,可见鸠摩罗什的舌舍利在中国历史上影响深远,故很有必要对鸠摩罗什舌舍利及其历史影响做探讨。

一、鸠摩罗什舌舍利与译经

鸠摩罗什(344—413 年),为东晋时后秦高僧,其贡献主要以译经为主,与真谛、玄奘并称为中国佛教三大翻译家。他率弟子僧肇等八百余人,在长安译出《摩诃般若波罗蜜经》、《妙法莲华经》、《金刚经》、《维摩诘经》、《摩诃般若波罗蜜大明咒经》、《佛说阿弥陀经》等经和《中论》、《大智度论》、《十二门论》和《百论》等论,共七十四部三百八十四卷。他的译著对后世的三论宗、天台宗、净土宗的影响尤为深远。观音信仰所依据的重要经典《观音菩萨普门品》,也是出自鸠摩罗什所译的《妙法莲华经》第二十五品。

鸠摩罗什幼年出家,先学小乘,后习大乘,尤善般若,并精通汉语文,曾游学天竺诸国,遍访名师大德,深究妙义。他看到旧译的经典多有纰缪,和梵本不相应,就参考梵文原本经典与旧译经典校对,力求语义圆通。在临终时他曾起誓以验证所传译之经典有无纰缪:

---

[2] http://www.fjsy.net/Temple/ArticleDetail.aspx? articleid = 10600&syID = 3389,印心精舍网站

于是力疾与众僧告别曰曰:"因法相遇殊,未尽伊心,方复后世,恻怆何言。自以暗昧,谬充传译,凡所出经论三百余卷,唯《十诵》一部未及删烦,存其本旨必无差失。愿凡所宣译,传流后世,咸共弘通。今于众前发诚实誓:'若所传无谬者,当使焚身之后舌不燋烂'。"以伪秦弘始十一年八月二十日,卒于长安,是岁晋义熙五年也。即于逍遥园依外国法以火焚尸,薪灭形碎,唯舌不灰。[3]

鸠摩罗什荼毗之后"唯舌不灰"的事实证实了他所传之经无谬,后世其所译经典能够久住传布,也说明了鸠摩罗什译本自有其殊胜之处。

唐代译经师实叉难陀(652—710年),他所翻译的《华严经》和《楞伽经》,被后人公认为经典译本。《宋高僧传》卷二"译经篇"记载其死后:

有诏听依外国法葬。十一月十二日于开远门外古燃灯台焚之,薪尽火灭其舌犹存。十二月二十三日,门人悲智、敕使哥舒道元送其余骸及斯灵舌还归于阗,起塔供养。后人复于荼毗之所起七层塔,土俗号为华严三藏塔焉。[4]

作为译经师的实叉难陀,死后荼毗"其舌犹存"的事迹与鸠摩罗什"唯舌不灰"同出一辙,似乎也印证着实叉难陀译经的不谬。

明代云栖袾宏大师所撰《阿弥陀经疏钞》中提及鸠摩罗什所译《佛说阿弥陀经》:"今此经者,译于什师,而舌根不坏,与诸佛出广长舌赞叹此经合而观之,佛语不虚,于是益信。"[5]云栖袾宏大师认为鸠摩罗什舌根不坏的灵验证明了《佛说阿弥陀经》的不虚谬,让人更加增强对净土法门的信心。

---

[3] 慧皎《高僧传》,汤用彤校注,北京:中华书局,1992年,54页。

[4] 赞宁《宋高僧传》,范祥雍校注,北京:中华书局,1987年,32页。

[5] 袾宏《阿弥陀经疏钞》,《卍续藏》第22册,619页上。

云栖祩宏大师在《阿弥陀经疏钞》中又提及玄奘法师所译之《称赞净土佛摄受经》，援引玄奘西行灵验故事：

> 先是西行之日，抚灵岩寺松而作誓言："吾西去，汝西长；吾东归，汝东向。"师去，松西长至于数丈。一日忽东回，门弟子喜曰："师归矣！"已而果然，时号"摩顶松"云。按师誓言自要，不爽如是，真语实语，亦什师舌根不坏，诸佛舌相，广长意也。所译此经，焉可不信。[6]

云栖祩宏大师将鸠摩罗什舌根不坏与玄奘之誓言不爽并提，来证明他们所译经典之无误，无非是让人通过灵验的事实对佛经和佛法有信心，这也可说是大师劝化世人的方便智慧。

许多佛经译师死后都有异象，如康僧会死后佛塔放五色之光，玄奘和不空之顶骨不坏，都在表明着他们的智慧修行不凡。而鸠摩罗什和实叉难陀荼毗之后舌根不坏，更与他们的译经活动有着直接联系，象征着他们所译经典的正确不谬。

二、中土最早之舌舍利

考察中土汉语文献中，最早之舌舍利文献在《大智度论》中，其卷九记有诵持《摩诃般若波罗蜜经》而舌不可烧的灵验故事，这部《大智度论》是鸠摩罗什于405年译完的。

> 复有一国，有一比丘诵《阿弥陀佛经》及《摩诃般若波罗蜜》，是人欲死时语弟子言："阿弥陀佛与彼大众俱来。"实时动身自归，须臾命终。命终之后弟子积薪烧之。明日，灰中见舌不烧。诵《阿弥陀佛经》故，见佛自来；诵《般若波罗蜜》故，舌不可烧。[7]

---

[6] 祩宏《阿弥陀经疏钞》，《卍续藏》第22册，619页中。
[7] 龙树《大智度论》，《大正藏》第25册，126页下—127页上。

文中言"诵《般若波罗蜜》故,舌不可烧",可见舌不可烧的灵验是其持诵《般若波罗蜜》所致。比丘所诵的《摩诃般若波罗蜜》即《摩诃般若波罗蜜经》,鸠摩罗什也译有《摩诃般若波罗蜜经》二十七卷,并且也翻译了《摩诃般若波罗蜜大明咒经》,即后世更广为流传的玄奘《般若波罗密多心经》的早期译本。

其次,有关舌舍利的文献在《成实论》卷第十四"善觉品"中,有"又智者知佛法味,如舌根不坏能别五味"。[8]《成实论》由诃梨跋摩所造,412 年由鸠摩罗什译出。

我们能见到的最早有关舌根不坏观念的两部经典《大智度论》和《成实论》,都是由鸠摩罗什所译。由此可以推想,鸠摩罗什对于"舌根不坏"这一死后灵验是清楚的,其临终能够想到发"舌根不坏"的誓愿也是有经典依据的。

最早之事实依据就是 413 年鸠摩罗什荼毗之后"唯舌不灰"的记载,鸠摩罗什之舌舍利是在《大智度论》和《成实论》这样的经典译出之后的最早的历史记载。至于《〈法华经〉显应录》中记录的竺道生时"半塘寺"事也较为邻近,竺道生曾到长安跟从鸠摩罗什学习经义,其事略晚于鸠摩罗什:

> (竺道生)一时居半塘诵《法华经》,忽有一雉常来听受。一日不见,师念之,夜入梦云:"某因听经,遂获改报。今在某家为儿子,待过数年却来奉事。"泊师询之,果尔。及出家,无何,童子之年便命终,因瘗于林。一夕俄而放光,辉照塘坞。乡人异之,启看乃获一舌,生青莲华。因是起塔,后葺成寺,即今半塘寺是也。[9]

这一则故事出自宋元颖《续灵瑞集》,记载一雉因听《法华经》得以改报,再生为人身,命终之后舌根不坏且生青莲花的故事。因《续灵瑞

[8] 诃梨跋摩造鸠摩罗什译《成实论》,《大正藏》第 32 册,353 页上
[9] 宗晓《〈法华经〉显应录》,《卍续藏》第 78 册,26 页中。

集》是宋人所撰，资料较为晚出，并且故事较为荒诞不经，故不采用。即便为真实，也是晚于鸠摩罗什之舌舍利。

在鸠摩罗什之后，最早的"舌根不坏"的记载当是法进。《高僧传》卷十二"亡身"篇中之记载法进"幼而精苦习诵，有超迈之德，为沮渠蒙逊所重。"[10]在沮渠安周即位之初（约 444 年），战乱饥荒之时，自割股肉以救饿者而亡。后"出城北阇维之，烟炎冲天，七日乃歇。尸骸都尽，唯舌不烂。"[11]

此上为笔者初步的考证，或有疏漏偏颇之处，还请专家指正。

三、鸠摩罗什之舌舍利与《法华经》灵验

现存于《大藏经》的《法华经》类灵验记有唐僧祥《法华传记》十卷、唐惠祥《弘赞法华传》十卷、宋宗晓《〈法华经〉显应录》两卷、明高丽了圆《法华灵验传》两卷、清周克复《〈法华经〉持验记》两卷等。另外《太平广记》卷第一百零九有"报应（《法华经》）"，亦是灵验记。

在这些灵验记中有"舌根不坏"类的灵验故事，宋代天台宗僧人元颖"述《法华》灵瑞十科：普贤证明、妙因成就、鬼神恭敬、禽兽钦伏、所愿成就、化佛来迎、往生净土、果报生天、舌根不坏、香光表瑞"，[12]"舌根不坏"赫然在列。刘亚丁《佛教灵验记研究》第七章专讲"《法华经》类灵验记"，将《法华经》类灵验分为惟舌不朽、感生莲花、天雨宝花、含灵呈祥、入冥灭罪、诵经升天等六大类，"惟舌不朽"被列为《法华经》灵验的首要特色，刘亚丁指出"大凡舌根不坏的果报，大都与诵《法华经》相联系。当然也有例外。"[13]可见"舌根不坏"与持诵《法华经》之关

---

[10] 慧皎《高僧传》，汤用彤校注，北京：中华书局，1992 年，447 页。

[11] 同上。

[12] 宗鉴编《释门正统》，《卍续藏》第 130 册，348 页下。

[13] 刘亚丁《佛教灵验记研究》，成都：巴蜀书社，2006 年，206 页下—207 页上。

系极为密切。

鸠摩罗什与《法华经》之主要关系在于他翻译出了《妙法莲华经》七卷二十八品,故在《法华经》类灵验记中多将其放入翻译经典的部分。如唐僧祥《法华传记》分为部类增减、隐显时异、传译年代、支派别行、诸师经序、论释不同、讲解感应、讽诵胜利、转读灭罪、书写救苦、听闻利益、依正供养等十二科,鸠摩罗什之灵验故事是放在卷一"传译年代"一科中,并没有将其放入"讽诵胜利"一科,着重谈的是其译经的功德和灵验:

> 凡佛法东渐以来,大化普润,多是什公力也。相传云:什师是文殊化形,昔灵山为发起,今日译经。若执笔时,从笔放光,光中或时现文殊形,或现佛身,四王加护,于中多闻随身(云云)。予见什公行,本是大圣,亦居三贤,所译妙典,感通实有所以矣。[14]

此处讲鸠摩罗什译经时"从笔放光"等灵验彰显其译经之神圣,又说鸠摩罗什或为文殊菩萨化身,与舌舍利证明传译不谬的方式很相似。鸠摩罗什虽然一边译经,一边讲经,但《法华传记》"讲解感应"一科中也没有为鸠摩罗什专门立传,而只提到了僧叡。僧叡为鸠摩罗什弟子,在鸠摩罗什将经典由梵语译成华语的过程中起到了重要作用。《法华经》译成之后,鸠摩罗什命其讲《法华经》二十八品,叡讲经之时"雨花如云母,天地感动"。

唐惠祥《弘赞法华传》分为图像、翻译、讲解、修观、遗身、诵持、转读、书写等八部分,鸠摩罗什与《法华经》其他译师同在卷二"翻译"篇中,其间有记其临终誓愿焚身之后舌不燋烂之事:

> 于是力疾与众僧告别曰:"因法相遇,殊未尽伊心。方复后世,恻怆可言。自以暗昧,谬充传译。若所传无谬者,当使焚身之后,舌不燋烂。以伪秦弘始十一年八月二十日,卒于长安,是岁晋

---

[14] 僧祥《法华传记》,《大正藏》第 51 册,50 页下。

义熙五年也。即于逍遥园,依外国法,以火焚尸。薪灭形碎,唯舌不灰。[15]

宋宗晓《〈法华经〉显应录》分为古圣、高僧、高尼、信男、信女五部分,鸠摩罗什舌舍利故事见于"高僧"一部分中,内容:

> 后忽感疾,即语众云:"因法相遇,殊未尽心,无何缘谢。所译《法华》等经,幸共流布,若所译无谬,愿焚躯后舌不焦烂。"言讫而终。至于阇维,舌果不灰。委见《梁僧传》及《晋书》。南山《感通传》韦天:"什公聪明,善解大乘,彼自七佛已来,传译得法王之遗寄也。俗以陷戒为言,此不须议。什位三贤,非悠悠者也。"[16]

《〈法华经〉显应录》中将鸠摩罗什誓言改为"所译《法华》等经",将《法华经》着重标明,以强调鸠摩罗什翻译了《法华经》,以及其誓愿验证了《法华经》翻译不谬。

明释了圆《〈法华经〉灵验传》将《法华经》二十八品分为十七段,并缀以感应故事。其中将鸠摩罗什故事列为篇首《序品》之前,以"园苽呈祥"为题,其内容与《弘赞法华传》中故事相同。

清周克复《〈法华经〉持验记》在历朝法华持验目录中将鸠摩罗什列为第二,仅次于昙摩罗刹(即支法护,早于鸠摩罗什译出《正法华经》),并记鸠摩罗什唯舌不灰之事。

由上可见,《法华经》灵验记都有鸠摩罗什的记载,着重强调的都是鸠摩罗什翻译《法华经》之功。虽然提及鸠摩罗什之舌舍利,大多是其誓愿之证明,与持诵《法华经》无关,但鸠摩罗什舌舍利既是中土最早之舌舍利,在后期舌根不坏成为《法华经》灵验之重要一科,其间舌根不坏与持诵《法华经》之关系是如何建立,就需要做进一步探讨。

---

[15] 惠祥《弘赞法华传》,《大正藏》第51册,15页上。

[16] 宗晓《〈法华经〉显应录》,《卐续藏》第78册,25页下。

四、舌根不坏与诵持《法华经》

黄建宁认为,"唐宋时期,勤诵《法华经》,灭后'舌如红莲不坏烂'的说法是相当普遍的。由于历史上一些文献失传,我们已无法确定这种说法在文献上的最早出处。不过,这种说法,不是无中生有,凭空杜撰,而是有一定来历的,乃是中土佛教徒误合《大智度论》中的两个故事并加以适当地改造而成的"。[17] 笔者以为纵然是误合经典,但从经典走向现实仍然需要修行者之实证,也就是舌舍利。鸠摩罗什舌舍利作为中土第一个舌舍利,是其知道《大智度论》和《成实论》中有关"诵《般若波罗蜜》故,舌不可烧"的典故,并在临终发出誓愿,并最终实现的结果,与诵持《法华经》并无直接关系。

在竺法护286年译出的《正法华经》和鸠摩罗什所译《妙法莲华经》中都没有舌根不坏之说法,仅在《正法华经》卷八"叹法师品"有受持《正法华经》得舌根千二百功德的内容:

> 佛复告族姓子:"其有持是经典读诵书写,当获奇异舌根千二百功德,舌根具足分别诸味,若得甘美,变为天上自然饮食,设服酢涩醎苦,化成天馔,嗞味无量,若入众会讲授法要,蒸庶欣载钦仰典则,若入诤怒德音柔软,谈谊辩慧清白知节,慈愍通彻,众人欢和感味余响,其从闻经言论美妙,天人往造⋯⋯"[18]

由此可知,《法华经》中并没有诵持《法华经》可得"舌根不坏"之观念。西晋泰康七年(286年)竺法护在长安译出《正法华经》,至东晋义熙五年(409年)鸠摩罗什去世"唯舌不灰"之间,以讲解、诵持《法华

---

[17] 黄建宁《"舌如红莲不坏烂"源流考》,北京理工大学学报(社会科学版),2003年6月。

[18] 竺法护译《正法华经》,《大正藏》第9册,121页中。

经》为业的人很多,如西晋初期竺法崇"笃志经记,而尤长法华一教",[19]还著有《法华义疏》四卷;竺法义(307—380 年)"游刃众典,尤善《法华》"[20]等;释昙邃"诵《正法华经》常一日一遍,又精达经旨亦为人解说"。[21] 这些人中虽有其他感应灵验,但唯独不见舌根不坏之灵验。一直到 413 年,鸠摩罗什荼毗后才有"唯舌不灰"的灵验事件。

梁慧皎《高僧传》卷十二"诵经"科中,在入正传的 21 位高僧中,以诵《法华经》为主的高僧就有 16 人之多,[22]其中如:

> 释僧生,姓袁,蜀郡郫人。少出家以苦行致称。成都宋丰等请为三贤寺主。诵《法华》,习禅定,常于山中诵经,有虎来蹲其前,诵竟乃去。后每至讽咏,辄见左右四人为侍卫。年虽衰老而翘勤弥厉。后微疾,便语侍者云:"吾将去矣!死后可为烧身。"弟子依遗命。[23]

释僧生诵《法华经》有虎来听经、神灵侍卫之灵验,虽然最后也烧身了,但未见有舌根不坏的记载。其他十五位高僧中虽有感应神灵护卫、遭难化吉等灵验,但未见有舌根不坏之灵验。慧皎《高僧传》成书于梁天监年间,可见梁天监之前,并无高僧因持诵《法华经》而得舌根不坏。《高僧传》中言舌根不坏者只有鸠摩罗什和法进二人。

前文中提到继鸠摩罗什之后最早的舌舍利,是西凉僧人法进于约 444 年荼毗所得。刘亚丁认为为法进"唯舌不烂"与《法华经》没有关系。但法进传中记其弟子僧遵,"进弟子僧遵,姓赵,高昌人,善《十诵律》,蔬食节行。诵《法华》、《胜鬘》、《金刚》、《波若》,又笃厉门人常忏悔为业。"[24]法进弟子僧遵常诵《法华》、《般若》,应当是师承法进。

[19] 慧皎《高僧传》,汤用彤校注,北京:中华书局,1992 年,170—171 页。
[20] 慧皎《高僧传》,汤用彤校注,北京:中华书局,1992 年,172 页。
[21] 慧皎《高僧传》,汤用彤校注,北京:中华书局,1992 年,458 页。
[22] 严耀中《论隋以前〈法华经〉的流传》,上海师范大学学报,1997 年第 1 期。
[23] 慧皎《高僧传》,汤用彤校注,北京:中华书局,1992 年,461 页。
[24] 慧皎《高僧传》,汤用彤校注,北京:中华书局,1992 年,447 页。

法进"幼而精苦习诵",竺法护的《正法华经》及鸠摩罗什《妙法莲华经》也译出已久,由此可推想,法进所习诵之经典中应当有《法华经》、《般若经》等。《大智度论》中记载"诵《摩诃波罗蜜》故舌不可烧",本来就和《般若经》有关,若说法进荼毗后"唯舌不烂"是因为他习诵《般若》,也很有道理。再者鸠摩罗什和法进都生活在西凉地域,法进和当地佛教信众也应当知道鸠摩罗什舌舍利之事,引人深思。只是仍无直接根据说明法进之舌根不坏与持诵《法华经》之关系。《法华经》灵验记中之所以没有收录法进,应该也是因为没有直接依据。

后来之事迹见于唐道宣《续高僧传》卷二十八"读诵篇"中的习诵《法华经》僧人释志湛传记中的五侯寺僧、雍州僧、并州舌这三个"舌根不坏"的故事:

> 又范阳五侯寺僧,失其名,常诵《法华》,初死之时权殡堤下。后迁改葬,骸骨并枯,惟舌不坏。雍州有僧亦诵《法华》,隐于白鹿山,感一童子常来供给,及死置尸岩下。余骸枯朽,惟舌如故。齐武成世,并州东看山侧有人掘地,见一处土其色黄白,与旁有异。寻见一物状如两唇,其中有舌鲜红赤色,以事闻奏。帝问诸道人。无能知者。沙门大统法上奏曰:"此持《法华》者,六根不坏报耳。诵满千遍其征验乎!"乃勅中书舍人高珍曰:"卿是信向之人,自往看之,必有灵异。宜迁置净所,设斋供养。"珍奉勅至彼,集诸持《法华》沙门,执炉洁斋,绕旋而呪曰:"菩萨涅槃年代已久,像法流行奉无谬者,请现感应。"才始发声,此之唇舌一时鼓动,虽无响及而相似读诵。诸同见者,莫不毛竖。珍以状闻,诏遣石函藏之迁于山室云。[25]

此三则故事后都被收入唐僧祥《法华经传记》"读诵胜利"篇中,割裂为五侯寺僧、雍州僧、并州舌三条,其后之《法华经》灵验记都有收

---

[25] 道宣《续高僧传》,《大正藏》第50册,686页上。

录。五侯寺僧、雍州僧都是死后骨肉销烂"唯舌不坏"、"唯舌如故"，与鸠摩罗什和法进荼毗后舌不焦烂灰灭是不同的，但也明言是持《法华》得舌根不坏，只是此两则故事并无确切年代。

"并州舌"故事中，"齐武成"指北齐武成帝高湛，于537—568年在位，并州即今河北保定和山西太原、大同一带地区。北齐武成帝问诸道人，无人能知，说明当时舌根不坏的缘由尚少人知。为何法上和尚就知晓呢？《续高僧传》卷八"义解"篇记释法上：

> 后潜林虑上胡山寺，诵《维摩》、《法华》，才浃二旬，两部俱度。因诵求解，还入洛阳。博洞清玄，名闻伊澄。年暨学岁，创讲《法华》，酬抗疑难，无不叹伏。善机问，好征核，决通非据，昌言胜负，而形色非美。故时人谚曰："黑沙弥若来，高座逢灾也。"[26]

可见法上和尚不仅诵读《法华》，而且善讲《法华》，人所钦伏。他指出并州舌是"此持《法华》者，六根不坏报耳。诵满千遍其征验乎！"法上和尚应该是首位明确宣传诵持《法华经》可得舌根不坏的高僧。虽然无从知晓法上如此说的经典依据，也许他知道五侯寺僧和雍州僧的故事。皇帝派大臣对并州舌进行设斋供养，必然也有相当大之社会影响，对于宣扬诵《法华经》得舌根不坏的观点起到了推波助澜作用。

隋唐之际，舌根不坏的事迹也愈来愈多。《续高僧传》卷第二十八"读诵篇"记载有唐初释遗俗：

> 释遗俗，不知何许人，以唐运初开游止雍州醴泉县[27]南美泉乡阳陆家。镇常供养，清俭寡欲，惟诵《法华》为业，昼夜相系乃数千遍。以贞观初，因疾将终，遗嘱友人慧廓曰："比虽诵经，意望灵验，以生蒙俗信向之善。若身死后，不须棺盛，露骸埋之，十载可为

---

[26] 道宣《续高僧传》，《大正藏》第50册，485页上。

[27] 即今陕西省咸阳市礼泉县。隋开皇十八年（598）置醴泉县，唐初废，贞观十年（636）复置醴泉县。

发出。舌根必烂,知无受持;若犹存在,当告道俗为起一塔以示感灵。"言讫而终,遂依埋葬。至贞观十一年,廓与诸知故就墓发之,身肉都销,惟舌不朽。一县士女咸共仰戴,诵持之流又倍恒度,乃函盛其舌,于阳陆村北甘谷南岸为建砖塔。识者尊严弥隆,信敬诵读更甚。[28]

释遗俗所在之雍州醴泉县即今陕西咸阳市下辖之礼泉县,与鸠摩罗什、法进等属同一地域。其临终发愿,希望自己诵《法华》死后可得舌根不坏,说明释遗俗知道诵《法华经》可得舌根不坏的观念,也说明在唐朝初年诵持《法华经》的信众知晓此种观念。

《法华传记》卷三"讽诵胜利"篇记隋朝高丽僧释缘光"诵《法华经》为业,感天帝下迎、龙宫请讲,灭后舌色如红莲华而已"。[29]《弘赞法华传》卷三中"讲解"篇中记缘光"阇维既毕,髅舌独存。一国见闻,咸叹希有。光有妹二人,早怀清信,收之供养。数闻体舌自诵《法华》,妹有不识《法华》字处,问之皆道"。[30] 释缘光荼毗之后舌根不坏色如红莲,其舌可像"并州舌"那样鼓动说法,十分神异。与缘光相似的还有烧身供养的荆州比丘尼姐妹:

> 贞观之初,荆州有比丘尼。姊妹同诵《法华》,深厌形器,俱欲舍身。节约衣食,钦崇苦行,服诸香油,渐断粒食,后顿绝谷,推噉香蜜。精力所被,神志鲜爽,周告道俗,克日烧身。以贞观三年二月八日,于荆州大街,置二高座,乃以蜡布缠身至顶,惟出面目。众聚如山,歌赞云会,诵至烧处。其姊先以火柱妹顶,请妹又以火柱姊顶。清夜两炬,一时同耀,焰下至眼,声相转明,渐下鼻口,方乃歇灭,恰至明晨,合坐洞举,一时火化。髅骨摧朽,二舌俱存。合众

[28] 道宣《续高僧传》,《大正藏》第50册,690页上。
[29] 僧祥《法华传记》,《大正藏》第51册,61页下。
[30] 惠祥《弘赞法华传》,《大正藏》第51册,20页上。

欣嗟，为起高塔。[31]

荆州比丘尼姐妹其烧身供养已足以令人炫目，火化后二舌俱存的现象更使众人欣嗟信服。此又与并州舌及释缘光事迹相类。"又释道正，金陵白马寺僧也，亦诵《法华》。身死之后，以火烧身。乃于灰中，得舌一枚，俨然不坏。"[32]俗士扬难及，"终后焚烧，髅舌独在。诚因收举，藏之石函，置法华堂，时加供养。屡闻函内讽诵之声，振动石函，词句明了。闻者敬悚，知受持之力焉。"[33]由此可见，隋唐之际诵《法华》得舌根不坏的观念已经较为普遍，僧人和居士中因诵《法华经》而得舌根不坏的不在少数，而且地域影响较为广泛，舌根不坏已经成为诵持《法华经》灵验的一个重要特色。

但唐初亦有不以习诵《法华》而亦荼毗之后舌根不坏的，虽属少数但不能忽视这种现象。如《续高僧传》"习禅"篇记唐初静琳和尚，他善讲《十地经》和《摄论》，修行大乘诸无得观和唯识为主，学修皆是大乘经义，于禅定有极高之功夫，未见其有习修诵读《法华经》的文献依据。贞观十四年在长安灭寂之后，"余处通冷，惟顶极热。迄于焚日，方始神散，而形色鲜软特异常比。送于终南至相寺烧，惟舌独存。再取烧之，逾更明净。斯即正言法之力矣。"[34]道宣认为静琳法师舌根不坏乃其"正言法之力"，这与鸠摩罗什传译无误舌不焦烂是十分相似的。又有与静琳和尚相反之例子："嵩亦兼明数论，末年僻执谓佛不应常住，临终之日舌本先烂焉。"[35]这位中兴寺僧嵩因为错误地说佛不应常住，临终时舌头先烂，可说是不正言之恶报。

又如《续高僧传》卷二十二"明律"篇，唐京师普光寺慧满，雍州长

[31] 僧祥《法华传记》，《大正藏》第51册，94页上。
[32] 惠祥《弘赞法华传》，《大正藏》第51册，37页下。
[33] 同上。
[34] 道宣《续高僧传》，《大正藏》第50册，590页上。
[35] 慧皎《高僧传》，汤用彤校注，北京：中华书局，1992年，327页。

安人，"以贞观十六年四月二十日遘疾，……暖气至口奄尔而终。春秋五十有四。焚于终南龙池寺侧。余骸并化惟舌不灰，更足薪火经于累宿，色逾鲜赤，遂瘗于山隅。"[36] 慧满主要以持律和讲羯磨法为主，亦未见其习诵《法华经》之依据。

静琳和尚以禅定和讲《摄论》和《十地经》而得此果报，慧满以持律讲羯磨法得此果报，都与《法华》无直接相关。单是唐初贞观十一年到十六年，短短五年时间，雍州长安一带就有三次舌根不坏之事迹，且都不是诵持《法华经》相关，可知"舌根不坏"之观念在唐初就已广泛传布弥散开来，而不再局限于法上所说的诵《法华经》得舌根不坏。唐宋以后天台宗、净土宗、禅宗中越来越多僧俗信众有舌舍利之灵验，正是舌舍利灵验越来越广泛的证明。

结　　语

鸠摩罗什之舌舍利，是其翻译《大智度论》和《成实论》得知舌根不坏之观念，并在其临终时作为译经不谬之证验，由此产生了中土第一个舌舍利，使这种"舌不可烧"从经典文本中来到了现实。再由法上和尚等诵持《法华经》之僧俗推动，经二百余年在唐初形成诵《法华经》舌根不坏之信仰的风气，并弥散开来，不仅限于诵持《法华经》者。无论如何，鸠摩罗什舌舍利可谓开了舌舍利灵验之先河，成为《法华经》灵验之重要特色，并且影响至今。

---

[36] 道宣《续高僧传》，《大正藏》第 50 册，618 页上。

佛教文史

《高僧传·道恒传》发微

王亚荣(陕西省社会科学院)

【内容摘要】 后秦时长安的鸠摩罗什僧团发生了分裂,佛陀跋陀罗及门下被摈遣。在这件轰动中外的事件中,被称为"关中旧僧"的蓝田道恒扮演了重要的角色。本文以《高僧传·道恒传》为主要线索,对道恒的事迹作了基本的梳理,认为道恒人品、学问和能力都是僧团中的佼佼者,但僧略才是所谓"关中旧僧"的代表,《祐录》所记,不如《高僧传》准确。

【关键词】 道恒　长安　鸠摩罗什　佛陀跋陀罗

约后秦弘始十二年到十三年,即 410 到 411 年,长安鸠摩罗什僧团中发生分裂。据《出三藏记集》记载,"关中旧僧道恒"等,以"显异惑众"摈遣佛陀跋陀罗及其门下:

> 关中旧僧道恒等以为显异惑众,乃与三千僧摈遣佛贤,驱逼令去。门徒数百,并惊惧奔散。乃与弟子慧观等四十余人俱发,神志从容,初无异色。识真者咸共叹息,白黑送者数千人。[1]

道安僧团和罗什僧团群星璀璨,龙象群集,加之道恒事迹较少,记

---

[1]《出三藏记集》卷 14。苏晋仁、肖炼子点校,中华书局 1995 年 11 月版,542 页。下同。

载有限,因之前贤对道恒着墨不多。本文以《高僧传·道恒传》为主要线索,对道恒的经历作了基本的梳理,认为认为道恒人品、学问和能力都是僧团中的佼佼者,但僧略才是"关中旧僧"的最主要的代表,在摈遣佛陀跋陀罗的事件中发挥了决定性的作用。而关于道恒的史料记载,《祐录》有所回避,《高僧传》的记载更为准确。

一、道恒早年经历

查阅史书,所谓"关中旧僧",并无明确的身份区分,盖泛指罗什入关之前长期在关中活动者。其中又有两类,一是关中籍,一是非关中籍。而道恒则是关中籍,本传见于《高僧传》卷六,另祐录略有记载。

道恒,关中蓝田人。《高僧传》称东晋安帝义熙十三年(417),道恒"卒于山舍,春秋七十二"[2],逆推之,即道恒生于东晋穆帝永和二年(346)。道恒幼年聪慧不凡,曾得到隐士张忠的赞赏。但命途多舛,少失双亲,而好学不倦,且事养母以孝闻。之后至出家及入鸠摩罗什僧团,《高僧传》有简略的记载:

> 家贫无蓄,常手自画缋,以供赡奉,而笃好经典,学兼宵夜。至年二十,后母又亡,行丧尽礼,服毕出家。游刃佛理,多所兼通,学该内外,才思清敏。[3]

蓝田,在京城长安东南,境内半为川塬,半为山区。长安之南即终南山,蓝田也在终南范围之内。家贫且需抚养养母,可见道恒在故乡生活时间较长。自古终南多隐士,得到隐士张忠的赞赏,道恒生活的地方或许就在山区。道恒二十岁时养母亡故,"行丧尽礼,服毕出家",是道

---

[2]《高僧传》卷6《道恒传》,汤用彤校注,汤一介整理,中华书局1992年10月版,247页。下同。

[3]《高僧传》卷6《道恒传》,中华书局版,246页。

恒的出家时间应该在建元五年(369)。鸠摩罗什入关是在后秦弘始三年(401),与道恒出家相隔四十年。这一段时间道恒的事迹不清楚,仅知"游刃佛理,多所兼通,学该内外,才思清敏",未见有师承、游学的记载,可知活动的范围有限。但结合这一时期长安的佛教发展和道安僧团的建立,应该能了解到大概的情况。

印度佛教经由丝绸之路入华,而长安为丝绸之路西向的起点和东来的终点,为佛教入华的首传地区。虽然还有海道、滇缅道和吐蕃道,但丝绸之路为主要的传播渠道当无异议。初传时期的汉明求法、伊存授经都与这里有关系,之后安世高来华,朱士行西行,至西晋竺法护僧团的建立,长安佛教面貌一新。竺法护"立寺于长安青门外,精勤行道。于是德化四布,声盖远近,僧徒千数,咸来宗奉。"有"经法所以广流中华者,(竺法)护之力也"[4]之说。东来传法者,先来长安;西去求法者,也先赴长安。在这样的背景下,从风而靡,关中无论士庶,信佛者众多。道恒"笃好经典,学兼宵夜",当不是虚言。

道恒出家十年后,道安法师入长安。建元十五年(379),秦主苻坚派苻丕率大军攻破襄阳,请回了"一个半人"——天下著名的两位人才,即道安大师和东晋名士习凿齿。到了长安后,道安被安置在五级寺,于是,四方僧人纷纷奔向长安。道安内外兼修,博览群书,不仅佛学造诣精深,而且诗词歌赋都通达。

值得注意的是,道安了解蓝田,而且还鉴定过蓝田出土的一座青铜鼎。据说这座青铜鼎边壁上铸有文字,字体扭曲纠结,人们都不认识。于是,向道安请教。道安看后,判断是很古的篆书,意思是鲁襄公所制,并将其转写为隶书。甚至秦主苻坚也向道安请教。有一铜斛,上圆下方,有横梁,一般来说,横梁昂者为斗,低者为合,但这只铜斛形状极怪异,边上铸有铭文,朝廷文士也不认识。苻坚向道安请教。道安看后告

[4] 以上见《出三藏记集》卷13,中华书局1995年11月版,518页。

诉苻坚,这是王莽所制的衡器。王莽自称出身大舜皇帝,龙集戊辰,改正即真,以同律量布四方,天下取平。道安向秦主详细讲解了这座新莽所颁发的衡器,其多闻博识令苻坚佩服不已,下令朝廷的学士们不论是佛教的学问或是世俗的学问,有疑问者都向道安请教。于是,长安便流行了这样一句话:"学不师安,义不中难!"[5]

道安到来之后,长安又形成了一个庞大的僧团,人数达数千,史书上仅留下名字的西方的僧人如僧伽跋澄、昙摩难提、僧伽提婆、佛图罗刹等,对罽宾禅数之学的译传都有贡献。汉地则有法和、道立、慧常、竺佛念、僧略、慧嵩、僧导、僧叡、昙影、昙戒、法钦、慧斌、僧苞、昙邕、僧茂、慧力等四方精英,在道安领导下,或助力译场,或著述立说,一时之间,长安成为全国的佛教译传中心。[6]

以常情推之,道恒身在长安,良师莅临,群贤毕至,景象非凡。风从虎,云从龙,趋前请谒,相融相会。道恒天资聪慧,《高僧传》所云"游刃佛理,多所兼通,学该内外,才思清敏",应该是道恒在道安僧团中熏陶所致。

前秦建元二十年(384),慕容冲进逼长安,长安大饥。苻坚被姚苌俘获,缢死于新平佛寺,后秦立。次年,道安法师于长安去世,门下四散。但也有一部分留在长安,如僧伽跋澄与竺佛念翻译《出曜经》,助译者有道嶷和法和、僧略、僧叡等。十多年后,还有法显与同学多人从长安西行陆路赴印求法。

---

[5]《高僧传》卷5《道安传》,中华书局版,181 页。

[6] 按,长安的道安僧团和罗什僧团,汤用彤先生考之甚详。参见《汤用彤全集》第一卷《汉魏两晋南北朝佛教史》第八章释道安、第十章"鸠摩罗什及其门下",河北人民出版社 2000 年 9 月版。又参见镰田茂雄《中国佛教通史》第一卷第五章"释道安——中国佛教的开拓者",关世谦译,台湾佛光出版社 1985 年 9 月版。

二、道恒与鸠摩罗什僧团

后秦弘始三年(401),鸠摩罗什大师被请入长安,秦主姚兴待以国师之礼,据《晋书》所载,秦境之内,"事佛者十室而九":

> (姚)兴既托意于佛道,公卿以下莫不钦附,沙门自远而至者五千余人。起浮图于永贵里,立波若台于中宫,沙门坐禅者恒有千数。州郡化之,事佛者十室而九矣。[7]

前文所述道恒与道安僧团的关系没有明确的史料记载,只是据常情而推之。但道恒与罗什僧团的关系不仅有明确的记载,而且道恒甚得罗什信任,屡屡为罗什译经传法的助手。如《高僧传》中所云:

> 罗什入关,即往修造,什大嘉之。及译出众经,并助详定。时恒有同学道标,亦雅有才力,当时擅名,与恒相次。[8]

又,《出三藏纪集》记载:

> 四方义学沙门,不远万里。名德秀拔者才、畅二公,乃至道恒、僧标、僧睿、僧敦、僧弼、僧肇等三千余僧,禀访精研,务穷幽旨。庐山慧远,道业冲粹,乃遣使修问。龙光道生,慧解洞微,亦入关咨禀。[9]

还有,道恒参与《大品》的译传,与僧叡专当翻译《思益经》时的传写等等,都见诸记载,可见道恒得罗什青睐,确在译场充当重要的助手,因而道恒在僧团中应有较高的声望。说道恒为"十哲"之一,得罗什衣钵,当不为过。

以上的记载说明的是道恒的学问,以及得到罗什的青睐和对译场

---

[7]《晋书》卷117《载纪·姚兴上》,中华书局本,2985 页。

[8]《高僧传》卷6《道恒传》,中华书局版,246 页。

[9]《出三藏纪集》卷14《鸠摩罗什传》,中华书局本,534 页。

的贡献,下面的记载则说明道恒的人品和能力:

> 秦主姚兴,以恒、标二人神气俊朗,有经国之量,乃敕伪尚书令姚显,令敦逼恒、标罢道,助振王业。又下书恒、标等曰:"卿等皎然之操,实在可嘉,但君临四海,治急须才。今敕尚书令显,令夺卿等法服,助翼赞时世。苟心存道味,宁系白黑。望体此怀,不以守节为辞也。"恒、标等答曰:"奉去月二十日诏,令夺恒、标等法服,承命悲怀,五情失守。恒等才质闇短,染法未深,缁服之下,誓毕身命,并习佛法,不闲世事,徒废非常之业,终无殊异之功。昔光武尚能纵严陵之心,魏文容管宁之操,抑至尊之高心,遂匹夫之微志。况陛下以道御物,兼弘三宝,愿鉴元元之情,垂旷通物之理也。"兴又致书于什、略二法师曰:"别已数旬,每有倾想,渐暖比休泰耳。小店远举,更无处分,正有慨然耳。顷万事之愍,须才以理之。近诏恒、标二人,令释罗汉之服,寻大士之踪,然道无不在,愿法师等勖以喻之。"什、略等答曰:"盖闻太上以道养民,而物自是,其复有德而治天下,是以古之明主,审违性之难御,悟任物之多因。故尧放许由于箕山,文轼干木于魏国,高祖纵四皓于终南,叔度辞蒲轮于汉岳,盖以适贤之性为得贤也。今恒、标等德非圆达,分在守节,少习玄化,服膺佛道。至于敷析妙典,研究幽微,足以启童稚,助化功德。愿陛下施既往之恩,纵其微志也。"兴后频复下书,阖境救之,殆而得勉。[10]

史料没有记载秦主姚兴令道恒、道标还俗辅政的时间,不知是在僧团分裂之前还是之后? 但不管是之前还是之后,都说明了以下三个问题。

其一,道恒、道标两人的"皎然之操"和"经国之量",不仅得到秦主姚兴的肯定,而且连鸠摩罗什和僧略也爱才心切,为两人辩护,以至于

---

[10]《高僧传》卷6《道恒传》,中华书局版,246—247 页。

"阖境救之"。

其二,道恒、道标"缁服之下,誓毕身命"的决心,僧格之纯粹,于此可见一斑,不让玄奘专美于其后。

其三,《祐录》所云"关中旧僧道恒等以为显异惑众,乃与三千僧摈遣佛贤,驱逼令去。"似在摈遣佛陀跋陀罗的过程中,道恒是领头人。以是而言之,道恒确实有此影响力。无论人品、学问还是能力,道恒在僧团中都有相当的影响。但《祐录》这句话并不准确。

三、僧略:摈遣佛陀跋陀罗的决策者

《祐录》将道恒作为摈遣佛陀跋陀罗的领头者,实际上可能与事实有出入,决策者应该是僧略。

比较《祐录》和《高僧传》,关于佛陀跋陀罗被摈一事的记述略有不同。《祐录》直接点名为"关中旧僧道恒等以为显异惑众,乃与三千僧摈遣佛贤,驱逼令去"云云,领头人为道恒。而《高僧传》的记述则要详细,特别是在"五舶"的争论中,《高僧传》作如下记述,僧略的名字在道恒之前:

> 关中旧僧,咸以为显异惑众。
>
> 时僧略、道恒等谓贤曰:"佛尚不听说己所得法,先言五舶将至,虚而无实,又门徒诳惑,互起同异,既于律有违,理不同止,宜可时去,勿得停留。"[11]

两相比较,《高僧传》的记载是比较准确的。关键的原因是僧略与道恒的身份不同,僧略是僧官,而且是职级最高的"僧主",资历声望都在道恒之上,所以《祐录》谓道恒质疑并领导摈遣佛陀跋陀罗于情理上不通。

---

[11]《高僧传》卷2《佛陀跋陀罗传》,中华书局版,71—72页。

僧略,俗姓傅,北地泥阳人(今陕西耀县)。少出家,止长安大寺,为弘觉法师弟子。按,此大寺,即后来罗什译经传法之地。僧略出家后曾游学于青司、樊、沔等地,通六经及三藏。这一地区正是道安僧团活动的范围。

关于僧官,《高僧传》卷六详细记载了僧略被委任为"僧主"的经过:

> (僧略)律行清谨,能匡振佛法。姚苌、姚兴早挹风名,素所知重,及僭有关中,深相顶敬。兴既崇信三宝,盛弘大化,建会设斋,烟盖重叠,使夫慕道舍俗者,十室其半。自童寿入关,远僧复集,僧尼既多,或有愆漏,兴曰:"凡未学僧,未阶苦忍,安得无过。过而不(咳一咽),过遂多矣,宜立僧主,以清大望。"因下书曰:"大法东迁,于今为盛,僧尼已多,应须纲领,宣授远规,以济颓绪。僧略法师,学优早年,德芳暮齿,可为国内僧主。僧迁法师,禅慧兼修,即为悦众。法钦、慧斌共掌僧录。"给车舆吏力。略资待中秩,传诏羊车各二人,迁等并有厚给。共事纯俭,允惬时望,五众清肃,六时无怠。至弘始七年(405),敕加亲信伏身白从各三十人。僧正之兴,略之始也。略躬自步行,车舆以给老疾,所获供䞋,常充众用,虽年在秋方,而讲说经律,晓众无倦。[12]

僧略任僧主,僧迁任悦众,法钦、慧斌共掌握僧录,这就是中国佛教的僧官制度之始。

姚兴立僧官的目的在于维持秩序,因为"自童寿入关,远僧复集,僧尼既多,或有愆漏",其中的"远僧",当指本地之外不熟悉的僧人。姚兴任命僧官,自然在熟悉的"旧僧"中选择。僧略等任僧官之后,效果是好的,如传中所云:"共事纯俭,允惬时望,五众清肃,六时无怠。"达到了设僧官的目的。

---

[12]《高僧传》卷6《僧略传》,中华书局版,239—240页。

现在再来看摈佛陀跋陀罗一事,为何僧略是领头者。

首先,僧略身为僧官,有"五众清肃,六时无怠"的职责要求。其次,僧略为关中籍,毕生活动与大寺有关,在罗什入关前已声名卓著,确为"关中旧僧"。再次,僧略与姚苌、姚兴有多年的交往,甚得信任。最后,从"五舶"之争可以看出,僧略得到绝大多数僧众的拥护。而这几点,道恒大多不具备。

四、道恒的《释驳论》

道恒参与罗什译事,听受新法,本人著作不多,如僧传所云有《释驳论》、《百行箴》,并行于世。今以《释驳论》为例,借以了解道恒的思想及时代面貌。

"释驳"者,解释、反驳。晋世佛教大有发展,思想上与中华传统产生了冲突,寺院经济与社会经济有了矛盾,社会上质疑者不少。所以道恒著此文,意为对质疑者予以解释和反驳。全文四千余字,以宾主问答的文体展开论辩。篇首云:

> 晋义熙之年,如闻江左袁、何二贤,并商略治道,讽刺时政,虽未睹其文意者,似依傍韩非五蠹之篇,遂讥世之阙,发五横之论。而沙门无事猥落其例。余恐炫耀时情,永沦邪惑,不胜愤惋之至,故设宾主之论以释之。

义熙之年,即405到418年,"江左袁、何二贤"不知何所指。文中道恒托名"西鄙傲野散人",与"东京束教君子"宾主问答。"东京束教君子"的质疑,实际上是首先如实综述对佛教的各种负面意见:

> 今观诸沙门通非其才,群居猥杂,未见秀异。混若泾渭浑波,泯若薰莸同箧。

> 沙门既出家离俗,高尚其志,违天属之亲,舍荣华之重……何其栖托高远,而业尚鄙近,至于营求汲汲,无暂宁息;或垦殖田圃与

农夫齐流，或矜恃医道轻作寒暑，或机巧异端以济生业，或占相孤虚妄论吉凶，或诡道假权要射时意，或聚畜委积颐养有余，或抵掌空谈坐食百姓。斯皆德不称服行多违法，虽暂有一善亦何足以标高胜之美哉？[13]

其余质疑还有大设方便，鼓动愚俗；寺庙壮丽，崇无用之虚费；无益于时政，有损于治道；张空声于将来，图无像于未兆等等。道恒非常客观地把这些方方面面的质疑整合到一起，然后逐一作出回答。

例如在回答"会尽肴膳，寺极壮丽"的质疑时，道恒答道：

此修福之家倾竭以备将来之资殚尽，自为身之大计耳，殆非神明欲其壮丽，众僧贪其滋味。犹农夫之播殖，匠者之构室，将择贞才以求堂宇之饰，精简种子以规嘉苗之实，故稼穑必树于沃壤之地，卜居要选于墌墇之处。是以知三尊为众生福日，供养自修己之功德耳。

回答大设方便，鼓动愚俗，"一则诱喻，一则迫胁"：

众生缘有浓薄，才有利钝，解有难易，行有深浅，是以启诲之道不一，悟发之由不同，抑扬顿挫，务使从善。斯乃权谋之警策，妙济之津梁，殊非诱迫之谓也。[14]

当时的讨论主要在东晋南方，攻击僧尼者并非个别现象，而反击的旗手正是慧远。慧远连续作有《沙门不敬王者论》、《沙门袒服论》、《答桓玄明报应论》、《三报论》等等，为佛门辩护。慧远声望较高，一方面庐山清高自守，一方面著述辩论，以至于桓玄沙汰僧尼，独庐山不在其例。道恒身居北方，自称"西鄙傲野散人"，参与南方的辩论，说明不仅了解其论争的情况，也是对慧远的支持和呼应。

道恒法师爱教护法之热忱，于此可见一斑。

---

[13] 以上见《弘明集》卷6，《大正藏》52册，35页。

[14] 《弘明集》卷6，《大正藏》52册，36页。

五、道恒的退隐

关于道恒最后的去向,在拒绝了秦主还俗辅政之后,《高僧传》记载道:

> 恒乃叹曰:古人有言,益我货者损我神,生我名者杀我身。于是,窜影岩壑,毕命幽薮,蔬食味禅,缅迹人外。晋义熙十三年(417),卒于山舍,春秋七十二。恒著《释驳论》及《百行箴》。标作《舍利弗毗昙序》并《吊王乔文》,并行于世矣。[15]

道恒何时离开僧团"窜影岩壑""蔬食味禅"? 史籍无载。仔细分析,应在弘始十四年(412)左右。

其一,道恒退隐的时间必然在僧团分裂之后,若在之前,道恒便不会参与摈遣之事。

其二,道恒的考量是"生我名者杀我身",其退隐与朝廷要其还俗辅政有直接的关系。

其三,在推辞还俗的过程中,姚兴曾致书鸠摩罗什和僧略,请其劝道恒,而罗什也上书为道恒辩护,请姚兴"施既往之恩,纵其微志",则其时间的下限必然在罗什去世之前。

罗什于弘始十五年(413)四月卒于长安大寺,而摈事发生在弘始十三年(411),所以,道恒离开僧团隐居的时间在弘始十四年(412)左右。诚如是,则道恒的离开和僧团的分裂、佛陀跋陀罗的出走也有关系。

姚兴请道恒还俗辅政是在僧团分裂之后,则姚兴对道恒在摈遣佛陀跋陀罗活动中的表现是肯定的,因此才要其还俗辅政。但从僧团内部来讲,毕竟发生了分裂,毕竟不是愉快的事情,道恒的心情可知,绝无

---

[15]《高僧传》卷6《道恒传》,中华书局版,247—248 页。

还俗辅政的兴致。

这里需要注意的是,道恒的退隐恐怕与慧远有牵连。

众所周知,是慧远致书姚兴和"关中旧僧","解其摈事",而"关中旧僧"本来就从属于道安的长安僧团。慧远是道安的得意弟子,道安对其寄予厚望:"使道流东国,其在远乎!"[16]评价非常高。道安去世之后,慧远继其衣钵,在庐山盛弘经教,中土汉籍僧人,声望之高者无出其右。又,慧远虽未入长安,但与关中旧友一直保持有密切的联系。襄阳失陷前,道安又一次分张徒众,慧远率领部分人东下,后在庐山定居,但与关中一直有来往。甚至到罗什时代,慧远仍然有"关中旧僧"昙邕为沟通庐山与关中的专使,积极引进"关中胜说":

> (慧远)屡遣使入关,迎请禅师,解其摈事,传出《禅经》。又请罽宾沙门僧伽提婆出数经。所以禅法经戒,皆出庐山,几且百卷。初关中译出《十诵》,所余一分未竟,而佛若多罗亡,远常慨其未备。及闻昙摩流支入秦,乃遗书祈请,令于关中更出余分。故《十诵》一部,具足无阙,晋地获本,相传至今。葱外妙典,关中胜说,所以来集兹土者,皆远之力也。[17]

所以,慧远有调解纠纷、发表意见的资格,其意见也受到关中僧众的重视。不过,慧远认为佛陀跋陀罗并未犯戒,但其门人有过失,而且迎请佛陀跋陀罗赴庐山。这些显然与僧略、道恒等人的看法大异其趣。尽管摈遣之事发生时支持僧略和道恒的是大多数,但持中立或相反态度的也不少,特别是僧团中"关中旧僧"之外的大众,以及关中之外各地的僧人,议论纷纷,可以想见。

由以上分析可知,朝廷褒奖,慧远批评,加上次年罗什去世,年近七旬的道恒远离是非之地回归终南隐居,恐怕是最合乎情理的选择了。

---

[16]《出三藏纪集》卷15《慧远传》,中华书局本,566 页。
[17] 同上,568 页。

《楞严经》笔受房融行状考[1]

李 欣(同济大学)

《楞严经》经题有"菩萨戒弟子前正谏大夫同中书门下平章事清河房融笔受"一条,[2] 则房融曾参与译经,充任笔受一职,将他人译为汉语的经文记录在案。但其人其行,史料绝少。本文裒辑相关文献,略加考证,以资参考。

一、房融生平

房融,在唐代历史上,不要说是大人物,就是小的大人物,乃至大的小人物都算不上。他官位不低,声名却不高。同中书门下平章事,算是宰相了。可是,即便贵为宰辅,遍检《旧唐书》《新唐书》,不但找不到他的传记,连稍许详尽一点的记录都没有。唯一资料如下:

武则天长安四年(704)十月,房融从怀州长史出任正谏大夫同凤阁鸾台平章事,即宰相。欧阳修《新唐书》卷四《武则天本纪》:"长安四年十月壬午,怀州长史房融为正谏大夫同凤阁鸾台平章事。"以资料更为丰富著称的《旧唐书》,这次却未能给我们提供相关信息。考其"本

---

[1] 为使行文眉目清晰,本文传统夹行注与页下脚注兼用,论断的文献依据以小五号字夹注文中,其他如笔者按语以及现代出版物则以脚注注出。

[2] 此处文字依"高丽藏"与"赵城金藏"本,宋资福藏、碛砂藏、元普宁藏、明永乐北藏、嘉兴藏、清龙藏本"正谏大夫"作"正议大夫",误,下文辨证。

纪"之"则天皇后"（卷六），长安四年十月只载录"十月，秋官侍郎张柬之同凤阁鸾台平章事"。

　　紧接着的神龙元年（705），却是多事之秋。江山易主，房融境遇也天上人间。因为依附武则天的男宠张易之、张昌宗兄弟，他被贬逐。《旧唐书·张行成传·族孙易之昌宗》：朝官房融、崔神庆、崔融、李峤、宋之问、杜审言、沈佺期、阎朝隐等，皆坐二张，窜逐凡数十人。中宗正月即位，他正月下狱，二月流放钦州（今广西钦州市）。《旧唐书·中宗本纪》：神龙元年正月……正谏大夫房融……等下狱……二月甲寅……房融配钦州。《新唐书》说他流放的是高州（今广东茂名高州市）《新唐书·中宗本纪》：神龙元年二月甲寅……流房融于高州。不管钦州高州，都远在岭南。不过，也许正因如此，他才有机会在广州参与译经。

　　还是神龙元年，据《新唐书》，房融死于高州。《新唐书·房琯传》：父融，……神龙元年贬死高州。

二、房融官衔

　　经题称房融为"前正谏大夫同中书门下平章事"。本文辨析两点：正谏大夫与同中书门下平章事。

　　先看后者。

　　史载房融是"同凤阁鸾台平章事"，即经题中的"同中书门下平章事"，为宰相。唐代宰相，不正式称相，而在其他具体官职上加"同中书门下三品"、或"同中书门下平章事"等衔，才能行使宰相职权。《新唐书》卷四十六《百官志》："其（宰相）品位既崇，不欲轻以授人，故常以他官居宰相职，而假以他名。自太宗时，杜淹以吏部尚书参议朝政，魏征以秘书监参预朝政，其后或曰参议得失、参知政事之类，其名非一，皆宰相职也。贞观八年，仆射李靖以疾辞位，诏疾小瘳，三两日一至中书门下平章事,而平章事之名盖起于此。其后,李绩以太子詹事同中书门下三品,谓同侍中中书令也,而同三品之名盖起于此。然二名不专用,而他官居职者,犹假他名。如故自高宗以后为宰相者,必加同中书门下三品,虽品高者亦然……而张文瓘以东台侍郎同东西台三品,同三品入衔,自文瓘始。永淳元年,以黄门侍郎郭待举、兵部侍郎岑长倩等同中书门下平章事,平章事入衔,自待举等始。自是以后,终唐之世不能改。"故而,即便是尚书仆射这样原本相当于宰相的尚书省长官,尚书省长官原是尚书令,因李世民曾做过,此后臣子不敢居此位,就以尚书仆射实际统领尚书省政务。倘若无此类加衔,反而不能以宰相身份处理政务。(唐)杜佑《通典》卷二十二《职官·尚书省》:"及贞观末,除拜仆射,必加同中书门下平章事及参知机务等名方为宰相,不然则否。"房融即以正谏大夫身份为相。

而加称"同中书门下三品"还是"同中书门下平章事"取决于原职品级。原职在正三品及以上,加前者。在正三品以下,加后者。房融为正谏大夫,品级是正五品上,故加衔"同中书门下平章事",不得称"同中书门下三品"。同样,张柬之于武则天长安四年十月为相,此时只是秋官侍郎,正四品上,加衔"同凤阁鸾台平章事"(即同中书门下平章事),《旧唐书》卷六《则天皇后本纪》:"(长安四年)……十月,秋官侍郎张柬之同凤阁鸾台平章事。"神龙元年一月,同样为相,加衔却是同凤阁鸾台三品(即同中书门下三品)。彼时他拥立中宗有功,已官至夏官尚书,正三品。《旧唐书》卷七《中宗本纪》:"神龙元年春正月………庚戌,凤阁侍郎同凤阁鸾台平章事张柬之为夏官尚书,同凤阁鸾台三品。"神龙二年正月,李峤和于惟谦同时做宰相,前者加衔同中书门下三品,后者同中书门下平章事。李峤吏部尚书,本身正三品,唐代六部尚书都是正三品。但是,品位更高的,也还是加"同中书门下三品"。于惟谦中书侍郎,正四品上,只能加"同中书门下平章事"。《旧唐书》卷七《中宗本纪》:"二年春正月……戊戌,吏部尚书李峤同中书门下三品,中书侍郎于惟谦同中书门下平章事。"

唐代不但以他官为相,且往往不用高官,房融就是从怀州长史一举提拔为宰相的。[3] 州长史属于地方官,一州之官首推刺史,其次别驾,再次才长史。由于唐代的州按户口多寡分上中下三等,《旧唐书》卷四《高宗本纪》:"永徽……七年……九月癸酉初,诏户满三万已上为上州,二万已上为中州,先为上州中州者,各依旧。就算同为州刺史,品级也相应划为三等,更无论别驾、长史了。上州刺史品级较高,从三品,而上州长史就只是从五品上。《新唐书》卷四十九下《百官志》:"上州……长史,一人,从五品上。"怀州自是上州,天宝之前三万多户,天宝之后五万多户。《旧唐书》卷三十九:怀州旧领县九,河内武德修武获嘉武陟温河阳济源王屋。户三万九十,口十二万六千九百一十六。天宝领县五,户五万五千三百四十九,口三十一万八千一百二十六。就算如此,房融的职事官级别只是从五品上。其实,州长史一职,《旧唐书·职官志》(卷四十二)都没有记载它的品级,而《新唐书·百官志》(卷四十九下)也仅载录上州长史品级,而中州、下州俱缺载,或不设,可见绝非要职。[4]

不过,经题似不应称房融为"同中书门下平章事"。房融为相在长安四年,此时宰相衔号已被武则天改过——光宅元年改中书省为凤阁,垂拱元年改门下省为鸾台。神龙元年,中宗复位,才改回旧称。《旧唐书·中宗本纪》:神龙元年……二月甲寅,复国号依旧为唐。社稷宗庙陵寝郊祀行军旗帜服色天地日月寺宇台阁官名,并依永淳已前故事。

---

[3] 臧云浦等《历代官制、兵制、科举制表释》:"又(唐代)宰相多不用高官,不用正式相称,且以多人任中书门下平章事,分散相权,以防专擅。"江苏古籍出版社1987年版,第38页。
[4] 笔者按,另有都督府长史,倒是紧要。唐代每于重要州地设都督府,都督以亲王遥领,长史主事。但是怀州从未设都督府,所以怀州长史非此要职。参见吕思勉《隋唐五代史》(下)第二十一章《隋唐五代政治制度》,上海古籍出版社2005年版,913页。

只是这一切都与房融无关了，他已下狱，随之贬死。房融在历史上的身份，正式称谓只能是"同凤阁鸾台平章事"，只有这样才合史家笔法。赞宁写《宋高僧传》，四库馆臣批评他"中间如武后時人皆系之周朝，殊乖史法"，陈垣先生力驳之："……《提要》谓：'赞宁此书，于武后时人皆系之周朝，殊乖史法。'不知此最合史法也。武后于载初二年九月既改国号曰周，直至中宗神龙元年二月始复国号曰唐，此十五年中，事实上为周，史家岂得称之为唐。"[5]以为称"周"恰恰最合史法。而房融事实上为同凤阁鸾台平章事，又岂得称之为同中书门下平章事？诸多佛教史籍并《楞严经》章疏中提到房融，只有一位——钱谦益用了正确衔号。钱谦益《楞嚴經疏解蒙鈔》卷一："融，清河人，管之父也。天后长安四年甲辰十月，繇怀州刺史拜正谏大夫同凤阁鸾台平章事，神龙元年乙巳二月，除名流高州。"当然，他例外，我们不意外。

再看正谏大夫。

正谏大夫，即谏议大夫，高宗龙朔二年改称正谏大夫。《旧唐书》（卷四十二）《职官志》："龙朔二年二月甲子改百司及官名。改……谏议大夫为正谏大夫。"谏议大夫主管权衡朝廷政策得失，直言上谏，如其名。（唐）杜佑《通典》卷二十一《门下省》："谏议大夫……（附注）王珪为谏议大夫尝有谏论，太宗称善，遂诏每宰相入内平章大计，必使谏官随入与闻政事。贞观十七年，太宗问谏议大夫褚遂良曰："舜造漆器，禹雕其俎。当时谏者十有余人，食器之间，苦谏何也？"遂良对曰："雕琢害农事，纂组伤女工，首创奢溢危亡之渐。漆器不已，必金为之；金器不已，必玉为之。所以诤臣必谏其渐，及其满盈无所复陈。"上然之。谏议大夫的归属，初唐到开元，颇曲折。唐初属于门下省，后又属中书省，玄宗开元后又复属门下省，后德宗贞元又分为左右谏议大夫，左谏议大夫属门下省，右谏议大夫属中书省。（唐）杜佑《通典》卷二十

---

[5] 陈垣《中国佛教史籍概论》，上海书店 2001 年版，第 38 页。

一《门下省》："……大唐武德五年复置（谏议大夫）属门下。龙朔二年，改谏议大夫为正谏大夫。后又置谏议大夫属中书。开元以来废正谏大夫，复以谏议大夫属门下。………（附注）贞元四年五月分为左右各四员，其右谏议隶中书省。未知房融其时，隶属何处？不过，门下中书两省，虽然都是是唐代中央行政机构，谏议大夫的职责更近于门下省。后者有审议、驳回的大权《旧唐书》卷四十三《职官志》："凡官爵废置，刑政损益，皆授之于记事之官，既书于策，则监其记注焉。凡文武职事六品已下所司进拟，则量其阶资，校其才用，以审定之。若拟职不当，随其优屈退而量焉。"其长官是侍中（二人），其次是门下侍郎（二人），再次左散骑侍常（二人），然后才是谏议大夫（四人）。

不过，宋碛砂藏、资福藏与明永乐北藏、嘉兴藏此处均作"正议大夫"，那就要作别解了。

正谏大夫、正议大夫相差一字，大有不同。正谏大夫是职事官，正议大夫是唐代文散官官阶称谓之一种。唐代官称分职事官与散官，前者才是实际的行政职务，后者是虚衔。设置散官，汉代已见。原本作人才储备，以备不时之需。没有安排职事官的，就派为散官。隋以后，渐成虚号。（宋）岳珂撰《愧郯録》卷七《散阶勋官寄禄功臣检校试衔》："官之有散，自汉已有之矣。然当时之仕于朝者，不任以事则置之散，……百官有阙则取于其中以补之，盖皆以储才待须，而亦与诸职事官均其劳佚也。……未有以职为实，以散为号，如后世（隋以后）者也。"[6]何以职事官与散官双轨？唐代名臣陆贽说得最近情理。实职有实利，虚衔重德声，两者并行，以期实利与德教并重。（宋）司马光撰、胡三省音注《资治通鉴》（卷二百三十）："（陆）贽上奏：……夫诱人之方惟名与利。名近虚而于教为重，利近实而于德为轻。专实利而不济之以虚，则耗匮而物力不给。专虚名而不副之以实，则诞谩而人情不

---

[6]笔者按，此处引文次序与原文小异，为取文意明了，略加调整。

趋。故国家命秩之制,有职事官,有散官,有勋官,有爵号。然掌务而授俸者,唯系职事之一官也,此所谓施实利而寓虚名者也。其勋、散、爵号三者所系,大抵止于服色资荫而已,此所谓假虚名而佐实利者也。"[7]南宋岳珂也指出过散官之设立是为了增强官员的德望。(宋)岳珂撰《愧郯録》卷七《散阶勋官寄禄功臣检校试衔》:"隋……又有特进、左右光禄大夫、金紫光禄大夫、银青光禄大夫、朝议大夫、朝散大夫并为散官,以加文武官之德声者,并不理事。"不过,他倒没提职事官与实利的关系,大概是因为君子何必曰利,毕竟是宋人。

只是,宋碛砂藏、资福藏与明永乐北藏、嘉兴藏作"正议大夫",不可取。其误有二:

首先、与史传不合。《新唐书》明文记载,房融在长安四年被提为正谏大夫,非正议大夫。

其次、最关键的,正议大夫与同中书门下平章事连用,不合唐代官制。如果不考虑史传记载,正议大夫似也可通,与"同中书门下平章事"连用则不可。唐代官制,"同中书门下平章事"只是衔号,不是官职,必须与职事官衔连用才意为宰相,而正议大夫作为散阶同样是个虚衔,如此一来,房融的职掌就落了空,只有"正谏大夫"(职事官)加"同中书门下平章事"才如理。只是称房融"正谏大夫同中书门下平章事",其散阶便不明罢了。

清僧溥畹将"正议大夫"解为"谏议大夫",误。(清)云南法界寺讲经广陵沙门溥畹述《楞严经宝镜疏悬谈》(卷一):菩萨戒弟子前正议大夫同中书门下平章事清河房融笔授……正议者,史称正谏,言官之名,即谏议也。(CBETA, X16, no. 315)前者是散官,后者是职事官,一字之差,千里之别。其底本文字本为"正议大夫",非"正谏大夫",解为

---

[7] 笔者按,陆贽《翰苑集》卷十四《奏草》也收入相关文字,题为《又论进瓜果人拟官状》。但文字较此繁复,故取《资治通鉴》之简明。

"谏议大夫"，不免张冠李戴。

三、房融之子

　　房融之子房琯，也是宰相，而且玄宗、肃宗两朝为相。与父亲不同，他有着与宰相地位相当的清望，是不折不扣的名人。

　　杜甫就与他是生死之交。肃宗时房琯被谗，罢相，杜甫直言上疏，惹得肃宗大怒。毕竟在肃宗心目中，房琯有点像自己父亲玄宗安插的内应。最终，杜甫保住了性命，却丢了左拾遗的官职。《新唐书·杜甫传》：(房)琯时败陈涛斜，又以客董庭兰，罢宰相，甫上疏言："罪细，不宜免大臣。"帝怒，诏三司杂问。宰相张镐曰："甫若抵罪，绝言者路。"帝乃解。甫谢，……然帝自是不甚省录。杜甫为他写下了不少诗篇，房琯生前有，《陪王汉州留杜绵州泛房公西湖》：旧相恩追后，春池赏不稀。阙庭分未到，舟楫有光辉。豉化莼丝熟，刀鸣鲙缕飞。使君双皂盖，滩浅正相依。《得房公池鹅》：房相西亭鹅一群，眠沙泛浦白于云。凤凰池上应回首，为报笼随王右军。身后亦有。《别房太尉墓》：他乡复行役，驻马别孤坟。近泪无干土，低空有断云。对棋陪谢傅，把剑觅徐君。唯见林花落，莺啼送客闻。《承闻故房相公灵榇自阆州启殡归葬东都有作二首》：(之一)远闻房太守，归葬陆浑山。一德兴王后，孤魂久客间。孔明多故事，安石竟崇班。他日嘉陵涕，仍沾楚水还。(之二)丹旐飞飞日，初传发阆州。风尘终不解，江汉忽同流。剑动新身匣，书归故国楼。尽哀知有处，为客恐长休。

　　谈到房琯，唐人绝不吝惜自己的笔墨。在房琯死后近五十年，贬官永州的柳宗元还为他写了铭文：《唐相国房公德铭之阴》，刻在碑阴。柳宗元《柳河东集》卷九：……在元和三年间，此碑当是时作。足见柳宗元之看重，亦见房琯之德重。

　　于是乎，《旧唐书》、《新唐书》当然有"房琯传"。可是一旦想在其中寻觅一点房融的消息，却不免要空手而回了。关于房融，《旧唐书·房琯传》近于只字未提，只说房融是他父亲。《旧唐书·房琯传》：房琯，河南人。天后朝正议大夫、平章事融之子也。《新唐书》信息也多不到哪去。《新唐书·房琯传》：琯字次律，河南河南人。父融，武后时以正谏大夫同凤阁鸾台平章事，神龙元年贬死高州。

此外，《旧唐书》说房琯好谈释老，倒也能折射一点父亲的光影。《旧唐书·房琯传》：(房琯)但与庶子刘秩、谏议李揖、何忌等，高谈虚论，说释氏因果老子虚无而已。

四、房融之交游

关于房融，唯一叫人眼前一亮的是他和陈子昂的友情。卢藏用《陈氏别传》提过一句，在陈子昂好友的名录上，发现了房融的名字，但也仅此而已。《陈拾遗集·附录·陈氏别传》：(陈子昂)尤重交友之分，意气一合，虽白刃不可夺也。友人赵贞固、凤阁舍人陆余庆、殿中侍御史王无竞、亳州长史房融、右史崔泰之、处士太原郭袭、征道人史怀一，皆笃，岁寒之交。与藏用游最久，饱于其论，故其事可得而述也。显然，卢藏用不是为房融而房融，是为子昂而房融。宋祁《新唐书》也提到了这一点，一样的友人名录，一样的毫无线索。《新唐书·陈子昂传》：子昂资褊躁，然轻财好施，笃朋友。与陆余庆、王无竞、房融、崔泰之、卢藏用、赵元最厚。

房融做过的笔受一职，在译场中有时还兼润文。润文即负责润色文字，原本多由朝官充任。草蛇灰线，这一点似乎又能把房融与许多人联系在一起。义净译场中的润文如李峤、卢藏用、张说、苏颋等都是当朝名士。智升《开元释教录》卷九：……又至景龙四年庚戌，于大荐福寺译……等，已上二十部八十八卷。……修文馆大学士特进赵国公李峤、兵部尚书逍遥公韦嗣立、中书侍郎赵彦昭、吏部侍郎卢藏用、兵部侍郎张说、中书舍人李又、苏颋等二十余人次文润色。其实，他们都曾与房融同朝为官。其中，卢藏用与房融关系不错，两人同是陈子昂的好朋友。李峤，则因依附二张，和房融在中宗即位初，同被贬逐。见前。可是，一旦藉此寻觅马迹蛛丝，相关史籍里，却总也找不到房融的名字。

五、房融之郡望与籍贯

经题署"清河房融"。清河为郡名。唐时，清河郡一度称贝州，属河北道。《旧唐书·地理志·河北道》：贝州，隋为清河郡，武德四年平窦建德，置贝州，……天宝元年改为清河郡，乾元元年复为贝州。清河郡属于《禹贡》九州岛中的冀州；春秋属晋；战国赵魏韩三家分晋后，属赵；秦时为巨鹿；汉代分巨鹿，设清河郡，因为郡临清河，故名。李吉甫《元和郡县志·河北道·贝州（清河上）》：《禹贡》冀州之域，春秋时其地属晋，七国时属赵，秦兼天下以为巨鹿，郡汉文帝又分巨鹿置清河郡。郡临清河水，故号清河。此地饱浸历史风雨，算是黄河流域中原文明之地，颇有古遗迹。在清河县境内，有一处大堤，据说是鲧治水时留下的"鲧堤"中的一段。乐史《太平寰宇记·河北道·贝州》：清河县………鲧堤在县西三十里，自宗城县来，鲧治水时筑。

不过，房融为清河人，是以之为郡望，非籍贯，他籍贯河南。有一点可为佐证。《资治通鉴》即说房融是河南人，《资治通鉴·唐纪·则天顺圣皇后下》：壬午以怀州长史河南房融同平章事。两唐书房琯传也说琯河南人，而不说是河北道的清河人。引文见前。可是给房琯封爵时，用的却是清河郡名：清河郡公；《旧唐书·房琯传》：……（至德三年）十二月大赦，册勋行赏，加琯金紫光禄大夫，进封清河郡公。或者是郡内县名"漳南"：漳南县男。《旧唐书·房琯传》：天宝……五年正月，擢试给事中，赐爵漳南县男。由此推知房家郡望清河漳南，籍里河南。因为依唐宋旧例，封爵必取郡望，顾炎武《日知录》（卷三十一）：唐宋封爵必取本望。爵位之侯、伯、子、男四等用县名,封公则用郡名或县名。《新唐书·百官志》:凡爵九等。一曰王……,二曰嗣王郡王……,三曰国公……,四曰开国郡公……,五曰开国县公……,六曰开国县侯……,七曰开国县伯……,八曰开国县子……,九曰开国县男……。所以才有清河郡公、漳南县男这样的爵名。虽说郡望、籍贯原本是一非二,但年代久远世事变迁,随一分为二。岑仲勉《唐史余渖·唐史中之望与贯》:就其最初言之,郡望籍贯,是一非二。历世稍远,支胤衍繁,土地之限制,饥馑之驱迫,疾疫之蔓延,乱离之迁徙,游宦之侨寄,基于种种情状,遂不能不各随其便,散之四方,而望与贯渐分,然人仍多自称其望者,亦以明厥氏所从出也。[8] 可唐人重族望,重世家门阀,故房融称郡望,而不称籍贯,当时风气使然。同上:唐人称属籍,每举郡望(不及籍里),下迄五代,余风未泯,……(倘)以为失,则犹未捻当时之习俗耳。[9]

六、房融族系

清河郡有古迹,更有名流。清河有六个大姓:崔、张、房、尚、傅、靳。《太平寰宇記·河北道·贝州》:清河姓氏六 崔 張 房 尚 傅 靳。虽然不比清河崔氏显赫,房氏也出了人物,最著名的即隋末唐初房彦谦、房玄龄父子。两唐书都说房玄龄是齐州临淄人,《旧唐书·房玄龄传》:房玄龄房乔,字玄龄,齐州临淄人。《新唐书·房玄龄传》:房玄龄,字乔,齐州临淄人。其实这说的依然是籍里不是郡望,同房琯传,此为两唐书写法通例,严耕望亦有论。还是《隋书》交代得分明,说房家本是清河人,七世祖房谌仕北燕慕容氏,随之定居齐州。《隋书·房彦谦

---

[8] 岑仲勉《唐史余渖》,中华书局 2004 年版,第 229 页。
[9] 同上,第 233 页。

传》：房彦谦，字孝冲，本清河人也。七世祖谌仕燕，太尉掾。随慕容氏迁于齐，子孙因家焉。尤其值得一提的是，房玄龄是有佛缘的人，曾是玄奘大师译场的监护。《续高僧传》卷四：……乃勅京师留守梁国公房玄龄，专知监护。而房家人似乎总有佛缘，房融又与《楞严经》结缘。

不过，房融与房玄龄应该不是一支。有《房玄龄碑》，碑文说："公……清河郇县人也"。不过，此碑已涣漫不清。清王昶《金石萃编》卷五十所录，缺文尤多，尤其是籍里部分，想必未得善本佳拓，今从孙诒让释读。孙诒让《籀稿述林·房玄龄碑跋》：碑首述其籍贯云清河郇县人，……。而房融如前所考，是清河漳南县人。

七、房融其他轶事

关于房融的史料少得可怜，正史里关于他的记述，不是下狱，就是流放。除了《楞严经》，一切都乏善可陈。正史之外的笔记杂录还有数则，可是就连这些仅有的材料也在强化一种的感觉：此公面目模糊。

唐人李肇《唐国史补》（卷上）里有一则逸闻，涉及房融：

> 郗昂与韦陟友善，因话国朝宰相。陟曰："谁最无德？"昂误对曰："韦安石也"。已而惊走。出逢吉温于街中，温问："何此苍遑？"答曰："适与韦尚书话国朝宰相最无德者，本欲言吉顼，误云韦安石。"既而又失言，复鞭马而走。抵房相之第，管执手慰问之，复以房融为对。昂有时称，忽一日触犯三人，举朝嗟叹。惟韦陟遂与之绝。

郗昂当时颇有声名，李白还曾赠诗给他，李白《送郗昂谪巴中》：瑶草寒不死，移植沧江滨。东风洒雨露，会入天地春。予若洞庭叶，随波送逐臣。思归未可得，书此谢情人。忽然一天之内触犯三位显贵，满朝大臣都很叹惋，不过最终只有韦陟和他绝交。从这个故事，我们只能见出韦陟之器小，房琯之量大，房融的面目依然不清。

明人董其昌《画禅室随笔》(卷一)的一则题跋也提起过房融:

> 《书圆通偈后》以虞伯施庙堂碑法书此偈。贞观时,《楞严》犹未经翻译,永兴《破邪论》亦世谛流布尔。颜鲁公颇事道,言李北海但作碑版,怀素着袈裟犯饮酒戒,草书狂纵,不足与写经手校量功德。唐世书学甚盛,皆不为释所用。梁肃、房融其书不称,惟裴休深于内典,兼临池之能,《淳熙帖》所刻是已。

董其昌说到唐人书法与佛教的因缘,认为梁肃、房融虽有佛缘,但是书法却没什么名气。梁肃是天台中兴之祖荆溪湛然的弟子,《宋高僧传·义解篇·唐台州国清寺湛然传》:朝达得其道者唯梁肃学士。又曾以湛然弟子元浩为师,《宋高僧传·义解篇·唐苏州开元寺元浩传》:其(元浩)儒流受业,翰林学士梁公肃。书法虽无名气,却是唐代古文名家,韩愈也曾效法。《旧唐书·韩愈传》:大历贞元之间,文字多尚古学效扬雄、董仲舒之述作,而独孤及、梁肃最称渊奥,儒林推重。愈从其徒游,锐意钻仰,欲自振于一代。董氏倒是把裴休大大表扬了一番,认为他既精通佛典,又擅长书法。《旧唐书》、《新唐书》提起裴休,全与董其昌同调。《旧唐书·裴休传》:长于书翰,自成笔法。家世奉佛,休尤深于释典。《新唐书·裴休传》:书楷遒媚有体法……然嗜浮屠法,居常不御酒肉,讲求其说,演绎附着数万言。《唐圭峰定慧禅师传法碑》,是裴休为华严宗密撰文并书写的,可视为他佛学修养与书法才能的完美结合。只是这样一来,房融愈发显得平平了。

佛教生命学

佛教对心理疾病产生根源的解析与对治

——以唯识学为例

普　超(弘法寺佛学院)

【内容摘要】　本文主要探讨佛教对心理疾病产生根源的解说与对治。首先探讨佛教对疾病及其病因的看法,说明佛教所谓的心疾是指贪等烦恼;其次探讨心病产生之根源,即是第七识恒执第八识的见分为自我,由此无明产生我执,从而造成众生的种种痛苦;最后探讨心病的对治,通过对遍计所执等如理的观察,认识到"现实我"的因缘不实及"理想我"的虚无,破除我执,以六度的修学体系悟入诸法实相的唯识性。

【关键词】心理疾病　末那识　无明　我执　三性

现代社会,虽然物质生活极其丰富,但精神生活并没有成正比的好转,一切以经济的手段衡量整个社会,大多数人的精神状态都处在极度的空虚乃至疾病之中。根据各类媒体诸多触目惊心的调查报道可知,现代很多人处在亚健康状态,并且心理疾病(简称心病)的发病率正呈现逐年上升的趋势,成为二十一世纪危害人类身心健康的重大隐患。[1]　公元前四世纪古希腊哲学家亚里士多德所著的《灵魂论》是世

---

[1] 台湾政治大学教育学系郑石岩教授在《唯识法门与心理健康———唯识派心理学的时代意义》一文中说:"一九九六年世界卫生组织(WHO)对于未来人类十大疾病提出推估报告,警告世人在二○二○年时,人类十大疾病的排行,第一名是心脏病,第二名是忧郁症。目前忧郁症还未进入威胁人类十大疾病的排行,为什么会在二十年后有可能成为第二号人类健康的杀手呢? 依我从事心理咨商的经验,认为可能性很高。因为未来的社会变迁会更快,人的心灵生活所受到的压力和挑战也就升高。"《普门学报》2001年版,第1期。

界上第一部心理学专著,其研究的内容是人的"心灵"。所谓"心理学",是指阐释心灵的学问,是研究"心理"和"行为"的科学。从这个意义上说,诞生于公元前六世纪的释迦牟尼佛应该是世界上最早的心理学家,因为记载佛陀言行的三藏十二部,虽浩如烟海,但基本上都是从不同角度、不同方式正确地剖析人类的心理问题,如三科等,从而引导修习者净化自己的心灵。中国哲学家熊十力称佛教为"心理主义"。梁启超在《佛教心理学浅测》为主题的讲演中提到研究佛学"应该从经典中所说的心理学入手","研究心理学应该以佛教教理为重要研究品。"[2]佛教的教义几乎都在谈心,都在"心理锻炼之道",[3]所谓"千经万论只是明心",其中以"唯识学"对人类精神的分析,最具有现代心理学色彩。台湾国立政治大学教育学系郑石岩教授在《唯识法门与心理健康——唯识派心理学的时代意义》一文中说:"唯识学可说是一门佛教心理学,多年来我参研佛法,在实际修持和观察研究中,发现唯识学不但是学佛的重要法门,同时也是现代人提升生活适应能力,维护心理健康,培养良好精神生活的有效指引,所以我把唯识法门称为唯识派心理学。"[4]因此,唯识学就是佛教的一门心理学,它不但是学佛的重要法门,同时也是现代人类维护心理健康,培养良好精神状态的有效指引。

一、佛教对疾病及其病因的看法

(一)佛教对疾病的看法

常人所谓的疾,是指感冒、风寒、传染等外来因素引起的种种身体

---

[2]梁启超《佛学研究十八篇》,上海古籍出版社 2001 年版,393—394 页。

[3]《达摩大师血脉论》第 1 卷,《续藏》第 63 卷,第 4 页。

[4]郑石岩《唯识法门与心理健康———唯识派心理学的时代意义》,《普门学报》2001 年版,第 1 期。

不适;病即是指生物体发生不健康的现象,疾病合起来的定义即是对人体正常形态与功能的偏颇。世俗所言之病,大多局限在身病的范畴,所谓的身病,依《大般若经》卷331说:"身病有四:一者、风病。二者、热病。三者、痰病。四者、风等种种杂病。"[5]虽然有谈及心理疾病,但就只是指一个人由于精神上的紧张、干扰、压力等原因,使自己在思维上、情感上和行为上发生了偏颇社会规范和现象,即所谓心理障碍或心理疾患。美国著名人本主义心理学家马斯洛(1918—1970)说:"心理的压抑性受一些因素的控制而不能自性纠正,而这些因素如压抑、选择性知觉、各种防御途径、又呈停滞状态。"[6]又说:"强迫性神经症是孩提时代的恐惧持续到成年造成的。"[7]佛教认为,众生的根本心理疾病是由贪嗔等根本烦恼,如《大般若波罗蜜多经》卷331说:"心病亦四:一者、贪病。二者、嗔病。三者、痴病。四者、慢等诸烦恼病。"[8]《思惟略要法》卷1亦指出:"形疾有三:风、寒、热病,为患轻微。心有三病,患祸深重,动有劫数受诸苦恼,唯佛良医能为制药。"[9]根据佛教的看法,除非每个人皆能够彻底消除贪等烦恼,否则,每个众生的思维是不正常的,都是心理疾病的携带者,所以佛说"一切众生皆有病。"且此心灵上的问题又是根深蒂固的,一般医生只能治疗人们因感觉器官、运动系统、呼吸系统等生理上的问题,但无法治疗人们心理上的问题,即使是心理学医生,亦只能纠正因生理神经系统所引起的之失常,而无法根治人们心理的贪等病。因此,唯有无上医王的佛陀,可以治愈众生的无明等病垢,也唯有佛法的慈悲慧水,才可以清除贪嗔等三毒,令众生回复心理的健康。四川大学陈兵教授在《佛教心理学》中说:

---

[5]《大般若经》第331卷,《大正藏》第6册,695页。

[6][美]马斯洛著,成明译《马斯洛人本哲学》,北京:九州出版社2003年版,96页。

[7]同上,第2页。

[8]《大般若经》第331卷,《大正藏》第6册,695页。

[9]《思惟略要法》第1卷,《大正藏》第15册,297页。

"在当今世界诸家心理学的百花园中，佛教心理学是一株具有独特姿态、独特色香韵味的奇葩异卉，具有其独特的宝贵价值，影响极为深远广大……用佛教的尺度来衡量，诸家心理学皆属世间俗学或'世学'，只有佛教心理学方为出世间'圣学'。"[10]

（二）病由心造

从疾病产生之因来说，佛教认为，都是有心引起的，所谓的病由心造，四大失调为基本病机。[11]《修习止观坐禅法要》卷1说："人以四大不调，故多诸疾患。此由心识上缘，故令四大不调。若安心在下，四大自然调适，众病除矣。"[12] 即在说明众生由于烦恼起惑造业，攀缘外境，心猿意马，我憎等烦恼即成病因，从而导致四大失调。马斯洛认为："人执着地追求这些需要的满足；这些需要的剥夺将造成人的病态、衰弱或影响的发育。"[13] 众生如果能抛弃执着的驰求，抛弃"欲望满足"，[14] 便血气调和、四大协调，病痛自会消除，因此，佛在《佛为大医王论》中强调："自身有病自心知，心病还将心药医；心境静时身亦静，心生还是病生时。"佛教认为，心生法生、心灭法灭。然心病由何而来？佛教明确地说明——由无明恒执我见，任性纵欲造成。

[10] 陈兵《佛教心理学》，南方日报出版社 2007 年版，52 页。

[11] 《佛说佛医经》卷一说："人身中本有四病：一者、地；二者、水；三者、火；四者、风。风增，气起；火增，热起；水增，寒起；土增，力盛。本从是四病，起百四百四病。"《大正藏》第 17 册，737 页。又《大智度论》卷六亦说："若身中不调，若热气多，则多梦见火，见黄、见赤；若冷气多，则多见水、见白；若风气多，则多见飞、见黑。"参见《大正藏》第 25 册，103 页。

[12] 《修习止观坐禅法要》第 1 卷，《大正藏》第 46 册，471 页。

[13] ［美］马斯洛著，成明译《马斯洛人本哲学》，北京：九州出版社 2003 年版，第 4 页。

[14] ［奥］西格蒙德·弗洛伊德著，孙名之 顾凯华 冯华英译《梦的解析》，北京：国际文化出版社 2011 年版，87 页。

二、心病产生之根源

佛法讲身心不二,"心恼故众生恼。"[15]心理上的烦恼,能引发身心的失调,导致疾病的产生。《佛说医经》列举了十种病因,其中"忧愁"、"嗔恚"两种为不良情绪,纯属于心理原因,淫欲也与心理有关。现代医学和心理学证明,过度的紧张、压抑、焦虑、孤独、恐惧等心理反应,能通过对大脑神经系统的损害,导致神经衰弱、失眠、焦虑等心理疾病。奥地利著名心理学家阿德勒认为:"心灵不仅能影响某种特殊病症的选择,它还能支配整个身体的结构……在愤怒、焦急、或忧愁的状态之下,肉体都会说话。而肉体在说话时,都是使用着自己的语言。当一个人处于他所害怕的情境中时,他可能全身发抖,另一个人可能毛发竖立,第三个人可能心跳加快,还有些人会冷汗直流、呼吸困难、声音变哑、全身摇晃而畏缩不前。"[16]可见,种种心理疾病皆与自己的不良情绪有关,因为"身体的整体形状和发展不仅受心灵的影响,而且可放映出心灵的错误和缺点。"以下就依第七末那识原理概要性地探讨心病产生的根源。

(一) 末那识与恒行不共无明

在佛教里有一个殊胜的修学法门——唯识学,此法们主要是基于精神作用以及围绕心识变化来认识宇宙人生显现,或者说"表现"。胡晓光在《阿赖耶识刍议》中说:"唯识学从认识出发,从认识中推出存在,是认识决定存在。"[17]唐肿容说:"人生宇宙全身眼等八种认识能

---

[15]《杂阿含经》第 10 卷,《大正藏》第 2 册,69 页。

[16] [奥]阿德勒著,罗玉林等译《阿德勒人格哲学》,北京:九州出版社 2004 年版,76—78 页。

[17] 胡晓光《阿赖耶识刍议》,《法音论坛》1999 年版,第 3 期。

力,相依共存,形成统一整体内心世界的外表形态。所以改造人生宇宙主要是心内用功,是内心世界转染成净、改旧换新,就算达到目的。"唯识思想的特点在阐述有情的"一念心识",从认识到心识的作用,从而转化内心的深层认识,建立起正确的人生观。众生之所以有种种的心理不健康问题的存在,其主要原因:即是对内心世界的不了解。心理有问题,无法有效的疏导和排解,将使人痛苦不堪。若能正知自己的内心,觉察自心,转变认识等,一切不良的心理问题将会得以良好的疏导,身心愉快。因为一切染净造作,都是以"心为主导"。所以,唯识学告诉我们探究心识的方法是解决众生的种种心病为良方。"佛说种种法,为明一切心。"[18]佛陀讲法的目的是调伏众生不安的心,取除心上的种种垢染,转化成智。因此,唯识学不仅说明众生不良情绪产生的根源,而且提供了有效对治的方法,也是现代人类提升生活的适应能力,进行有效的心理环保,乃至实现心理健康的最佳指导。郑石岩在《唯识法门与心理健康———唯识派心理学的时代意义》一文中说:"我认为唯识学能给我们更多自我了解和期许,让人接触到识的存在;人的所思所行,不只影响现在,同时也影响未来,乃至涉及精神生活的终极目标。这提醒一个人必须自爱,因为自己所作所为正是他回答生命的答案,无从隐藏,也无从造假。你建构的是极乐净土,你就存在于净土;建构的是恶行恶意,那么就存在于痛苦的地狱。"[19]因此,唯识学是实现心理健康的最佳引导,被中、西学术界尊称为"一门古老的现代心理学乃至'超现代心理学'"。[20]

在唯识学中,将有情众生所有的基本元素称之为"心所",其中烦恼心所的定义:使有情身心发生恼、乱、烦、惑、污等精神作用之总称,用

---

[18]《攖宁静禅师语录》第5卷,《大正藏》第33册,518页。

[19] 郑石岩《唯识法门与心理健康———唯识派心理学的时代意义》,《普门学报》2001年版,第1期。

[20] 陈兵《佛教心理学》,南方日报出版社2007年版,30页。

现代心理学来说,就是产生负面情绪之因。而唯识学家将烦恼的根源归于众生的一个认识功能,即第七末那识,也就是说,众生的负面情绪皆源于烦恼,而烦恼则源于众生的第七末那识。因此,此识的功能特性是"恒审思量",[21]《入楞伽经》卷9说末那为"思量性名意",《唯识三十论》说末那识为"思量为性相",即第七识恒常执着第八识阿赖耶识见分为"我、我所"。因此,这一功能是恒久审查的,无论是清醒、浅睡眠、昏厥等各种状态下都保持着审查思量的功能,能够在前六识停止后,还保持我们的人格特点等,唯识学把这种错误的认识称之为"恒行不共无明"。[22] 也就是第七识恒时与这种无明相应生起,使其不能对所缘境认识清楚,从而起我、我所执,障碍无漏智的生起,也正是由此"不共无明"的恒行,才使的前六识"运用感觉、知觉、思考、记忆等心理活动,对自己的身心状态与环境中的人、事、物变化的综合觉察与认识",[23]总是夹杂着希求心、傲慢心等,因此,唯识学认为,第七识就是众生自私自利之烦恼产生的根源。

(二) 末那与我执

为什么第七识是众生自私自利之心产生的根源? 唯识认为,众生的第六识在活动中,虽然也能形成一个自我为中心,但其属于"分别我执",即分别计度,执为实我之意是属于"相应无明"。虽然第六识亦有"俱生我执",但是其并非持续的,因为它本身以外境为对象而有间断性,且于中断后,重新生起时必须依据第七识的警觉和指令才能实现。即使是在清醒的状态下,意识对认识对象的保持或转移,都必须以第七

---

[21] 《成唯识论》第2卷,《大正藏》第31册,第7页。

[22] 蓝吉富在《中华佛教百科全书(九)》说:"《成唯识论》卷五特将无始以来,与第七末那识恒常相应的我痴,称为'恒行不共无明',以便与前第六意识相应的'独行不共无明'有所区别。"中华佛教百科文献基金会出版1994年版,5856页。

[23] 张春兴《现代心理学》,上海人民出版社1994年版,175页。

识的警觉和指令为直接前提。故窥基大师在《成唯识论述记》卷4说:
"第六,别有此俱有依,即第七识。何以尔者? 自体间断,要托末那方得
起故;问:何故不托第八为依? 彼不相顺,第七有时相顺与势故;问:何
不依五识? 五识无时,此亦有故,不假方生故。"[24] "间:断麁猛,故有
此执,余识浅细,及相续故,不能横计起邪分别。邪分别者,必有间断及
麁猛故。"[25]《宗镜录》卷52说:"此我外缘,行相麁动,非第七起。由
第七故,第六起此,全由七生,增明为论。第六识中,我执体有间断,通
三性心,间杂生故。第七不缘外境生故。已上略录第七末那,诸教同
诠,群贤共释。"[26] 由此可见,真正的自我中心的建立,乃在第七识,它
是一个内在的、深藏的、无间性的自我,其无论是作为自我认识的功能,
还是作为一种对象认知的功能,都是持续运作的,始终是不间断性的。
故《成唯识论述记》卷4说:"流是相续义,转是起义,谓依第八,或种或
现,相续起义;显示此第七识,恒依彼第八识起,取所缘故。第七行相,
取所缘境,相续不断而生起义。"[27] 末那识之特性是"深而不断","行
相深及相续故"[28] 第八识含藏的一切种子、资讯、原材料、原动力都是
通过第七识,即"意根"时,它的导向总是"我执",以致前六识也就跟随
者"意根"的导向指示,无不生起我执。这就是最顽固的根本无明,是
一切烦恼的根本,是我法二执的最后根源。在作用上,内作赖耶识生起
的根,外作第六识生起的根,同时又作前六识的"染净依",以故恒与四
烦恼相应的"染污意",则有此四种作用。

(三)末那识与四惑

为什么说末那识是烦恼痛苦的根源? 唯识学认为,末那识主要特

[24] 窥基《成唯识论述记》第4卷,《大正藏》第43册,381页。
[25] 窥基《成唯识论述记》第1卷,《大正藏》第43册,250页。
[26]《宗镜录》第52卷,《大正藏》第48册,第724页。
[27] 窥基《成唯识论述记》第4卷,《大正藏》第43册,378页。
[28] 窥基《成唯识论述记》第1卷,《大正藏》第43册,249页。

点是恒执阿赖耶识见分为"自我",并且以我痴、我见、我慢、我爱四个根本烦恼与之相应,[29] 使末那识染污不净,故又称只为"染污意"。也就是说,第七识在发挥其恒审思思量的功能,将一切执为"我"的同时,已经处在一种烦恼不安的状态中,这也就是现代心理学所说"心理冲突"的主要根源。我们不妨从众生四种根本烦恼产生的过程来分析,上文已经说过,第七识恒执第八识的见分为我,产生"我见",也就是"萨迦耶见"、"身见"。正因为由此我见,导致第六识自我的形成,如《瑜伽师地论》卷63说:"即此末那,任持意识,令分别转。"[30] 促使我们在日常生活中才会感到许多的不如意,因为觉得"我"受到了侵犯、限制、伤害等,把许多事物都看成自己能主宰的或需要保护的范畴内,无处不在把生活中的事物都划分为"我"与"他"的,时刻警惕着"我"是否受到了伤害。特别是有心理障碍的人,这个界限和相应的受到"自我体认或深层自我感觉,或曰自我确认、自我肯定"[31]的痛苦也就根深蒂固了。因此,由"我见"必然会产生自恃高举的心理反应,总是喜欢抬高自己,贬低他人,需要他人的赞扬,需要他人的正确理解,需要他人的接纳等,否则心理就不舒服,此即是"我慢"。又由我见、我慢体现出第七识染着于能作为一期的生命体,这即是贪爱,也就是"我贪",自他严格的划分,彼此产生"一种相互对立"。[32] 有漏的第七识之所以会有"我见"、"我慢"、"我爱",那就是因为有"恒行不共无明"的存在,此即是"我痴"。

---

[29]《成唯识论》卷4说:"此意相应有几心所?且与四种烦恼常俱,此中俱言,显相应义。谓从无始至未转依,此意任运恒缘藏识与四根本烦恼相应。其四者何?谓我痴、我见并我慢、我爱,是名四种。我痴者谓无明,愚于我相,迷无我理,故名我痴。我见者谓我执,于非我法妄计为我,故名我见。我慢者谓倨傲,恃所执我,令心高举,故名我慢。我爱者谓我贪,于所执我,深生耽著,故名我爱。"《大正藏》第31册,22页。

[30]《瑜伽师地论》第63卷,《大正藏》第30册,651页。

[31] 陈兵《佛教心理学》,南方日报出版社2007年版,104页。

[32] 傅佩荣《心灵导师》,国际文化出版社2006年版,50页。

所以,佛教通过对烦恼生起的过程来推论:众生烦恼的根源就是无明(我痴),而最根本的无明就是与第七识所相应的"恒行不共无明",由此根本无明衍生出无量的"枝末无明",所以在《起信论直解》卷1说:"无明不觉生三细,境界为缘长六粗。"[33]由此可知,第七识是一切烦恼产生的根源。我们如果对无明的清晰了解,将有助于对心理障碍的诊断,也有利于运用各种法门从根本上对治我们的烦恼。

(四)唯识对非心理健康的透彻解析

唯识学认为第七识从无始以来至转依位,"恒与四种任运烦恼相应,于一切时,俱起不绝",[34]与善、不善、无记的诸心识同时运作而不相违。正因为有这四种烦恼恒时生起,扰乱有情之心,使第七识永远向外,使前六识常处在烦恼之中。如《成唯识论》卷4说:"此四常起,扰浊内心,令外转识,恒成杂染,有情由此生死轮回,不能出离。"[35]也就是在有漏位中,末那识恒有"我见"和"我执"等烦恼,致使第八识含藏"意根"之有漏种子,亦受染污,所以称之为"扰浊内心"。这也是第七识最不好的特征:由于其与四根本烦恼相应,与恶友为伍,固执我见,所以令有情众生在日常生活之中,无论在做任何事情时,总会自觉或不自觉地从"自我"为中心出发,无法超越自我。马斯洛说:"缺乏超越及超个人的层面,我们会生病,而变的残酷、空虚或无望、冷漠。"[36]所以,在四种根本烦恼的作用下,我们整个身心都被强烈的"我执"所包围,此我执就是每一个人内心都有一种主观的潜在期望,即希望世上每件事情都能符合"自我"的心意,以此自我中心就会产生种种的欲望,才导致了人类对生存的一切大规模的虐待乃至破坏。当个体固执于自我

---

[33]《起信论直解》第1卷,《续藏》第45册,494页。

[34]《瑜伽师地论》第63卷,《大正藏》第30册,651页。

[35]《成唯识论》第4卷,《大正藏》第31册,22页。

[36][美]马斯洛著,成明译《马斯洛人本哲学》,北京:九州出版社2003年版,342页。

时,就会产生错误的认知并且带来负面的情绪——与表层的第六识相应的贪、嗔、痴、慢、疑、恶见等烦恼频发,台湾大学哲学系傅佩荣教授在《心灵导师》中说:"若是一个人容易冲动,生活中稍不如意就有很强的情绪反应,那么他一点也不自由,反而是将自己的生命捆绑住了。"[37]正因为有种种的情绪产生,心病即会不断的产生。

　　贪即是指对于自我或他身,乃至世间一切名利、财富、地位等过分地追求,瑞士著名心理学家荣格说:"对'物质'的贪得无厌的追求,往往成为对精神追求的最大限制。"[38]嗔即是指对违背自己心意的人或事物因厌恶而产生嗔恨、恼怒的心理情绪。痴是指心性迷暗,愚昧无知,对世间一切"实相理"则不能正确认知,始终都处在迷惑之中,因此障碍智慧的生起。慢即是贡高我慢的心理,仗着自己的权利、势力、高福、聪明等,以为自己处处、事事出胜于人,生起一种鄙视他人的心理。疑即是怀疑,对佛陀所说得让四谛之理乃至世间、出世间的因果规律等,有所怀疑,自然不会断恶修善,不但自己不能为善,若见他人为善,还障碍之。恶见主要指见解上的错误,包括身见、边见、邪见、见取见、戒禁取见等,这些烦恼皆属认知的范畴,因此,佛教认为众生由于无明我执、处处着相,贪嗔痴等根本烦恼即会时刻地扰浊我们的内心,与第六识所相应的六种根本烦恼即会产生二十种不健康的心理,也就是唯识学中所谓的"二十种随烦恼"。此中,又分为"大随"、"中随"、"小随"三类。小随烦恼即忿、恨、覆、恼、嫉、悭、狂、谄、害、娇十种;中随烦恼指无惭及无愧两种;大随烦恼即是掉举、昏沉、不信、懈怠、放逸、失念、散乱、不正知八种。此二十种随烦恼有的是根本烦恼的一种表现,有的是根本烦恼在延续过程中的表现。唯识学建构完整心理的系统,在《瑜伽师地论》《成唯识论》《百法明门论》等唯识的典籍中都有详

---

[37] 傅佩荣《心灵导师》,国际文化出版社 2006 年版,第 5 页。
[38] [瑞士]荣格著,李德荣编译《荣格性格哲学》,北京:九州出版社 2003 年版,第 1 页。

细的解说,限于篇幅,不作详解。此二十种随烦恼心所是现实生活中最常见、又是比较容易被感知觉察到的。对此有概括性的了解,可以对我们的情感发生与发展更有清晰的认知,从而提高觉察与对治的能力。在心理治疗上,由于这种清晰的认识,才能够及时地采取更多、更有效的方法对治烦恼,慢慢减少精神疾患的产生,达到心理健康。

综上可知,佛教详细地解析了人类心理疾病产生的根源,也详细地说明心理疾病的表现,而现代心理学更多的是探讨情绪的某一表现,例如:焦虑、愤怒等,佛教是从心理疾病产生的根源入手,再与心病(烦恼)相应的现象来分析情绪的变化,此种解说可以说是更有客观的科学性。陈兵教授在《佛教心理学》说:"西方人直到17世纪,才提到意识之下有一种心灵中更加内在的造型性力量,20世纪初,弗洛伊德用比较科学的方法揭示了深层心理景象,创立精神分析心理学,弗氏将人类的整个意识比喻为一座冰山,表层意识只是这座冰山露出海面的一小部分,深层意识就像这座冰山深藏海中的部分,乃这座冰山的主体。远在弗洛伊德之前两千多年,佛教便注意研究深层心识,描绘了意识冰山潜藏心海深层部分的隐密面貌。"[39]佛教在对治心理疾病乃至在修行过程中,都依靠意识上如实不谬的正见、正智修"观",照破无明烦恼而获得解脱。例如"四谛"中"道谛"的八正道,以意识上的"正见"为首。后面的正思惟、正语、正业、正命、正精进、正念、正定,亦无不以正确的意识为导首。大乘唯识学的修证次第,以用意识修"四如实观",从而转意识为"妙观察智"为首,从而达到转烦恼为解脱快乐的目标。

三、心病的对治与解脱

众所周知,佛教尤其致力于心灵的解脱,烦恼的解脱,《观楞伽经

---

[39] 陈兵著《佛教心理学》,南方日报出版社2007年版,100—101页。

记》卷 5 说:"佛说一切法,为治一切心,若无一切心,何用一切法。"[40]
但要对治烦恼达到心灵彻底的解脱,必须要对自我情绪的"分解",[41]
再通过三十七道品等种种的方法对治。上文提到,众生之所以有种种
心理疾病的产生及蔓延,皆来自于"无明"、"我执"等烦恼,如果我们能
够清晰地认知到固有的"我"并非实有,即能打破无明,具体的方法,即
是通过唯识学的"三自性"进行如理的观察,再依"六度"破除贪嗔等烦
恼,即可实证诸法实相,获得心灵的自在解脱。

(一)因缘所生"现实我"之认知

从唯识学的角度来看,自我意识的观念是个体无始以来生活经验
的产物,在唯识学中称为"依他起性"。[42] 如:每个人在日常生活中,
总是把别人对自己的看法,自己适应环境的观感,以及生活上满足需要
的方法和欲求,综合成为一个"我相"。在此我相中包含了种种的心理
需要、行为模式、情感的反应等。实际上这个"我"是与环境互动作用
的产物,其本来是不"实在"的。换句话说,我们对自己所执的"自我"
形象,其实都是因缘所生的意识活动,而不是"实有"的产物,如《成唯
识论》卷 8 说:"由斯理趣,众缘所生心心所体及相、见分,有漏、无漏皆
依他起,依他众缘而得起故。"[43]可见,众缘所生之心、心所和其体,以
及相、见分,一切有漏、无漏法都是依他生起之法。此可从两方面进行
观照,一者就物质现象(色法)而言,需依靠着众缘——"因缘"、"增上

---

[40]《观楞伽经记》第 5 卷,《续藏》第 17 册,419 页。

[41] [瑞士]荣格著,李德荣编译《荣格性格哲学》,北京:九州出版社 2003 年版,第 10
    页。

[42] 蓝吉富在《中华佛教百科全书(二)》说:"依他起性:'他',指因缘而言。一切有为
    法都是依因缘而现起的。即心心所法必具因缘、增上缘、等无间缘与所缘缘四缘,
    色法则须依因缘与增上缘二缘。既是依因缘和合而存在,所以非固定的实有,而是
    如幻假有的法。然而,虽属假有,但与遍计所执性之仅现于妄情,且体性皆无之状
    况不同。"中华佛教百科文献基金会出版 1994 年版,371 页。

[43]《成唯识论》第 8 卷,《大正藏》第 31 册,46 页。

缘"才能生起；二者就精神现象（心法）需要四缘才能生起——"因缘"、"增上缘"、"等无间缘"和"所缘缘"，比如：一种精神现象或认识之产生时，需要有种子为"亲因"及帮助其生起之助缘的增上力（增上缘），还要有其所缘之缘（所缘缘）及前念引发后念（等无间缘）之牵引，方能使念头相续生起。故唯识学认为，一切人或事物产生作用时，需因缘会和合，方能生起，不是自主的生起，所以说依他起性是"生无性"。一般人都认为是"实在我"，故产生种种的"染污分别"，在佛经中被视为"假我"或"影子"，本来没有实有的自性，如《楞伽经》等经论皆谈到"无性"的问题，人类本身没有什么可以掌握的"自性"；如果有的话，也不过是生活经验的因缘互动所产生的一种"影像"。

我们在日常生活中，若能领会到依他起之因缘中的道理，从使遇到他人的诋毁，亦能真正做到"有过改之，无则勉之"，而不动于愤怒，不发于愁思，不行于焦虑等。

（二）遍计所生"理想我"之破除

如果把因缘和合的"假我"当做"实我"的同时，随即就会与他人产生对立，继而以自我为中心，内心产生占有、竞争、比较等，即对世间的"五欲"无止境的占有，总希望自己比别人好，比别人强，这样竞争之心，不绝而起，令自己慢慢地走向傲慢、虚荣等，但事实与理想是不可能达到一致的，于是在"现实我"和"理想我"之间开始产生矛盾，内心的不安和焦虑等情绪所造成的种种压力"不能自拔"，折腾一个人的一生一世，并且"深深地植根于病人的神经症状之中。"[44]

依佛教来说，有情众生通常执着的"我"就是"遍计所执"。所谓的遍计所执是指凡夫的妄心，由于无明的缘故，对外在的或内在的一切法皆认为"实有"，对之生起种种的妄想分别——周遍计较、推度等。唯

---

[44]［瑞士］荣格著，李德荣编译《荣格性格哲学》，北京：九州出版社 2003 年版，10 页。

识认为,此妄执是错误的,是因不明识变之理而起的妄执,总体来说有两种分别:一是忘情执着有实我、实法,如"空华水月"、"龟毛兔角",毫无实体,而凡夫起无体随情假有之观念;另一种是"施设"之假法,此指识变之自身,虽假立我法诸名义,但仍属于识变之范畴。所以唯识学认为,遍计所执"相无性"。故《解深密经》卷2说:"相名相应以为缘故,遍计所执相而可了知。"[45]遍计所执性是依靠"名"与"相"展开的虚妄执着,本来"名"与"相"是"依他起性"的,换句话说,是"假名"(因缘)安立的,然而由于"遍计所执"的缘故,把"假有"之法执取为"实有"之法,并且分别其自性、差别等。因此,其性质是执情有,而理无,也就是说,凡夫周遍计较执着的一切法,其实没有自性的,如果我们能了知一切法都是托识待缘(依他)而有,便可破除一切妄执,乃至破除一切不良情绪——即有理想我而造成的我慢、自卑、焦虑等不良心理。

(三)圆成之实证

所谓的圆成实性:"圆"是圆满,"成"是成就,"实"是真实,如《成唯识论》卷8说:"二空所显,圆满、成就、诸法实性,名圆成实。"[46]无著菩萨在《摄大乘论本》卷2亦说:"此中何者圆成实相? 谓即于彼依他起相,由似义相永无有性。"[47]可知,圆成实是在依他起上,所显示的二空真如,所以其又名为"真如"、"法性"、"法界"、"胜义"等。《解深密经》卷2:"云何诸法圆成实相? 谓一切法平等真如。"[48]世亲菩萨在《唯识三十论颂》卷1亦说:"此诸法胜义,亦即是真如,常如其性故,即唯识实性。"[49]此即是《深密解脱经》、《瑜伽师地论》等经论

---

[45]《解深密经》第2卷,《大正藏》第16册,693页。
[46]《成唯识论》第8卷,《大正藏》第31册,46页
[47]《摄大乘论》第2卷,《大正藏》第31册,138页。
[48]《解深密经》第2卷,《大正藏》第16册,693页。
[49]《唯识三十论》第1卷,《大正藏》第31册,61页。

中所说的"一切一味相",也就是《般若经》所说的"一相,所谓无相。"[50]真如是所缘缘,唯有正智、慧智,也即是根本和后得二智所行之境。众生内心的一种"光明性"或"智慧",它是个人内在的潜力,是一种"无相"、"无生"、"无所得"的自性,也就是智慧的"本体"。我们修学佛法,从"资粮位"到"见到位"的过程中,主要是破除"遍计所执"的同时实证"圆成实",因为遍计所执是妄有的。

如何实证圆成实?《摄论》认为修学六度的同时即可破除六种障碍,即可悟入"唯识性"。故该《论》说:"如是已说入所知相,彼入因果云何可见?谓由施、戒、忍、精进、静虑、般若六种波罗蜜多。云何由六波罗蜜多得入唯识?复云何六波罗蜜多成彼入果?谓此菩萨不着财位,不犯尸罗,于苦无动,于修无懈,于如是等散动因中,不现行时,心专一境,便能如理简择诸法,得入唯识。"[51]意思是说,凡夫之所以不能悟入唯识性,是因为有贪着财位等六种障碍,而这六种障碍只有"六度"才能够对治,行者若以"六度"来灭除"六种障碍",即能悟入唯识性,亲证"根本无分别智",从而契入诸法实相。

结　论

综上所述,佛教不仅对人类身病及心病有独特的看法与解析,而且说明了心病产生的根源及其有效的解决方法,即由第七识"恒执"第八识的见分为"自我",造成了人类贪、嗔等心病的情绪不断的爆发,也就是荣格所说的"作为一种具有相对自主性的知、情、意的无意识族群,情绪决定着我们人格的许多方面。"[52]或者说"他有一种'瘾'",情绪始终支配着人,而"不是人支配着情绪。"如果依唯识学的三性作如实

---

[50]《大般若波罗蜜多经》第46卷,《大正藏》第5册,261页。

[51]《摄大乘论本》第2卷,《大正藏》第31册,143页。

[52][瑞士]荣格著,李德荣编译《荣格性格哲学》,北京:九州出版社2003年版,10页。

的观察,再辅以六度的修学,即可打破我执。佛法是心性之学,和世俗心理学有着密切的关系。但两者在解决众生心理问题并不相同。世俗心理学所解决的是"异常"的心理问题,换言之,只是对某些异于常人的言行和病态心理进行纠正,至于人类共有的无明、我执、贪嗔等心理隐患,并不在其解决之列。佛法不仅解决了"异常"的心理问题,而且彻底地解决众生无始以来心理疾病产生的根源——无明、我执等,从而获得究竟的自在解脱,换句话说,佛法主要是以解决众生"深层"的心理问题为宗旨。陈兵教授在《佛教心理学》中说:"从西方古代哲学心理学的角度来看,佛教中显然有相当成熟的心理学,其精深丰厚,乃西方古代诸家心理学所不及。佛教心理学理论奠基于、运用于修行实践,具有多种调控、净化人心的操作技术,其重真修实证的精神及实用性,与近现代科学心理学多所相通……西方学者称释迦牟尼为'第一个研究心理创伤与复原之道的伟大精神医师'。"[53]佛法皆是以净化人心为导向,而人类的心理健康则是整个社会健康、有序发展的先决条件和坚实基础,这正是新世纪佛教前进的方向,也是"佛法现代化"的最重要途径之一。

---

[53] 陈兵《佛教心理学》,南方日报出版社 2007 年版,21—23 页。

天台教理的身心观解与身心自在之道

尤惠贞(南华大学哲学与生命教育学系)

【内容摘要】 本论文主要是立基于天台教理与身心存在相关之原典、文献,并聚焦于一念三千有关身心的观解,对于具体实存个体所具有的意义与助益,进而论析天台观行对于现代社会中可能遭受的身心问题所可能提供的实践参考与解决之道。本论文希冀借由天台教理对于身心之观解,从而论述依循天台观行法门之实践过程,对于缓和身心压力进而达至自我疗育的身心灵健康所可能发挥的作用。具体而言,本论文之研究,预期对佛教教育现代化,特别是与身心存在相关涉之生命教育层面,从天台教观的进路对身心自在之道提出一种诠解与开展。

【关键词】 天台教理 天台观行 一心三观 身心灵健康 身心自在

前 言

现实生活世间中,大概无有人不追求身心灵健康、快乐自在的生活;然而如何才是真正的身心灵健康? 而所以能达至之道又为何? 这些应该是许多人心中所关怀的问题,而且,相关之生活依循、生命引导与身心证成,亦是许多人积极追求之归趣。面对此类议题,笔者多年来从佛教义理与生命教育面向,尤其是依天台教理思想与实践观行,相当程度地寻绎出一些可资参照之理论依据与实践方法;[1]而在此研究基础上,[2]本文更聚焦于天台教理有关身心的观解,对于具体实存个体所具有的意义与助益,进而论析天台观行对于现代社会中可能遭受的身心问题所可能提供的实践参考与解决之道。

整体而言,本文希冀借由天台教理对于身心之观解,从而论述依理而行之实践过程,对于缓和身心压力进而达至自我疗育的身心灵健康所可能发挥的作用;而如此的探究与论析,或亦可视为佛教生命教育现代化的一种诠解与开展。因此,本文之论述大致依下列三方面进行:一、首先由天台智者大师所诠释之"一念三千"以具体阐释天台教理对于身心的观解,以及此种观解所含具之特殊义涵;二、其次则是阐明智者大师所诠释之"一心三观",其中所蕴含之身心实践之道;三、借由上述两方面之阐释,本文希冀进而论析蕴含教观双美、解行并重特质之天

[1] 例如笔者近几年所从事的研究,主要集中于从日常生活的身心调适探讨天台止观与具体生命、生死大事之关涉,其中包含了如何依天台圆教止观以如实而圆融无碍地照察烦恼、病患、禅定与诸见等种种境界,乃至如何从存在的如实观照谈生死的究竟解脱等问题。具体研究成果有《天台智者大师的圆顿止观与禅修》(1999)、《从"法华经义"与"天台教观"谈圆教义理与生命圆融》(1999)、《从天台智者大师的圆顿止观看病里乾坤》(2001)、《天台智顗"观病患境"之现代诠释——从身心之整体调适谈起》(2003)、《天台智顗"观诸见境"之现代诠释——试论动态圆融的生命观》(2003)、《天台智顗"观禅定境"之探究》(2003)、《天台止观与生死学之关涉——从日常生活的身心调适谈起》(2003)、《存在的如实观照与生死的究竟解脱之关涉——以〈维摩经玄义〉为主的考察》(2004)、《〈摩诃止观〉"观"病患境之现代诠释》(2008)、《天台圆顿教观与生活的中道实践》(2012)。

[2] 拙文《从天台智者大师的圆顿止观看病里乾坤》曾针对自身面对病痛的磨练与考验过程的深刻体验与心路历程作了如此的陈述与论析:"个人在生命最危急时,牟先生所传授的大乘佛学义理,尤其是般若中观思想的荡相遣执,以及天台宗强调时时圆观当下一念心具一切法即空即假即中的特殊教观,不断地浮现脑海,不断地作为个人身心治疗过程中,克服困难与超越限制之真实而具体的指引。正是依着对于这些牟先生所谓的'生命的学问'的体会,个人方得以渡过一年多非常辛苦而且不可思议的治疗过程;而我个人从面对病患的具体经验中,不但体会到个人之身心存在与病患所形构成的种种情境自有一番乾坤天地可观照,同时也深深感受到思想义理与真实生命交涉所产生的作用与影响力。正由于个人经历过生死交关以及身心转化的治疗过程,深深体会到义理为生命实践所循之客观原则,而生命之展现则是体证义理之真实场域。"参见《揭谛》第三期2001/5,p. 10。

台圆顿教观对于身心自在所可能提供之参考与引导,由之以回应本论文有关身心灵健康之道的关怀。

一、一念三千的身心观解

实存个体的身心给人很具体的感觉,而由身心所带起之种种言行举止或诸多应对,亦总在"我"与"我所"之间来回激荡、影响与引生后续种种可能。从佛教的观点看身心存在,人的存在状况是五蕴和合[3]的存在、是随缘变化的,并没有一个恒常存在而不变的"我"或"我的身心存在"。身心存在的状况都是变化无常的,在时时刻刻变动当中,如果说此刻的身心存在代表"我",那么接着下一刻,"我的身心存在"已产生了变化,在不断的变动中,那一个定点能代表"我"?事实上,在变动中根本找不到任何一个不变的定点。或有人认为从人生的过程而言,将过去、现在与未来串连起来便是真正的我;但过去已过去,空无实体;未来的尚未到,无法把捉;从变化不定的诸事诸物中,亦无法把住任何能代表现在之定点。因此,原始佛教建立于对世间一切存在之如实正观的根本教义早已清楚揭示:诸行无常、诸法无我;而唯有如实了悟如此的世间真谛者,方能止息对世间之虚妄分别与由之而来的烦恼、痛苦,而达至清净寂灭的身心状态。综摄而言,依佛教缘起思想之诠释,实存个体的身心存在乃至整个人生的过程皆是依因待缘的生生灭灭,并没有一个不变的实体"我"或"我的身心存在"可执取。既然从人生的整个过程观察或任何一点观察,都没有一个永恒不变的、真正的"我",由此可知执取"我的身心存在"状况是虚妄不实的,而此种虚妄分别正是大多人在无明不觉中易于陷溺其中的执持,由之亦可能衍

---

[3] 指所谓的"我",乃是依色、受、想、行、识五种生理与心理的条件之和合或散灭而有生生灭灭之存在现象。

生出诸多烦恼与障碍,致使身心不得自在。

立基于佛教缘起思想对于身心存在之诠释,本文进而聚焦于天台教理对于身心存在的观解,以及与此观解关联之实践法门对于身心解脱自在所可能产生之启发与作用。本文所谓的天台教理,所指涉的乃是陈隋之际居于天台山的智者大师,弘宣《法华经》所开示的"诸佛知见"、"诸法实相",[4]同时亦依循《法华经》所主张之"开权显实、开迹显本"[5]的精神,判别诸大小乘经教之特性与分位,以令一切众生得以悟入"诸佛知见"、"诸法实相",以趣向会三乘归于唯一佛乘之圆满究极境界。智者大师所宣说的圆教义理,既是关注于如何令一切众生皆能依之而悟入"诸佛知见"、"诸法实相",则其中必然蕴含着对于个体身心之实存状态,乃至如何能究竟如佛一般知见、证悟,依之终而达至究竟解脱、圆满自在之深入观解。

天台智者大师引证《大方广佛华严经》所宣说之"心如工画师,画种种五阴。一切世界中,无法而不造。"[6]以强调一切世间法皆由心造,同时亦具体阐释诸大小乘皆依"心生一切法"而由之以开展种种教

---

[4] 根据《妙法莲华经·方便品》所说,唯有觉悟世间真实道理的诸佛"乃能究尽诸法实相"(参看《大正藏》9,5 下。)而所谓诸法实相即是就相、性、体、力、作、因、缘、果、报与本末究竟等十种范畴来论谓诸法的普遍性相、力用与因果关系等,亦即诸佛对于诸法存在的相状、特性、体质、功能、构造作用、主要条件、辅助条件、直接后果、间接后果,皆如实观解,乃至从一切存在之相状以至于果报皆知其归趣于究竟平等(一切法皆空无自性、一切法皆假名施设、一切法皆中道实相)。参看《妙法莲华经玄义·卷第二上》智者大师相关的解释,《大正藏》33,694 上,台北:新文丰,1997。

[5]《法华经》所宣说的"开权"乃是"开门外三车是权,中途宝城是化,树下成道非始,林间灭度非终。"(见《大正藏》,870 下。)而"示实"则是:"示'众'生并是吾子,二乘皆当作佛。"(见《大正藏》,870 下。)具体而言,开权之精神在于顺佛所说之种种教法,而为众生方便施设并随顺因缘地一一加以开发决了,使其不定限于任何一法而畅通之。

[6] 参见《大方广佛华严经》卷 10《16 夜摩天宫菩萨说偈品》,CBETA,T09,no. 278,p. 465,c26-27。

相义理与实践观行。内在于智者大师所诠释之性具圆教，[7]主要是依"一念三千"，以阐释任一众生在起心动念的当下，即具足了无限的可能性；依当下一念心或是无明或是明了，则由之所引生之存在则或迷或悟；或成圣成贤、或成贩夫走卒，乃至十恶不赦之作奸犯科。智者大师所说之"一念三千"，乃是依凭于："一心具十法界，[8]一法界又具十法界、百法界；一界具三十种世间，百法界即具三千种世间。"[9]具体而言，一念三千乃是就着每一众生当下之一念心以明其具足百界千如三千种世间法之存在可能性。智者大师"一念三千"思想之得以建构，主要是立基于：所有存在可区分为地狱、饿鬼、畜生、阿修罗、人、天、声闻、缘觉、菩萨、佛十种存在样态与境界。而于此十界中的每一界同时可通于其他九界，如此，每界皆各具十界而成百界。此百界复具足十如是，即如是性、如是相、如是体、如是力、如是作、如是因、如是缘、如是果、如是报、如是本末究竟等，即成千如；再配以五阴、众生、国土三世间，如此所形构成的三千世间法的存在可能性皆具足于当下之起心动念之中。

吾人因眼、耳、鼻、舌、身、意六根与色、声、香、味、触、法六尘境界相对应，并依眼识、耳识、鼻识、舌识、身识、意识六种觉识作用，所谓根、境、识和合而认识，乃至掺和第七末那识与第八阿赖耶识的作用，进而分别现象世界之种种存在；也因此而有一切烦恼、善、恶等法的生起。

---

[7] 天台圆教所说之"性"并非单指诸法空无自性之理，而是即于一切法而显之毕竟空如性与中道实相理，故此空如法性不离于一切法而即具一切法，此即为圆谈法性之"性具圆教"。

[8] 《妙法莲华经玄义》卷2："十法界，谓六道四圣也。皆称法界者，其意有三：十数皆依法界，法界外更无复法，能所合称故言十法界也。二此十种法，分齐不同。因果隔别凡圣有异，故加之以界也。三此十皆即法界摄一切法，一切法趣地狱，是趣不过，当体即理，更无所依，故名法界，乃至佛法界亦复如是。若十数依法界者，能依从所依即入空界也；十界界隔者，即假界也；十数皆依法界者，即中界也。欲令易，如此分别。得意为言，空即假中，无一二三，如前（云云）。"（CBETA，T33，no. 1716，p. 693，c6-16）

[9] 参见《摩诃止观.卷五上》，《大正藏》46,53 下。

依智者大师之阐释,吾人于日常所起之一念心,必相应于十法界中之某一法界,如轮转生死、苦恼逼迫,即相应于地狱界;贪欲相应于饿鬼界;愚痴相应于畜生界;嗔恚相应于阿修罗界;人伦道德相应于人世间;享受福报相应天界;修行求出离世间苦恼相应二乘界;慈悲喜舍相应于菩萨界,乃至如实觉了成正等正觉则相应于佛界。[10] 智者大师依止于圆顿止观,认为现实生活中:"若无心而已,介尔有心,即具三千。"[11] 此一念心与即具的三千法之关系,不可说是一心在前,一切法在后;亦不可说一切法在前,一心在后。纵亦不可、横亦不可。祇心是一切法,一切法是心故。"[12]因此,每一当下之心念与所起现之任一境界,二者之关系乃是"非纵非横,非一非异,玄妙深绝,非识所识,非言所言。"[13]而如此展现之一念三千境界,若念念皆如实观照而而圆满呈现,智者大师即名之为"不可思议境",而此即是天台教理对于每一实存个体之身心存在的圆极观解。

二、一心三观的身心实践

依上述之论析,既然吾人之身心存在与当下一念心之所趣关系密不可分,因此,如何透过观照自心以至于能明了一念心所起种种存在而如实地对应,所谓圆观一切法,乃是身心得以自在的实践之道。智者大师于《妙法莲华经玄义·卷第一上》曾云:"初观为因,观成为果。以观心故,恶觉不起。心数尘劳,若同若异,皆被化而转,是为观心。"[14]又

---

[10] 除佛以外之九界众生当下一念心所趣向之种种境界,依智颛之观解皆是虚妄分别
　　之思议境,并非天台圆顿止观所观之如实境界,唯圆满证悟诸法实相之佛乃能圆观
　　诸法存在之不思议境。

[11] 参看《摩诃止观·卷第五上》,《大正藏》46,54 上。

[12] 同上。

[13] 同上。

[14] 参看《妙法莲华经玄义研究》,78,台北:中华佛教文献编撰社,1997。

云:"观心生起者,以心观心,由能观心有所观境。以观契境故,从心得解脱故。若一心得解脱,能令一切数皆得解脱故。"[15]由此等文献观之,可见智者大师乃是直接扣紧众生无时不起心动念的心,特别强调观照众生当下一念心之重要性。而内在于天台智者大师所建构的教观中,由教相判释之义理分齐以至于解脱修证之具体实践,其关键在于如实观照己心当下一念之变化。

智者大师认为,修习止观之前应适当地安顿生活与调适身心,所以提出"具五缘、诃五欲、弃五盖、调五事、行五法"等二十五方便法门,[16]作为先前的准备工作;所谓具足五种因缘指持戒清净、衣食具足、闲居净处、息诸缘务、得善知识等种种生活条件的基本满足与应持守之戒律;诃责五欲指呵责色、声、香、味、触五种欲求;弃五盖则是指弃除贪欲、嗔恚、睡眠、掉悔、疑五种盖覆身心之障碍;调五事则是调和饮食、睡眠与调和身、息及心;行五法则是借由欲、精进、念、巧慧、一心之具体行持以确实调适身心。此二十五方便,实际上的作用在于转化生活中的负面习气,使生活不调适归于调适,身心不调适归于调适,达到逐渐转化生命的目的。[17]

具足上述二十五方便后,现实生命欲能得身心自在之道,依智者大师之观解,必须依一心三观[18]以如实观照每一当下之起心动念所生

[15] 参看《妙法莲华经玄义研究》,79。
[16] 参看《摩诃止观》卷四之相关阐释,见《大正藏》46。
[17] 详细之论述可参看尤惠贞与张文德合著,《天台止观与生死学之关涉——从日常生活的身心调适谈起》,"第三届现代生死学理论建构学术研讨会",南华大学生死学系主办,台湾:嘉义,2003/10。
[18] 智者大师所强调之一心三观,乃是即于当下一念心观一切法即空即假即中,一切法无非中道实相之当体,具体而言即指从假入空观、从空出假观,与中道实相观。智颛于《摩诃止观.卷六下》有云:"若无生门千万重垒,只是无明一念因缘所生法,即空即假即中不思议三谛。一心三观一切种智,佛眼等法耳。……虽种种说,只一心三观。故无横无竖,但一心修止观。……只约无明一念心,此心具三谛。体达一观,此观具三观。……如是观者,则是众生开佛知见。"参看《大正藏》46,页84中—85上。另亦可参看《摩诃止观》卷三、五、六、七、九以及《三观义》相关部分之说明。

一切境界,所谓一念即具三千皆依因待缘而有(假名施设),既有待因缘乃得起现,则空无自性。如此观照诸法的缘起性空,而不偏有无,亦不落常断,即是诸法之中道实相义。因此,天台圆教所修者是一心三止三观,亦即观一切法之当体即空即假即中,如此,三即是一、一亦即是三,分别三种止观只是方便权设而非定然隔别。依智者大师之诠释,在面对一切诸法或种种境界的当下,若能依凭融摄一切圆教所强调之一心三观修证法门,如实观照一切法趣空趣假趣中,所谓"一切法趣某某,是趣不过"[19],则能即于一切世间思议境当下证成圆满绝妙之不思议境。如智者大师以疾病为例为大众示范超克生命限制的方法,即是起不可思议慈悲的"一心三观"以如实观照身心疾病。对于执著我与疾病为实有者,或迷惑于贪、嗔、痴等偏见者,以"空观"破除执著。又,观疾病虽即是空,但只观空并不究竟,容易流于偏空之弊,或忽视疾病因缘对于身心的作用与影响,因此可借"假观"(所谓观诸法依因缘之假名施设)调心治病,以发挥善巧度化之方便。再者,一念病心虽即是法界,但众生若未能达于中道实相,而真实观解身心疾病非定无,亦非定有之因缘,则仍有可能陷滞于无明之虚妄分别中;于是须以不偏二边之"中观"调心除病,破除无明而通达诸法究竟。综摄而言,智者大师所以阐释观病患为不思议境,乃依凭于如实了悟:"一念病心非真非有,即是法性法界。一切法趣病是趣不过,唯法界之,都无九界差

---

[19] 智者大师于《妙法莲华经玄义》卷8 对于"一切法趣某某,是趣不过"有详细之阐释与近取诸譬,其文有云:"大品云:一切法趣色,是趣不过。此色能诠一切法,如黑墨色。一画诠一,二画诠二,三画诠三,竖一画则诠王,足右画则诠丑,足左画则诠田,出上诠由,出下诠申。如是回转,诠不可尽。或一字诠无量法,无量字共诠一法。无量字诠无量法,一字诠一法。于一黑墨小小回转,诠量大异。左回诠恶,右回诠善,上点诠无漏,下点诠有漏。杀活与夺毁誉苦乐,皆在墨中。更无一法出此墨外。略而言之,黑墨诠无量教、无量行、无量理,黑墨亦是教本、行本、理本。"见 CBETA,T33, no. 1716, p. 777, a12–22。

别。"[20]若能如是观照疾病,则自能通达病患境实际上是"绝言离相、寂灭清净。"[21]

如上所述,智者大师依一心三观以观病患,虽可方便区分次第,实则在一念心中展现,故说:"如是三疾,一心中生;如是调伏,一观调伏;如是慈悲,圆普慈悲;如是示现,普门示现;如是慰喻,一音演说。"[22]又说:"慈悲力大,菩萨适发此心,疾即除愈,不俟更修下法。"[23]若从现代医学的角度看,依心态的不同,脑内会分泌不同的荷尔蒙,负面思考所产生的荷尔蒙会导致疾病。若心量广大没有人我分别,乐于助人,并从事于有益世道人心之活动,则会分泌促进健康的"β内啡肽"(β-endorphin),令人倍感愉快。因此,生活光明正大,处处为大众着想的人,会愈趋向健康,较少出现疾病的症状。[24] 智者大师强调:"慈悲力大,菩萨适发此心,疾即除愈。"[25]由之可见,佛教所提倡的发大慈悲心是心地最大光明的展现,无论对自身或他人之存在,皆具有积极转化之动力。

要能如实圆观一切法,依智者大师之诠释,主要是依据十种观法以观照身心具体存在所可能产生的种种情况,[26]智者大师曾谓:

> 欲作大禅师,破大烦恼,显无量善法,益无量缘,当学十法止观,洞达意趣;于六缘、六受,行用相应。烦恼卒起,即便有观,观过惑表,勇健难事,解髻得珠。……观行若明,能历缘对境,触处

---

[20] 参见《摩诃止观》,"观病患境",《大正藏》46,页110下。

[21] 同上揭书。

[22] 同上揭书,页111上。

[23] 同上揭书,页111中。

[24] 参见《脑内革命》,页19—21、41。与心情状况有关所分泌的主要荷尔蒙有肾上腺素(Adrenalin)、去甲肾上腺素(Nora-drenalin)、脑啡肽(Enkephalin)、β内啡肽(β-endorphin)。

[25] 参见《摩诃止观》,《大正藏》46,页111中。

[26] 智者大师将所观境归约为阴界入所呈现之身心存在,以及由之而可能引生之烦恼、病患、业相、魔事、禅定、邪见、增上慢、二乘与菩萨十种存在境界。

得用。[27]

所谓十法止观,乃是指观不思议境、发菩提心、巧安止观、破法遍、识通塞、明修道品、调适助道、知次位、能安忍与无法爱之十种修证方法;其中之第一"观不思议境",可说是从理上令一切众生明了若如实圆观一切法,则法法皆是不思议法,诸境皆成不思议。然不思议境界要能如实成就,必须确实发上求无量法门,下化一切众生之慈悲弘誓,亦即须发菩提心;并且具体实践圆顿止观之种种行法,所谓"须行填愿",如此,具体生命之"如理作意"方有实质之意义。至于破法遍、识通塞等乃至于能安忍、无法爱,则是强调在实际止观修证中,不但对应所可能出现之身心障碍与弊病,如烦恼、病患乃至于诸知见等分别境界,应如实观照,而且对于修证所依循的对治法门,乃至修行所次第证悟之境界,都必须不断地超越而无所住著。

三、圆顿教观[28]与身心自在

经由现代医学与相关科技之研究证明,身体组织细胞没有一刻是不变的,心念更是瞬息万变;而且当现实生活中越来越多人经由东西方医学、心理学、生理学乃至宗教灵修等而意识到身心并非二元对立的存在,而且也接受身心灵为统一的整合体时,[29]则天台智者大师从一念

---

[27] 参看《摩诃止观.卷七下》,《大正藏》46,101下。

[28] 本文所言之天台圆顿教观,意指实相哲学与圆顿止观兼容并蓄、教观双美,同时也是指涉智颢以生命实践具体呈现之智颢的佛教哲学。

[29] 拙文《从天台智者大师的圆顿止观看病里乾坤》中曾指出:"EQ一书的作者丹尼尔·高曼(Daniel Goleman)曾强调'现代科学有一伟大的成就,那就是发现身与心并非分离而独立的,它们只是一体的两面。'……他同时也借由实验所获得的生物学证据,指出正面情绪(如平静、乐观、自信、友善、慈悲和喜悦等)对于身体具有特殊疗效。……而美国著名的电视记者比尔.莫怡斯透过与医学、心理学、心理治疗、身心医学、静坐、气功、太极拳与中医等不同领域的学者专家之访谈,呈现了一种理念:"我们的健康、疾病,与我们的身体、我们的思考、意象、感觉,以及人际间的关爱、抚慰、碰触、工作、信仰、宗教、生活方式、家庭,以及社区都是息息相关的。"参见《揭谛》2001/05,5—6。

即具十法界三千境界之身心一体的思想，以及相应此种观解所构成之禅修止观之实践法门，实有现代诠释之必要与推行之意义。

上述借由一念三千对于身心存在之观解，乃至依一心三观以如实应当下一念心所起或所面对的诸多境界，并非表示在圆顿观解或止观禅修的实践过程中，所谓的身心灵健康指的是完全无病无痛。本文之所以从天台教理的身心观解谈到身心灵的健康之道，思维与论述之脉络在于依上述天台教理对于身心之观解，所谓一念即具三千，秖心是一切法，一切法即是一心，即已明白显示身心为不可分离的整体。而如此的身心观解若对应现实的身心存在状态，究竟如何提供可资参照与依循的应对之道？一般人起心动念的当下，对于所意识之情境，常落于好坏、成败、得失、苦乐等相对立的两边，因此，遇到病患时也把病与健康相对立起来，若依智者大师所释之一念三千的义理，此时的身心状态已然落入"一切法趣病，是趣不过。"[30]，因此，身心必然大受影响，以为病患有实体性，因而落于病患苦的烦恼中。如果知道疾病是当下所面对之诸多因缘和合所呈现之境界，则我们虽然无可回避，但却可以换个心态面对。智颛在《观病患境》中对于疾病的对应，是将身心作整体考量，认为身体内部四大、外在环境与心灵，都会影响健康，因此，提倡身心整体锻炼的禅修，并保持身体四大与外在环境的平衡，在日常生活中，应该起居作息正常，工作劳逸适当，去除心中贪、嗔、痴等负面情绪，并能有效的调适身心息，适切运用气息、止观等方法治病。在一念心起的当下，了知"一念病心，非真、非有，即是法性法界。"[31]如实观照，疾病并非实体，故病患不等于烦恼，若能起菩萨般的大慈悲精神，[32]彰

---

[30] 参见《摩诃止观》，"观病患境"，《大正藏》46，110 下。

[31] 同上揭书。

[32] 一念病心虽然即是法性，但其理微妙而难以思议，因为对一般人而言，疾病无疑的是有限生命的一种限制与烦恼痛苦之源；若要跳脱这种限制，智颛认为要效法菩萨的智慧明了与慈悲精神，亦即如实正观一切法的存在真相，同时又能以慈悲心接受自身之存在状态与意义，如此才能与病患并存而不心生苦恼。

显生命存在的价值,自然化解疾病对身心的困扰,突破疾病对有限生命的限制,在病患中的身心存在亦可以是解脱自在。

依智者大师于《摩诃止观》中对于"圆顿止观"之阐释,意谓:"初缘实相,造境即中,无不真实。系缘法界,一念法界,一色一香无非中道。"[33]若以个体的身心存在为所观之境界,则所谓造境即中,指的是清楚而明白地观照当下之身心与所有相关之因缘条件所形构之存在境界,在如实对应的情境中无一不是真实,每一境界皆是中道实相之自身。例如众多因缘和合引发疾病或烦恼,则因应之道在于将心系于疾病所呈现之法界,念念如法思惟观察,所谓安住于所面对之疾病或烦恼而如实观照,则所面对与观照之身心存在与疾病或烦恼皆能如其所如地显现而无所偏差,则此时心念所止息与所观照者皆为诸法之中道实相。对一般人而言,疾病或烦恼本为大患,身心皆受障碍、影响;然智者大师却认为我们可以将避之为恐不及之烦恼与病患等思议境界,借由如实正观转为依之而修行证悟的不可思议境界。

依智者之观解,可借由清楚明白之辨析与如理作意之修证,以具体遍破一切执碍之行法以超越"病患"所带来之身心束缚,其文有云:

> 行人病时,观病为因色病,为因心病。若色是病者,外山林等,皆应是病,死人亦应是病。尸及山林,未曾受病,当知色非病也;只由心想,计有此病。今观病心,不自不心,四句叵得;非内非外,毕竟清净。心如虚空,谁是于病?⋯⋯不得病心生,不得病心无生;亦生亦无生,非生非无生。[34]

综摄而言,智者依凭离四句、绝百非之中道实相观,如实地观解我们所以有"病患",乃是当下一念心对于病患之无明计著而成病;实际上,我们执以为身心之病患,并无有实体自性,既非依色身而起,亦非由

---

[33] 参看《摩诃止观.卷一上》,《大正藏》46,1c。

[34] 参看《摩诃止观》之"观病患境",《大正藏》46,111 中。

心而生。

依智者大师之诠释,现实生命所以得由思议以至于不思议的主要关键,在于众生是否如实观照当下"一念无明法性心"[35]之生灭变化:一念迷则一切法皆成生死烦恼;一念悟则一切法皆为寂灭涅槃。其次,智者大师认为病患无非心作,因为心若有忧愁思虑,邪气入侵则可能引起四大不顺、饮食不节、坐禅不调等种种病患。因此,智者大师强调透过观照自心,可以达到"观心治"之效果,[36]因为"不带想息,直观于心;内外推求,心不可得。病来,偪谁? 谁受者?"[37]智者大师依圆顿止观所观照之病患境乃是"绝言离相,寂灭清净",所以名为不可思议。若能如是观解,思议计度之"病患"境即转为寂灭清净之不可思议境,亦即观达病患(烦恼亦然)之实际,则心念所执持之病患障蔽必能豁然消除痊愈,[38]如此身心自能解脱而不受障碍,则有何可喜? 又有何可忧? 此即智者大师所强调的"达病实际,何喜何忧!"[39]

―――――――――――

[35] 天台智者大师认为一切法不离吾人当下的一念心,所以主张"外观十法界,即见内心。……今虽说色心两名,其实只是一念。无明法性十法界即是不可思议一心,具一切因缘所生之法。"此一念即具十法界三千法之心,简要而综括地说,即是"一念无明法性心";若翔实而广摄地言之,即是观因缘即空即假即中,三观一时即具之一心。请参看智者《四念处》之说明,见《大正藏》46,578 下。

[36] 如智者大师阐释如何以止观善巧安顿身心时有云:"若入道场,病时,如上所说,体解、发心,端身正念,唯止唯观。善巧悉檀,调适得所,一上坐即觉清凉。或顿损,或渐损,是名大药。更不纷扰修馀治法也。"(《摩诃止观》,《大正藏》46,页 111 中。)亦即若能体解疾病所以生起的因缘,并抱持自利利他的心念端身正坐,调适身、心、息,专注于如何止心一处,如实观照病患境界,念念皆归于中道实相而不使心念无明而为病患所困,如此善巧调适得当,故能在禅修静坐中身心清凉,而种种病患,或是即时消除或是渐渐减损,故智者称以止观善巧安顿身心令身心清凉自在为治病之大药。

[37] 参看《摩诃止观》之"观病患境",《大正藏》46,109 上。

[38] 若能正观病患无自性,对病情的态度必然能正面因应,如此则不为疾病所束缚而引起烦恼;不起烦恼则负面情绪不生。由此可知智者大师所诠释与观照之病患境,乃病非病,病不与身合,病患当体空无自性,而如实观照病患的当下亦即是实存个体圆满成就一切法之所在。因此,在体悟病患境当体即是不可思议境的同时,身心病患实际上已然转化而不复存在。

[39] 参看《摩诃止观》之"观病患境",《大正藏》46,110 下。

依智者大师之说明,在于吾人一念心虽常时流转于无明之中,然无明本无自性,亦即无明无有性,因此,一但吾人依凭于清净戒德与种种具体修证行法,(如具足二十五方便以及常坐、常行、半行半坐、非行非坐四种三昧行法等[40])念念当体皆如实明白无明之无住而不执著,迷染心念当下即刻转为明白;若能时时清净,念念分明,则心念对应每一境界时,即是直接面对每一法之空如法性而如实呈现,故所见皆为诸法实相所具现之法界。若能念念如实体证诸法实相,自能觉了"无明尘劳即是菩提,无集可断;边邪皆中正,无道可修;生死即涅槃,无灭可证。无苦无集,故无世间;无道无灭,故无出世间",此亦可说是"烦恼即菩提,生死即涅槃"。[41] 如此证显之境界乃是"纯一实相,实相外更无别法"[42]之法界,亦是"一色一香无非中道"之法界。

依智者大师之意,内在于天台圆顿教观之如实观照一念三千时,不仅每一实存个体对于自我之身心存在能依法如实观照与超脱,同时对于周边相互依存之其他实存个体的生命关怀,亦必然能圆融地含摄与对应,以其皆不能超离于当下每一心念依因待缘所起现之任一法界。[43] 具体

---

[40] 可参看《摩诃止观》卷二与卷四之相关说明。

[41] 宋代四明知礼于《十不二门指要钞》中特别强调:"若不立阴等为境,妙观就何处用? 妙境于何处显? 故知若离三道,即无三德。如烦恼即菩提,生死即涅槃。《(法华)玄(义)文》略列十乘,皆约此立。又,《止观大意》以此二句为发心立行之体格。岂有圆顿更过于此?"见《大正藏》46,706 下—7 上。

[42] 参看《摩诃止观·卷一上》,《大正藏》46,1 下。

[43] 例如智者大师阐释如何修"法华三昧忏仪"时曾表示,行者于至心忏悔六根以求究竟得安乐的过程中,除了必须具足严净道场、净身口意三业、劝请诸佛、如实诵经、行种种相应之道等诸多因缘,同时更须进而安身坐禅以观诸法实相,亦即必须"如菩萨法不断结使、不住使海,观一切法空如实相。"(参看《法华三昧忏仪》,《大正藏》46,953 中。)而菩萨所以能观一切法空,乃是菩萨能谛观现在一念妄心随所缘境而幻化一切差别法,如实了知一切法皆从心起,离心之外无有罪福及一切法。亦即菩萨反复思惟当下一念心,究竟是因心故心? 为不因心故心? 为亦因心亦不因心故心? 抑或非因心非不因心故心? ……经由如此四句推求的真实观照,以至于求心毕竟不可得,因为"心如梦幻不实,寂然如虚空,无名无相,不可分别。"(同上揭书)换言之,依此实相观照法而言,行此忏悔,必须心如流水,不住任一法中,犹如《金刚经》所说之"应无所住而生其心"。

而言,依循智者大师所强调之无作四谛,[44]应是于行住坐卧、日常应对的过程中,皆能依圆顿教观以如实对应现实一切因缘事物而证悟诸法实相;对于任何时空下身心的存在或相关联之诸多情境,不攀缘、不逃避,无所造作、任运自在,如此念念所起三千境界皆能如实观照而为不思议境。

四、结　　论

唐代医家孙思邈曾强调:上医医未病之病,中医医欲病之病,下医医已病之病,此三种医病方法,相应于现代医学,即是指健康未病、欲病未病与已病未传三种状态。而天台智者大师于《摩诃止观》中亦曾感叹:

> 夫世间医药,费财用工,又苦涩难服,多诸禁忌。将养惜命者,死计将饵。今无一文之费,不费半日之功,无苦口之忧,恣意饮噉,而人皆不肯行之。庸者不别货,韵高和寡,吾甚伤之![45]

上述引文中所谓无一文之费,即是智者大师一生所弘传之圆顿止观禅修法门;综观天台智者大师就其自心所行法门,对于实存个体当下一念心之观照与重视,以及由之而展现之圆教不思议境界,实际上亦提供了我们如何真实地面对自己的身心存在并由之而有所转化的具体参考。[46]

---

[44] 智者大师于《摩诃止观》卷1中之具体阐释为:"无作四谛者,皆是实相不可思议;非但第一义谛无复若干,若三悉檀及一切法无复若干。此义可知,不复委记。…推无作者,夫法性与一切法无二无别。凡法尚是,况二乘乎? 离凡法更求实相,如避此空彼处求空;即凡法是实法,不须舍凡向圣。经言:生死即涅槃,一色一香皆是中道。是名推无作四谛上求下化发菩提心。"见 CBETA, T46, no. 1911, p. 5, c15– p. 6, b3。

[45] 引见《摩诃止观》《大正藏》46,页109中。

[46] 例如智者大师对于病患所起之观照,在于"如实正观"身心疾病的诸境界,亦即肯定观一念所起诸境界之即空即假即中的圆顿止观,相对于一般人对病患之见解,可谓之为"另类体认",亦即强调当下一念心之身心状态之如实观照,从思议转化为不思议境界之止观修证,更为现代人之身心调适与自我转化,提供了一条依循之道,实可视为超克现代社会中诸种种身心障碍与病患之治病良方。相关研究请参看尤惠贞《〈摩诃止观〉"观"病患境之现代诠释》,《2008佛学论文研究论文集:佛教与当代人文关怀》,佛光山文教基金会出版,2008/08,189—214,高雄:大树。

若能参照智者大师对于一念所起诸多境界之诠释,并于历缘对境中用心如实观照,如是对于每一当下之身心存在状态较能有如实之观解,同时或能对于当下一念心之未起、将起、正起、起已有所觉察,由之明了相应之道,并防范于未然。

依天台教理之诠释,身心存在是否自在、生命是否得以转化,实决定于吾人当下的一念心;天台圆教依一心三观以如实观照一念三千的教理与实践观行,实提供了吾人如实照见具体生命之身心存在,即于思议境界而成不思议境界,究竟证悟清净自在的可行之道。[47] 本文借由一念三千对于身心存在之观解,以及一心三观之止观禅修法门的具体阐释,乃至借由圆顿教观所可能达至之身心自在的论析,除了提供天台教理关于身心的观解,以及如实修证天台止观的实践方法;同时亦相当程度地阐明止观不离生活,生活的行住坐卧中皆需要如实地安住与清明地观照,以作为有志转化生命、以期身心灵健康乃至身心自在者之参考。

参考书目

鸠摩罗什译《妙法莲华经》,《大正藏》9。

佛陀跋陀罗译《大方广佛华严经》,《大正藏》,10。

智颢《妙法莲华经玄义》,《大正藏》33。

智颢《摩诃止观》,《大正藏》46。

智颢《法华三昧忏仪》,《大正藏》46。

知礼《十不二门指要钞》,《大正藏》46。

李志夫《妙法莲华经玄义研究》,台北:中华佛教文献编撰社,1997。

尼尔·高曼主编,李孟浩译《情绪疗愈》,台北:立绪文化,1998。

春山茂雄著,魏恩珠译《脑内革命》,创意力,2006。

---

[47] 相关研究可参看尤惠贞《天台的圆顿教观与生活的中道实践》,见《华梵人文学报——天台学专刊》,255—289,2013/5。

尤惠贞《从天台智者大师的圆顿止观看病里乾坤》,《揭谛》第三期,2001/5。

尤惠贞、张文德《天台止观与生死学之关涉——从日常生活的身心调适谈起》,
    "第三届现代生死学理论建构学术研讨会",南华大学生死学系主办,台湾:
    嘉义,2003/10。

尤惠贞《〈摩诃止观〉"观"病患境之现代诠释》,《2008 佛学论文研究论文集:佛
    教与当代人文关怀》,佛光山文教基金会出版,2008/08,189—214,高雄:
    大树。

尤惠贞《天台的圆顿教观与生活的中道实践》,见《华梵人文学报——天台学专
    刊》,255—289,2013/5。

道元禅师"修证一等"思想的生死教育启示

蔡昌雄(南华大学生死学系)

【内容摘要】 禅宗憨山大师有出家是为生死大事之说。禅宗系教外别传,归属于宗门,着力开悟经验的创发,所指向的亦是生死转化的证成。因此,从建构当代生死学的立场出发,可解开吾人生死迷惑的禅宗思想,如何能作为当代生死教育实践的理路指引,实有加以审思考察的必要性。本文将试以日本道元禅师的"修证一等"思想为本,剖析道元禅师对"理论与实践"及"手段与目的"孰先孰后的精采辩证,并据此探讨此一思想对当代生死教育可能揭示的意义启示。具体而言,本文将循以下四个次题进行此一命题的推衍与论说:1. "修证一等"思想的问题意识与辩证,2. "修证一等"的思想意涵,3. 当代生死教育的理事之争,4. "修证一等"思想对当代生死教育的启示。本文企图以道元思想为例,开显禅宗直探人心本源智慧的现代诠释,期盼以此提供当代生死教育内容与方式的参考。

【关键词】道元 禅宗 修证一等 生死教育

一、前 言

　　道元禅师(1200—1253)是日本镰仓时代的禅师,他在南宋期间归入天童山如净禅师门下,随如净禅师(1163—1228)学禅2年后,于南宋宝庆三年(1227)返回日本,日后成为曹洞宗大本山永平寺的开山祖师。道元一生有修有证,且著述丰富,其思想不仅在日本佛教史上地位重要,同时,他著作中所触及的佛教教理与修证经验等议题,也均具有极高的探索研究价值;同时,道元思想因其丰厚深奥的哲理义蕴,在当代禅宗哲学的世界性研究舞台上,亦具有举足轻重的地位,且其重要性与日俱增,甚至已远超过一宗一教的范畴,而被广泛延伸至宗教哲学、身体哲学及生死哲学等领域研讨。[1] 关于道元禅宗思想所以能取得世界性瞩目地位的原因这一点,对道元哲学时代意义阐述与推广居功厥伟的阿部正雄,在其研究道元宗教与哲学的英语著作中,说得最为清楚透彻,归结起来主要有三个理由:

　　　　首先,道元在中国与日本漫长的禅史中,是一位独特的人物,因为他将深邃的宗教体证悟经验与敏锐的哲思推理技巧冶于一炉的能力,远超过他的前辈与后辈;第二,奠基于自身具穿透性的悟觉,他对大乘佛教义理的基进(radical)诠释方式,使得大乘教义的观点得以登峰造极;第三,道元对佛性(Buddha-nature)、存有(being)、时间、死亡与道德的理解,其所具有的哲学意义,一方面与某些当代重要的哲学家及议题若合符节,另一方面又对他/它们构成挑战。[2]

---

[1] 其中 Kasulis 将道元禅与临济禅并重,以此提炼出紧扣禅行与宗于禅理的当代禅宗哲学论述,参见 T. P. Kasulis, *Zen Action/Zen person*, Honolulu: University of Hawaii Press, 1985. 此外,阿部正雄的英语著作亦揭示道元禅学作为宗教哲学的殊胜之处。参见 Masao Abe, *A Sudy of Dōgen: His Philosophy and Religion*, edited by Steven Heine, Albany: State University of New York Press, 1992. 日裔美籍学者 Nagatomo 则专就道元的身体哲学进行阐述,参见 Shigenori Nagatomo, *Attunement through the Body*, Albany: State University of New York Press, 1992. 79–176. Heine 在进行海德格与道元哲学研究时,特别就海德格与道元的时间观及死亡观进行比较,可以归于对道元思想的生死哲学探究范畴。参见 Steve Heine, *Existential and Ontological Dimensions in Heidegger and Dōgen*, Albany: SUNY Press, 1985。

[2] 前揭书,Masao Abe, *A Sudy of Dōgen: His Philosophy and Religion*, 11.

阿部所举列的前两项理由,是许多中外学者对道元禅学思想特征的共同认定,至于第三点则涉及当代各路思想家与学者对道元思想重要主题意义的多元性探讨与争论。笔者因为兼具当代禅学思想与生死学研究的双重背景,目前也正进行道元禅学生死观的探究中,故对于道元禅学的现代诠释尤其是道元对死亡的理解深感兴趣。然而,本文所欲探讨的焦点并不在于道元的生死观本身,而在于道元哲学中比其生死观更为基础的"修证一等"思想,以及由此思想可能衍生的生死教育意涵。这中间涉及两个问题意识环节的认识:第一,"修证一等"思想在道元禅学中扮演着极为根本的角色,以至于包括其死亡思考在内所有重要主题论述的诠释,都必须奠定在此一基础上才得以成立,因此在道元禅学思想的诠释上应居于理论优先地位;第二,当代社会对生死教育的推动虽然是奠基于"死亡觉醒运动"(death awareness movement),[3] 所以是高度生活经验取向的,然而死亡本身的不可经验性,却在生死教育中形成了理论知识与生命经验孰先孰后的矛盾并引发争议。综合这两个问题意识可以发现,专注于调解"理论与实践"及"手段与目的"二元性矛盾的道元"修证一等"思想,对于生死教育中的理事矛盾之争似有相当的启发意义,故以专文探讨。

具体而言,本文将依循以下五个次题的开展,来论说前揭命题:1."修证一等"思想的问题意识与辩证,2."修证一等"的思想意涵,3.当代生死教育的理事之争;4."修证一等"思想对当代生死教育的启示。本文作者期望透过此禅学思想现代诠释的过程,一方面可以阐明道元禅学思想与生活世界经验紧密联系,以及理解禅机哲理需不脱实践经验的基本道理;另一方面,由道元禅学思想与生死教育领域的连结与应

---

[3] 有关死亡觉醒运动的当代发展,参见 Kenneth J. Doka, The Death Awareness Movement: Description, History & Analysis, in Handbook of Death & Dying, Clifton D. Bryant & Dennis L. Peck (ed)s, SAGE Publications, Inc. 2003。

用,可以开启经典与生活、传统与现代、思想与实践之间另类的沟通介面与研究可能。

二、"修证一等"思想的问题意识与辩证

研究道元禅学的中外佛教思想学者同意,"修证一等"思想乃是把握道元的宗教与哲学进路的根本原则。标举道元禅思想并将之推向世界宗教哲学舞台的阿部正雄与海外佛教哲学学者傅伟勳,皆持此看法。[4] 道元"修证一等"的思想始于青年道元禅师对天台本觉思想的修道疑惑问题,后来道元在如净座下透过"身心脱落"所达到的解脱经验,基本上可以被视为是他超越克服此一疑惑的体证,以及他返回日本后进行的禅法论说与教学的根本立场。因此,此"修证一等"亦是吾人在探索道元对包括生死、佛性与时间性等重要佛教议题的主张时,必须先进行检视的核心概念。

青年道元究竟对佛教的修证问题产生了怎样的疑惑呢? 根据阿部正雄所引述的道元传记资料,这个问题的基本内容是这样被描述的: "显教与密教率皆教导原始佛性或法性与众生本觉思想。如此,三世诸佛为何还必须借由修行寻求悟觉。"[5] 这个疑问关系到的是与"始觉"思想对立的天台"本觉"思想何以成立的问题。从天台本觉思想的立场观之,始觉思想因为把悟觉视为是修行的结果,仍带有修与证的二元性思考,因此是不究竟的。然而青年道元对此的疑惑是,如果众生已然悟觉,那么为何还需要修行证果呢? 青年道元的疑问看似合理,但是从佛教体证修行的观点看,道元将本觉与修行分离对待,其实是犯了将

---

[4] 有关阿部的看法,参见前揭书 Masao Abe, *A Sudy of Dōgen: His Philosophy and Religion*, 17—33。傅伟勳对道元的相关评论意见,参见傅伟勳《道元》,台北:东大图书,1996。

[5] 前揭书 Masao Abe, *A Sudy of Dōgen: His Philosophy and Religion*, 19.

本觉观念化或概念化的错误。严格说来,在道元的陈述中就连修道决心与修行本身,也都被观念化或概念化了。事实上,天台本觉思想的正确了解应是:本觉无法脱离修行而独立存在。甚至可以说,法性或佛性的开显非得要透过个人在时空中的修行决心与实践才行。

但是,如果此一相反的立场是对的,那么又会衍生出另一个问题来。那就是,如果个人修行的决心与实践是必要的,那么我们如何可以说众生是本来悟觉的呢? 传扬天台本觉思想的意义又何在? 这个问题是从始觉的立场提出来的,认为法性与佛性非天生本有,需待修行实践的过程方能完成。如此,法性与佛性便被视为是修行所要完成的目标,而修行则被视为是完成悟觉法性与佛性的手段。虽然此一问题从相反的方向提出,但是却同样犯了观念化与概念化的错误。

就法性与佛性不二的立场而言,无论是本觉或始觉的观点皆为一偏之见。因为法性与佛性乃是超越名言对待、不可化约的生命实在,所以无论认为法性与佛性独立于修证过程之外的本觉说,或是把修当成手段、把证当成目标的始觉说,或是都以各自的方式脱离了生命实在,而沦为观念化与概念化的俘虏,也因此就很难摆脱二元矛盾的理解困扰。具体而言,道元所理解的本觉说的盲点在于,人存在于生活经验的世界,虽然此世界受到手段与目的之种种二元性的限制,但是舍去此世界即等同于脱离生活经验的真实,而将法性与佛性置于柏拉图式的观念理型(eidos)世界,或者只是停留在修行者自身概念或康德所言的"观念范畴"中罢了,根本地脱离了生命的实在,因此是无法把握法性与佛性的。同理,从始觉说提出来的相反疑问的盲点亦在于此。虽然始觉说以生活世界经验为本,有触及部分的生命实在,然而当修证活动被视为是独立于法性与佛性之外,且受制于感官经验世界无所不在的二元性时,任何的修证活动均无法超越此一限制,不二的法性与佛性也终究无法证成。阿部对这个问题的理解则是,本觉说与始觉说两者混淆了"基础"(ground or basis)与"条件"(condition or occasion)的区别,[6]于是原本应同时包含两者始成的法性与佛性的悟觉被分别对待、偏取一端,流于名言把捉而偏离实在。关于这一点,青年道元其实是有所醒悟的,因为他曾与如净对话时说道:"早年心中渴望觉悟。为求道在日本遍访宗师,却只停留在因果世界打转,三宝的真正目的仍然不明,只是徒然抓住名相而已。"[7]这是道元受制二元名相、困于佛教教理,以及无法穿透实在的真实告白。那么后来此一修证问题的困扰是如何被釐清与获得解决的呢?

三、"修证一等"的思想意涵

众所周知,道元是在如净座下证得"身心脱落"的体悟,这使得道元超越了所有先前对法性与佛性的观念化、概念化与客体化的倾向,此时道元的存在与法性、佛性已再无一丝分别。正如同身心已然脱落一般,所有关于佛性与法性的名言对待、修行与证悟等二元矛盾,也在此时一并"脱落"。为何他多年来对修证二元性的疑问能于此身心脱落经验获得解决? 这个问题需要依次加以阐明。

首先,当道元以觉者之姿现身发言时,他以十分坚定的语气表达了他的"修证一等"立场。他说:"是法虽人人分上丰备,然未修者不现,未证者不得。"[8]从这句话中,吾人可以清楚看见道元对"修即证"与"证即修"所抱持的坚定立场,其中包含两个必要性的肯定:1.修练之于法性开显的必要性;2.悟觉之于证得的必要性。其次,他更进一步解说了本觉与修证之间的辩证关系:

> 夫谓修证非一者,即外道之见也。佛法之中,修证是一等也。

---

[6] 转引自阿部,前揭书,页21。
[7] 转引自阿部,前揭书,页23。
[8]《办道话》,《正法眼藏》,道元著,何燕生译注,北京:宗教文化出版社,2003,页1。

即今亦是证上之修故,初心之办道,即是本证之全体。是故教授修行之用心,谓于修之外不得更待有证,以是直指之本证故也。既修是证,证无限际;已是证而修,修无起始。[9]

从这段话的内容看,道元无疑批判了将修证加以二分的始觉说,称其为外道邪说。然而青年道元时期对本觉思想的疑惑,又如何能加以化解呢?修行的必要性何在?如果修行有其必要性,那么如何能不落入道元在此批判的修证二元邪说呢?更直接的说,"修证一等"的意义为何?该如何加以诠释?

在以上这段文字中,道元显然创造了"证上之修"、"修不待证"、"既修是证"、"是证而修"等几个重要的概念,来解释"修证一等"思想的内涵。所谓"证上之修"要阐明的道理是,当初发心修行求道时,若抱持着"修证一等"的见解行持,则行者便是在证上起修,已经是法性或佛性本体在修行中显现;而"修不待证"所指陈的则是,当行者只管修行,不把修行当成是证悟的手段,或者不把证悟看成是修行的目标时,修行本身便"直指本证"。由于修与证之间无有间隙,因此当修就是证时,证这件事便是无限际的,而当证悟被视为是本觉而来修行,也就是"是证而修"时,修就没有开始。也因此就没有修证的二元对待,修即是证,证即是修,修证是不二的。

就文本的上下文脉络而言,这样的解说似乎是可以理解的,然而吾人想进一步提问的是,这个由文本理路整理出来的观点,如果置放在生命存在的生活世界经验中,该如何来加以理解?为何修证的二元性可以被打破?本文在前面的叙述中提过,无论是始觉说或本觉说皆犯了概念化或观念化的谬误,所以将全体生命实在的修行证悟经验客体化成为认识的对象,因而造成了手段与目的之间的二元性矛盾。其实吾人可以从这个二元性的矛盾中看出,行者预设了观察者的立场,从外部

---

[9] 前揭书,页9。

来看待经验,因此就受到过程、时间与空间条件的限制,而无法把握本质上超越时空向度限制的开悟经验了。

从正面的角度说,开悟经验所涉及的不只是时间的过程,也涉及存在空间的深度。因此,开悟既需要本觉做为存在空间"基础"(basis or ground)的深度,但同时也需要修行做为生命时间条件(condition or occasion)的过程,如此才是生命全体的构成,也才是不二佛性的当下现成。基于这样的认识,道元更进一步说道:"佛祖之大道,必有无上之行持。道环而不断绝,发心、修行、菩提、涅槃,无些许之间隙,行持道还也。"[10]生命的把握必然是由动态循环的全体着手,开悟体验的认识切入,亦复如是。因此,在生命时间之流的过程中,无论是"发心"、"修行"、"菩提"或"涅槃"的道行,都不止是个别独立的生命事件,它们同时也是佛性本体的全体作用与显现,两者之间循环不绝、毫无间隙。此即道元"修证一等"思想的精要所在。

四、当代生死教育的理事之争

当代生死学(life-and-death studies)的兴起缘自 1950 与 60 年代崛起于西方的死亡觉醒运动。起因是现代科技社会对死亡否认的文化,造成社会中死亡经验被封存于特定机构、文化建制或防卫机转中的现象,使得人们无法真实地面对死亡,而形成了海德格尔所谓"非本真的存有模式"(inauthentic mode of existence),也促进了当代社会在临终关怀、悲伤辅导、生命伦理、生命礼仪等方面进行生死学探索的热潮。而将这些生死学向度探索所得的知识广泛地进行教学应用,无论是在专业教育、通识教育、基础教育或社会教育领域中推行,都可以被纳入生死教育的范畴,也是另一个生死学研究的重要领域。

---

[10] 前揭书,第16篇,《行持》上,页130。

然而,因为死亡本身的不可经验性,于是存在着生死教育应如何被教授的问题。简言之,吾人的死亡经验其实是从感知他人死亡的经验中,通过凡人必死的假设,而推论出吾人必有一死的判断概念来。任何生活在世界上的个人并没有自身死亡的经验,充其量只有濒死或近死经验(near-death experience)罢了。近年来西方的近死经验研究,[11]让许多人改变了他们对死亡的概念,但是严格说来,根据死亡的不可逆性,这些在经验上接近死亡的人并没有真正死亡,否则他们将无法返回尘世报导所见所闻。死亡经验在这个哲学思辨的意义下是不存在的,至少是吾人所无法经验的,因此当生死学的教育在强调临床、实务与经验的教学时,便有其根本原则的问题存在。例如,当死亡是不可经验的,吾人便不可能有死亡的经验,那么吾人所教授的生死学便没有实际经验的基础,生命中小规模的类死亡经验或规模较大的近死经验,充其量只是较贴近死亡而已,吾人有何认识论的基础,确知死亡的经验为何?如此,生死教育又如何可能呢?毕竟死亡不是逻辑问题,而是经验的问题。

在这个基本问题的层次之外,吾人也可以在生死学的其他应用领域中,遇到类似的问题困扰。例如,在临终照顾的领域中,临床照顾者亦面临无法确定病人是否获得善终(good death)的结论,尽管各式各样的善终说向来是十分受欢迎的临终理论。[12] 由此延伸出来的,还有如何确知临终病人末期需求的问题。由于病人在接近或濒临死亡这件事上,是先行者和先觉者,因此身为后行者和后觉者的临床照顾人员,

[11] Raymond Moody, *Life after Life*: *The Investigation of a Phenomenon-Survival of Bodily Death*, HarperOne, 1975.

[12] 善终说可概分为主观说与客观说,前者认为人言人殊,没有客观标准可以订定,以 Weissman 为代表,参见 A. D. Weissman, *The Realization of Death*, New York: Aronson, 1974。Lair 提出的善终标准则是客观论的一种。参见 George Lair, *Councelling the Terminally Ill*: *Sharing the Journey*, Taylor & Francis, 1996。

如何能够确知临终病人的真正需求,确实是一个临床实务上会面临的严肃问题。[13] 在吾人现今的讨论脉络中可以看得出来,这个临床实务上的问题,其实是由前述死亡不可经验的命题衍生出来的,因此在无死亡经验的前提下,生死教育应如何被教授似乎成了一个很难回答的棘手问题。

这个生死教育的难题一方面涉及理论知识与实践知识孰为优先的辩证问题,另一方面也牵涉的死亡经验的认识论课题。在根本性的死亡认识论问题未得妥善解决的情况下,当代生死学的探究所采取的实际策略,是把死亡当成是生活经验的事实来看待,并采取一种实用主义(pragmatism)的态度来处理和死亡相关的各种问题。换言之,死亡经验的定位或许在认识论的层次上仍属晦暗不明。但不论是恐惧死亡、否认死亡、因他人死亡而悲伤,或具有臆测死亡过程与死后世界的需求,都是吾人在生活经验中的事实,也都有研究应用的价值。有学者便把生死教育的价值定位为可以学习与死亡共处和减少死亡焦虑的媒介或过程。[14] 然而,尽管生死学的实证研究回避了死亡不可经验性带来的知识论难题,但是这样的回避也带来了若干经验研究上的理论难题,例如死亡焦虑研究的理论建构问题[15]便是。这就引出生死哲学不能不面对死亡认识论,以及生死学需要在经验研究与理论研究之间取得联系的双重课题。基于此一看法,本文借由道元禅学"修证一等"思想衍生意涵的釐清,希望能对此生死教育的认识论问题提供思想的线索。

---

[13] 参见余德慧等《临终心理与陪伴研究》,台北:心灵工坊,2006。

[14] 此一立场由死亡心理学家 Robert Kastenbaum 所主张。参见 Robert Kastenbaum, *The Psychology of Death*, Springer Publishing Company; 3rd edition, 2006。

[15] 参见 Robert A. Neimeyer & David Van Brunt, Death Anxiety, in *Dying*: *Facing the Facts*, Taylor & Francis, 1996, 49–88。

五、"修证一等"思想的生死教育启示

承前所述,吾人在探讨道元"修证一等"的思想时,就提到强调时间过程的始觉说,以及强调存在空间深度的本觉说,所以会形成二元性的矛盾,关键即在于未能以生命全体经验的动态循环观点来看待修与证的问题,以至于各偏一边,未能综合地以本觉为基础、以修行为条件,来看待修证的问题。这个修证二元论问题对于当代启发的意义在于,当吾人以线性的时间观看待历史的演化,强调一种历史的进步主义时,当下很自然就被视为是达成未来目的的手段。于是,我们永远处于达成目标的半途,虽然吾人可以向目标迈进,但是却到不了目的地。在这个不断追求目标的过程中,吾人不仅客体化了未来,当下也被客体化了,于是吾人便与实在分隔开来。

同理,生死学的知识论之所以成为难题,乃是在死亡不可经验性的命题中,已然采取了一种过去、现在、未来的线性时间观,以一种旁观生命的立场,将死亡概念化成为未来某一时点将发生的事,因此死亡经验也就成为吾人永远到达不了的目的地,与此同时,当下也被连带概念化了,吾人从此与全体生命的实在隔离开来。吊诡的是,此一与生命实在隔离的经验恰好是吾人死亡焦虑的内涵。要改善这样的存在经验,吾人需得开展存在的空间深度,而这正是道元"身心脱落"经验所以能引导出他提出"修证一等"思想,以及此思想所以能化解始觉说与本觉说之间矛盾的缘故。由此可知,死亡不可经验性的命题是预设了旁观死亡的立场所造成的二元性对立,它本身就是一个值得商榷或需要加以否决转化的生命状态。这个死亡认识论的根本立场,可以引导出以下几点对生死学与生死教育的初步启示。

首先,生死学应采取的是实践体验优位于理论知识的认识论立场。从道元禅学"修证一等"的思想可以得知,由观察者立场出发的概念化

作用，是一切二元矛盾观点的制造者，表面上丰富多元复杂的生死理论，若没有实践体验为前导，则只能是造成吾人与实在的隔离，永远无法解决二元矛盾冲突的问题。

其次，小型死亡体验、近死经验或任何边界处境的经验，都有助于超越或克服死亡恐惧。原因在于，吾人可以"修不待证"的态度修行，于是这些体验促进了存在空间的深度发展，是全体生命在各个修行时点上的开显，亦即"证上之修"。因此这些原本只具有经验意义的研究，也成为生死转化理论不可或缺的一环。

第三，生死学许多理论上的问题，开始出现解决的曙光。例如，死亡焦虑是纯粹意识或具潜意识性质的问题，就可以借由死亡焦虑转化之"修证"体验，开显其中的内涵，且不使研究者落入自掘陷阱的困境。

最后，在生死教育方面会呈现知识与经验双向流动的良性循环。具体而言，生死教育可以不只是将生死学知识教导不同域对象的应用作为，它同时也是提供形塑生死学知识的源头活水。例如，吾人往往可以从生死教育的施作中，检视社会死亡系统运作所发挥的功能，并据此反省改进生死知识层面的建构，然后依此循环往复。[16]

六、结　语

本文企图提出个人对"修证一等"思想的现代诠释，并以此理解引伸的意涵，探讨对当代生死学及生死教育知识论的难题，可能提出的思想解套线索，是非常初步的工作。至于开展道元禅学思想与生死学知识论之间的对话，则可说是非典型佛学论文的尝试。由于时间所限，本论文虽已大体呈现对此议题的基本构思及线索梗概，但在许多问题环节上，仍有许多细致审思与资料内容充实的空间，有待方家指正与后续

---

[16] 前揭书。

的修缮补正。不过,此一另类尝试所指向的意义在于,具有科际整合属性的生死学实应向以生死为了脱大事的禅学借取资粮,以深化其死亡知识论的深度,并以此做为未来发展具华人文化特色之生死学的试金石。

参考文献

余德慧等《临终心理与陪伴研究》,台北:心灵工坊,2006。

道元著,何燕生译注《正法眼藏》,北京:宗教文化出版社,2003。

傅伟勳《道元》,台北:东大图书,1996。

释恒清《道元禅师的佛性思想》,《佛学研究中心学报》,第四期,页209—258。

Abe, Masao, *A Sudy of Dōgen: His Philosophy and Religion*, edited by Steven Heine, Albany: State University of New York Press, 1992.

Doka, Kenneth J. The Death Awareness Movement: Description, History & Analysis, in *Handbook of Death & Dying*, Clifton D. Bryant & Dennis L. Peck (ed)s, SAGE Publications, Inc. 2003.

Kastenbaum, Robert, *The Psychology of Death*, Springer Publishing Company; 3rd edition, 2006.

Kasulis, T. P., *Zen Action/Zen person*, Honolulu: University of Hawaii Press, 1985.

Lair, George, *Councelling the Terminally Ill: Sharing the Journey*, Taylor & Francis, 1996.

Moody, Raymond, *Life after Life: The Investigation of a Phenomenon-Survival of Bodily Death*, HarperOne, 1975.

Nagatomo, Shigenori, *Attunement through the Body*, Albany: State University of New York Press, 1992.

Neimeyer Robert A. & Van Brunt, David, Death Anxiety, in *Dying: Facing the Facts*, Taylor & Francis, 1996.

Weissman, A. D., *The Realization of Death*, New York: Aronson, 1974.

佛教文献学

英藏西夏文本《妙法莲华经》研究[1]

崔红芬(河北师范大学历史文化学院)

【内容摘要】 继1907—1909年俄国探险家科兹洛夫在黑水城掘获大量西夏文献之后,斯坦因率领的英国探险队也于1914年来到黑水城进行发掘,获得丰富的西夏文佛教文献,现藏英国国家图书馆东方书稿部。随着英藏黑水城西夏文文献的刊布,为我们研究西夏佛经流传以及西夏佛教提供了珍贵的材料。梳理和译释《英藏黑水城文献》西夏文佛经,发现多部西夏佛经是以鸠摩罗什的汉译本为底本翻译而成的,且刊布者定名为《妙法莲华经》残经存在错误。《英藏黑水城文献》中存23件以鸠摩罗什汉译本为底本翻译成西夏文的《妙法莲华经》或《观世音菩萨普门品》。本文对其一一解读和考证,并结合其他文献考证《妙法莲华经》翻译成西夏文的时间,为学界全面了解西夏时期佛经的流行和西夏佛教发展提供依据。

【关键词】 黑水城 西夏文《妙法莲华经》 鸠摩罗什

继俄国探险家科兹洛夫1907—1909年从黑水城掘获大量西夏文

---

[1]本论文为国家社科基金项目的阶段性成果,项目批准号为12BMZ015;2011年河北师范大学社科基金重点项目阶段性成果,项目批准号为S2011Z03,并获得2012年教育部新世纪人才计划资助。

献之后，斯坦因率领的英国探险队也于 1914 年来到黑水城进行发掘，获得丰富的西夏文佛教文献，藏英国国家图书馆东方书稿部。随着英藏黑水城西夏文文献的刊布，为我们研究西夏佛经流传以及西夏佛教提供了珍贵的材料。在《英藏黑水城文献》中存有多件以鸠摩罗什汉译本为底本的西夏文《妙法莲华经》残经，据考此经在元昊（1038—1048 在位）、秉常（1067—1086 在位）时期已被译成西夏文，仁孝皇帝（1139—1193 在位）时再次校勘。《妙法莲华经》夏、汉文本还见于俄[2]、中[3]等国的收藏，鸠摩罗什的译经在西夏境内十分流行，除《妙法莲华经》和《观世音菩萨普门品》外，还有西夏文《金刚般若波罗蜜经》、《摩诃般若波罗蜜经》、《妙法莲华经》、《大宝积经》之"富楼那会"、"善臂菩萨会"、《佛说阿弥陀经》、《维摩诘所说经》、《大智度论》和《发菩提心经论》等。限于篇幅，本文仅对英藏西夏文本《妙法莲华

---

[2] 由于历史原因，黑水城出土文献主要有三大收藏地，即俄藏、英藏和中国藏。俄藏西夏文《妙法莲华经》参见［俄］Е. И. Кычанов, *Каталог тангутских буддийских памятников* Киото. Университет Киото. 1999г. стр. 293—299. №77—81, танг138、430, инв. №5605、6360、6253、5838、3259、64、63、719、68、6253、2436、66、564、4631、4011、6723、4562、6310、7231、3900、2317、6452、67、927、782、4674、3901、4562、6452、7231、692、805、229《妙法莲华经》见《大正藏》第 262 号，［日］西田龙雄《西夏文佛经目录》第 229 号；［英］格林斯坦德《西夏文大藏经》第 238—257、1502—1521 页，及№82—83, танг219《观世音菩萨普门品》，инв. №574、575、576、757、758、760、221、586、940，见《大正藏》第 265 号，即《萨昙分陀利经》；［日］西田龙雄《西夏文佛经目录》第 230 号。

俄藏汉文《妙法莲华经》参见《俄藏黑水城文献》（1—6 册）TK-1、2、3、4、9、10、11、15、157 等，《观世音菩萨普门品》TK-90、91、93、94、95、96、105、113、138、154、155、156 等，上海：上海古籍出版社，1993—1997 年。孟列夫著，王克孝译《黑城出土汉文遗书叙录》，银川：宁夏人民出版社，1994 年，第 107—116 页。

[3] 参见《中国藏西夏文文献》（1—20 册，兰州：甘肃人民出版社，2005 年）之第六册收录国家图书馆藏 B11.055［1.17］刻本经折装《添品妙法莲华经》（第 132—190 页）；第十六册收录敦煌研究院藏 G11.033［D.0670］刻本经折装《观世音菩萨普门品》和（G11.034［D.0752－1、D0696、D0815］）刻本《观世音菩萨普门品》（3 件）（第 47—88 页）、甘肃省博物馆藏 G21.035［13212］刻本经折装《妙法莲华经》（卷七）（第 293 页）等；第十七册内蒙古自治区博物馆藏 M11.010 刻本经折装《观世音菩萨普门品》（第 70 页）和 M21.150 写本《观世音菩萨普门品》封面（第 250 页）。

经》进行考证,以求证于方家。

一

《妙法莲华经》是最负盛名的大乘般若经典之一,也是中国早期翻译过来的经典,天台宗尊奉此经为"宗经"。自《妙法莲华经》传入中国后,先后六次被翻译,现存三种译本。一是后秦龟兹国三藏法师鸠摩罗什奉诏译《妙法莲华经》(七卷),见《大正藏》第 262 号;二是西晋月氏国三藏竺法护译《正法华经》(十卷),见《大正藏》第 263 号,三是隋天竺三藏阇那崛多共笈多译《添品妙法莲华经》(七卷),见《大正藏》第 264 号,此外还有个别单品的汉译本,以鸠摩罗什汉译本最为流行。《妙法莲华经》汉译本不仅传入西夏境内,而且西夏将其翻译成西夏文,汉、夏文本在西夏都十分流行。

西夏(1038—1227)国祚近两个世纪,先后与辽、北宋和金、南宋对峙,在当时产生了深远影响。西夏崇信佛教,佛教兴盛,有"浮图梵刹,遍满天下"的记载。西夏统治者还集党项、汉、回鹘、藏等族高僧从事译经、校经活动,斋会活动频繁,佛教在当时生活中占据相当重要的地位。西夏末年,蒙夏战争致使西夏的文献和文物大多被毁,加上党项民族与其他民族的融合,其文字、文化也逐渐消亡,西夏成为被世人遗忘的王朝。受西夏地理位置、境内民族和历史渊源等诸多因素影响,西夏佛教兴盛是在当时大历史背景下出现的,且深受汉藏不同宗教文化的影响,西夏佛教发展和佛经流传是中国佛教发展史上不可缺少的一环。因无正史记载,传世文献对西夏佛教发展和佛经流传的记载非常有限,今天我们研究西夏佛教主要得益于黑水城等地出土的丰富西夏文、汉文佛教文献和河西洞窟保存的大量绘画资料等。

黑水城是西夏边境重镇,元代称亦集乃。元末明初,由于人为和战争等原因使河流改道,人们赖以生存的水源缺乏,此城遂废。直到

1908 年俄国人科兹洛夫(П. К. Козлов)率领的四川-蒙古考察队在今内蒙古额济纳旗境内的巴丹吉林沙漠中找到了黑水城遗址,并在城西北角的一个“伟大的佛塔”中掘获大量西夏文、汉文、藏文、蒙古文、回鹘文等多种语言文献,以佛教文献占绝大部分,才使埋藏几百年的文献得以重现。随后英国探险家斯坦因(M. Stein)也来到黑水城进行发掘,并获得大量西夏文佛教文献等。这批可与敦煌藏经洞文献相媲美的黑水城文献与文物的发现是宋金元时期特别是西夏时期丰富文化财富,为西夏宗教、政治、经济、文化、军事、对外交往和民族关系等领域的研究提供了极为珍贵的资料。目前随着英藏、俄藏黑水城文献的逐渐刊布,为我们全面整理出土佛教文献和认识西夏佛教奠定了基础。

在黑水城出土众多西夏文佛经中,残存的《妙法莲华经》和《观世音菩萨普门品》占相当份量。我们仅对《英藏黑水城文献》西夏文佛经的整理释读,确定在英藏黑水城文献中共有 23 件《妙法莲华经》或《观世音菩萨普门品》残叶,刊布者对其中一些原本是《妙法莲华经》和《观世音菩萨普门品》的西夏残经或未定名或定名错误,他们是:

1. Or. 12380-3193(K. K. II. 0246. b)残叶存 1 页,刻本经折装,存 6 行,行 15 字,上下单栏,残经原卷上 3193 号,刊布者将其定名为“佛经”,下面将西夏文录文并翻译如下:

[illegible]　尔时世尊是偈说毕弥勒菩萨之说(告)我

[illegible]　今于大众中汝等之示阿逸多是先见

[illegible]　未曾地下所出无量数无阿僧祇诸大

[illegible]　菩萨摩诃萨者我于娑婆世界中阿耨

[illegible]　多罗三妙三菩提

得我又向是诸菩萨

𘚺𘚻𘚼𘚽𘚾𘚿𘛀𘛁𘛂𘛃𘛄𘛅𘛆　　之旨学随示所降
伏及道心其生令我

解读 Or. 12380-3193（K. K. II. 0246. b）残经，比对《大正藏》，确定
残经为鸠摩罗什奉诏译《妙法莲华经》卷第五"从地涌出品第十五"或
阇那崛多共笈多译《添品妙法莲华经》卷第五"从地踊出品第十四"的
内容，相应残经内容如下：

尔时，世尊说此偈已，告弥勒菩萨，我今于此大众，宣告汝等，阿逸
多，是诸大菩萨摩诃萨，无量无数阿僧祇从地涌出，汝等昔所未见者，我
于是婆婆世界得阿耨多罗三藐三菩提已。教化示导是诸菩萨，调伏其
心令发道意。[4]

2. Or. 12380-3216（K. K. II. 0276. f）残叶存 2 页共 10 页，刻本经折
装，每折页 6 行，行 15 字，上下单栏，残经原卷上 3216 号，刊布者将其
定名为"佛经"，下面将西夏文录文并翻译如下：

𘚺𘚻𘚼𘚽𘚾𘚿𘛀𘛁𘛂𘛃𘛄𘛅□□　　缘种种信解种种相
貌菩萨道行□□

𘚺𘚻𘚼𘚽𘚾𘚿□□𘛀𘛁𘛂𘛃𘛄　　后诸佛般涅槃入然
□□诸佛般涅槃

𘚺𘚻𘚼𘚽𘚾𘚿𘛀𘛁𘛂𘛃𘛄𘛅𘛆𘛇　　后人佛舍利对七宝
佛塔修而亦见尔

𘚺𘚻𘚼𘚽𘚾𘚿𘛀𘛁𘛂𘛃𘛄𘛅𘛆𘛇　　时弥勒菩萨是如念
作是此世尊贤幻

𘚺𘚻𘚼𘚽𘚾𘚿𘛀𘛁𘛂𘛃𘛄𘛅𘛆𘛇　　显者何故依是瑞相
有今佛世尊三

---

[4] 鸠摩罗什译《妙法莲华经》，《大正藏》第 9 册，第 262 号，第 41 页上栏。阇那崛多共
笈多译《添品妙法莲华经》，《大正藏》第 9 册，第 264 号，第 175 页中栏。

𗣼𗂧𗣼𗣼𗣼𗣼𗣼𗣼𗣼𗣼𗣼𗣼𗣼𗣼　　昧所入者测言说无
有未曾事是谁之

𗣼𗣼𗣼𗣼𗣼𗣼𗣼𗣼𗣼𗣼𗣼𗣼𗣼　　问我应答能者何然
说复是念作文殊

𗣼𗣼𗣼𗣼𗣼□𗣼𗣼𗣼𗣼𗣼𗣼𗣼𗣼　　师利法王子□昔过
去无量诸佛处方

　□□□□□□𗣼𗣼𗣼𗣼𗣼𗣼𗣼　　□□□□□□相见曾
我今其之

通过解读 Or.12380-3216(K.K.II.0276.f)残经,比对《大正藏》,确定其内容是鸠摩罗什译《妙法莲华经》卷第一"序品第一"或阇那崛多共笈多译《添品妙法莲华经》卷第一"序品第一"的内容,残经相应内容如下:

……种种因缘,种种信解,种种相貌,行菩萨道。复见诸佛般涅槃者,复见诸佛般涅槃后,以佛舍利起七宝塔。尔时,弥勒菩萨作是念,今者世尊现神变相,以何因缘而有此瑞,今佛世尊入于三昧,是不可思议现希有事,当以问谁,谁能答者,复作此念,是文殊师利法王之子,已曾亲近供养过去无量诸佛,必应见此希有之相,我今当问……[5]

3. Or.12380-3223(K.K.II.0257.i)残叶存1页,刻本经折装,存6行,行15字,上下单栏,残经原卷上3223号,前几行残缺严重,刊布者定名为"佛经",下面录西夏文并翻译如下:

　𗣼𗣼□□□　　　　　先此□□□

𗣼𗣼𗣼𗣼𗣼𗣼𗣼𗣼𗣼𗣼𗣼□𗣼𗣼　　复次常进精若善男
子善女人□经典

𗣼𗣼𗣼𗣼𗣼𗣼𗣼𗣼𗣼□□□𗣼　　受持读诵书写解说

---

[5] 鸠摩罗什译《妙法莲华经》,《大正藏》第9册,第262号,第2页中栏。阇那崛多共笈多译《添品妙法莲华经》,《大正藏》第9册,第264号,第135页中栏。

故千二□□□德

　　𘉤𘔔𗙟𗁬𘝘𗢉𘜶𗒹𗒹𘜶𗣼𘊈□□□　　　功得诸味善恶甘及

无甘苦粗□□□

　　𗒹𘝞𗸦𘉒𗅲𗅲𗐊𗎩𗌮𘔔𘕚𘐊𘉵𘜶　　根于至时一起变化

皆上味成天露甘

　　𘊈𗢉𘟣𗙣𗤶𘝴𘊨𗒹𗼻𗰜𘏨𗶷𗝗𗓁𘕎　　如不善者无若舌

根以大众聚中言说

　　通过解读 Or. 12380-3223（K. K. II. 0257. i）残经，比对《大正藏》，确定其为鸠摩罗什译《妙法莲华经》卷第六"法师功德品第十九"或阇那崛多共笈多译《添品妙法莲华经》卷第六"法师功德品第十八"的相应内容，残经相应内容如下：

　　……，先得此鼻相。

　　复次，常精进，若善男子、善女人，受持是经，若读、若诵、若解说、若书写，得千二百舌功德。若好、若丑、若美不美，及诸苦涩物，在其舌根，皆变成上味，如天甘露，无不美者。若以舌根，于大众中有所演说。[6]

　　4. Or12380-2240（K. K. II. 0282. kkk）残叶存 2 折页，每折页 6 行，残缺严重，字数不能确定，上栏线单栏，原残经上有 2240 号，刊布者定名为"佛经"，下面将西夏文录文并翻译如下：

　　𘕚𘔜𗤻𗉛……　　　　　天女妙服……

　　𘓄𘏞𗶷𘝯……　　　　　香觉皆知……

　　𘓨𘚟𘓨𗄙……　　　　　禅入禅出……

　　𗰛𘛆𘉒𘊨𘕚　𗤍𘊴𗢉𗧪……　　有顶于乃至　先生及死……

　　𗙟𗰣𗌮𘝘𘕚　𗽈𘘚𘉵𘊛𗰜……　　诸比丘众等　法依常精进……

［6］鸠摩罗什译《妙法莲华经》，《大正藏》第 9 册，第 262 号，第 49 页中栏。阇那崛多共笈多译《添品妙法莲华经》，《大正藏》第 9 册，第 264 号，第 183 页中栏。

𘟪𘟶𘟶𘟶𘟶 𘟪𘟶𘟶𘟶𘟶…… 　　若 经 典 诵 读　　若 树 林

下 住………

𘟶𘟶𘟶𘟶…… 　　　　是 经 典 持……

𘟶𘟶𘟶𘟶…… 　　　　禅 入 若 经 诵……

𘟶𘟶𘟶𘟶…… 　　　　诸 多 住 世……

𘟶𘟶𘟶𘟶 　　　　　香 觉 皆 知……

　　解读 Or12380-2240（K. K. II. 0282. kkk）残经,比对《大正藏》确定其为鸠摩罗什译《妙法莲华经》卷第六"法师功德品第十九"或阇那崛多共笈多译《添品妙法莲华经》卷第六"法师功德品第十八"的内容,残叶相应内容如下:

天女所著衣	好华香庄严	周旋游戏时	闻香悉能知
如是展转上	乃至于梵世	入禅出禅者	闻香悉能知
光音遍净天	乃至于有顶	初生及退没	闻香悉能知
诸比丘众等	于法常精进	若坐若经行	及读诵经法
或在林树下	专精而坐禅	持经者闻香	悉知其所在
菩萨志坚固	坐禅若读诵	或为人说法	闻香悉能知
在在方世尊	一切所恭敬	愍众而说法	闻香悉能知[7]

　　5. Or12380-2237（K. K. II. 0281. a. vii）残叶存 1 页 7 行,残缺严重,字数不能确定,下栏线单栏,原残经上有 2237 号,刊布者定名为"佛经",下面将西夏文录文并翻译如下:

……𘟶𘟶𘟶𘟶□𘟶　　……思何云女□染

……𘟶𘟶𘟶𘟶𘟶𘟶　　……菩提何云得善佛

……𘟶𘟶𘟶𘟶𘟶𘟶　　……以行修诸度行故

……𘟶𘟶𘟶𘟶𘟶𘟶　　……皇种障得一者梵

---

[7] 鸠摩罗什译《妙法莲华经》,《大正藏》第 9 册,第 262 号,第 48 页中栏。阇那崛多共笈多译《添品妙法莲华经》,《大正藏》第 9 册,No. 0264,第 182 页中栏。

……𗼒𗋽𗈁𗕀𗤋𗩴	……君身无得三者
……𗕔𗋽𗈁𗔣	……王身得莫
……𗋽𗵐𗍳𗶷𗏵	……身立受佛成

解读 Or12380-2237(K. K. II. 0281. a. vii)残经,比对《大正藏》,确定其为鸠摩罗什译《妙法莲华经》卷第四"提婆达多品第十二"的相应内容:

时舍利弗语龙女言:汝谓不久得无上道,是事难信,所以者何?女身垢秽非是法器,云何能得无上菩提?佛道悬旷经无量劫,勤苦积行具修诸度,然后乃成。又女人身犹有五障:一者不得作梵天王,二者帝释,三者魔王,四者转轮圣王,五者佛身。云何女身速得成佛?[8]

6. Or. 12380-2359(K. K. II. 0233. eee)残叶存 1 页,残缺严重,残经上有 2359 号,刊布者将其定名为"佛经",下面将西夏文录文并翻译如下:

𗼘𗲞𗅀𗕀𗈁𗰚?𗈁	各八灾与无道及
𗗂𗰂𗆚𗗚𗜓𗰚	文殊师利菩萨
𗿢𗰩𗍳𗦳𗰚	观世音菩萨
𗷅𗤋𗼒𗦳𗰚	得大势菩萨
𗷅𗷫𗵀𗦳𗰚	常精进菩萨

解读 Or. 12380-2359(K. K. II. 0233. eec)残经,比对《大正藏》初步确定其为鸠摩罗什译《妙法莲华经》卷第一"序品第一"的相应内容,但残叶第一行的内容不太符合:

……名称普闻无量世界,能度无数百千众生,其名曰:文殊师利菩萨、观世音菩萨、得大势菩萨、常精进菩萨……[9]

7. Or. 12380-2525RV(K. K.)残经存 2 折页,每折页 6 行共 12 行,

---

[8] 鸠摩罗什译《妙法莲华经》,《大正藏》第 9 册,第 262 号,第 35 页下栏。
[9] 同上,第 1 页下栏。

右面折页有品题，存下栏线，单栏，残经上有 2525 号，刊布者将其定名为"提婆达多品第十二"，下面将西夏文录文并翻译如下：

……𘟽　　　　　……第

𘟽𗏵𗤁𗰜𘉑𗪊𗔅𗒹𗈁𗱕𗉔𗈁𗆠　𗣗𗑗𗬉𗎽𗋽𗤀𘋩𘈩𗥃
𗋽　𗤋𗈈

奉天显道耀武宣文神谋睿智制义去邪惇睦懿恭皇帝崽名

……𗒹𗏵𗤀𗈁𗐁𘟽　　　　……婆多品第十二第

……𗄪𗸰𘎭𗇋𗆧𘃒𗤁　　　　……四众等之说我依

……𗾝𗹙𗯿𗫦𘈣𗒀𗆧　　　　……净经典所求缘静

……𘞪𘛼𗠁𗉋𘏨𗢻𗘢　　　　……国王为愿依最上

……𗒹𗷺𘛵𗤦𗃛𗭼𗄊　　　　……六波罗蜜圆满欲

……𗏿𗤷𗆫𗇬𗰜𘞁𘈨　　　　……无象马七宝国城

……𗤋𗤁𗂧𗃀𘂚𘞪𗆧　　　　……骨髓身肉足手命

……𘞮𘉊𗄭𘟽𗧠𘈉𗟻　　　　……民庶寿第无量法

……𘊟𗇋𗆧𗈁𗲖𗭴　　　　……我之已给为鼓

……𘊟𗇋𗄊𘕣𗂃𗒹𘉊　　　　……我之大乘法说善

解读 Or. 12380–2525RV（K. K.）残经，比对《大正藏》，确定其为鸠摩罗什译《妙法莲华经》卷第四"提婆达多品第十二"的相应内容：

尔时，佛告诸菩萨及天人四众，吾于过去无量劫中，求《法华经》无有懈倦，于多劫中常作国王，发愿求于无上菩提，心不退转，为欲满足六波罗蜜，勤行布施，心无悋惜象、马、七珍、国城、妻子、奴婢、仆从、头目、髓脑、身、肉、手、足，不惜躯命。时世人民寿命无量，为于法故，捐舍国位委政太子，击鼓宣令四方求法，谁能为我说大乘者。[10]

---

[10] 鸠摩罗什译《妙法莲华经》,《大正藏》第 9 册，第 262 号，第 34 页中栏。

8. Or. 12380－3054（K. K. II. 0244. ttt）残经存1折页5行，行15字，上下单栏，残经上有3054号，刊布者将其定名为“佛经”，下面将西夏文录文并翻译如下：

[illegible]□□□□□　　解之旨教成就本愿是如□□□□□

[illegible]□□□□　　阿那佛前面自授记及国土□□□□

[illegible]□□[illegible]　　愿圆具足故大心欢喜起有未□□立即

[illegible]　　过去无量千万亿诸佛之法受者思解

[illegible]□[illegible]　　达碍无是时闻与一法如□本愿亦知

解读Or. 12380－3054（K. K. II. 0244. ttt）残经，比对《大正藏》，确定其为鸠摩罗什译《妙法莲华经卷》第四“授学无学人记品第九”的相应内容：

……教化成就诸菩萨众，其本愿如是，故获斯记。阿难面于佛前，自闻授记及国土庄严，所愿具足，心大欢喜得未曾有，实时忆念过去无量千万亿诸佛法藏，通达无碍如今所闻，亦识本愿。[11]

9. Or. 12380－2744（K. K. II. 0275. jj）残经存1页4行，下栏线单栏，残经上有2744号，刊布者将其定名为“佛经”，下面将西夏文录文并翻译如下：

……[illegible]　　……忍辱地住

……[illegible]　　……无及如法

[11] 鸠摩罗什译《妙法莲华经》，《大正藏》第9册，第262号，第29页下栏。

……𗡪𗆜𗱕𗭼 𗸰𗭼𗟱　　……相观察不行不分

𗱸𗫳□𗥉𗱕𗭼𗜓𗿟𗭼　　之行□也菩萨摩诃萨

𗱕𗭼𗜓𗿟𗭼𗹙𗐯　　　菩萨摩诃萨国王

解读 Or. 12380-2744（K. K. II. 0275. jj）残经，比对《大正藏》可以确定其为鸠摩罗什译《妙法莲华经》卷第五"安乐行品第十四"的相应内容：

……住忍辱地，柔和善顺而不卒暴，心亦不惊，又复于法无所行，而观诸法如实相，亦不行不分别，是名菩萨摩诃萨行处。云何名菩萨摩诃萨亲近处？菩萨摩诃萨，不亲近国王、王子、大臣、官长。[12]

10. Or. 12380-3019（K. K. II. 0262. pin. viii）残经存 1 页 4 行，上栏线单栏，残经上有 3019 号，刊布者将其定名为"佛经经颂"，下面将西夏文录文并翻译如下：

𗾔𗿟𗆜□𗼃　𗽘𗆜𗱝𗼨𗿉　□□□□□　希得大□算

譬如贫穷人　□□□□

𗸰𗮀𗆜𗸞𗱾　𗫠𗓟𗿟𗱾𗲚　□□□□□　彼家大权有

食甘善有食　□□□□□

𗼨𗿉□𗾎𗿠　𗼖𗼖𗦀𗏹𗿉　𗲚□□□□　穷人□中生

悄悄自已出　时□□□□

𗸰𗿉𗻅𗶷𗼃　𗜓𗫳𗥷𗹙𗼘　𗫳𗫳□□□　彼人所起及

游行彼国至　诸多□□□

解读 Or. 12380-3019（K. K. II. 0262. pin. viii）残经，比对《大正藏》可以确定其为鸠摩罗什译《妙法莲华经》卷第四"五百弟子受记品第八"的相应内容：

便自以为足　　譬如贫穷人　　往至亲友家　　其家甚大富

具设诸肴膳　　以无价宝珠　　系着内衣里　　默与而舍去

---

[12] 鸠摩罗什译《妙法莲华经》,《大正藏》第 9 册,第 262 号,第 37 页上栏。

时卧不觉知　　是人既已起　　游行诣他国　　求衣食自济[13]

11. Or.12380-0046（K.K.Ⅱ.0283.ccc）残经存 1 页 7 行,上栏线单栏,刊布者将其定名为"佛经",下面将西夏文录文并翻译如下:

𗼨𗀱𗤶𗗟𗾔……　　　　　　　为成今日世……

𗼨𗰞𗭼𘄒𗤶𘃽𗘮𘓺𗢣𘗽𗢣𗶷𗒟……　　教导示以阿耨多罗三妙三菩提……

𗰣𘓺𗌽𘓝𗰭𗼻𗤶……　　　　　求心所起使我说……

𗕴𗋽𘕿𗞦𘃽𗥩𗔯𗔖……　　　　得使是如大功德事为……

𗗟𗉛𗷅𗤶𗰱𗉖……　　　　　　等又法说言所……

𘄒𗥔𗠁𗟭𗰖𗒟……　　　　　　佛之知应亦悟……

𗒟𘄒𗰱𘕿𘏞𗄈𘗍……　　　　　悟佛度灭及向是……

解读 Or.12380-0046（K.K.Ⅱ.0283.ccc）残经,比对《大正藏》,确定其为鸠摩罗什译《妙法莲华经》卷第五"从地涌出品第十五"的相应内容:

……一切世间甚为希有。今日世尊方云得佛道时,初令发心教化示导,令向阿耨多罗三藐三菩提。世尊得佛未久,乃能作此大功德事。我等虽复信佛随宜所说,佛所出言未曾虚妄,佛所知者皆悉通达,然诸新发意菩萨,于佛灭后。[14]

12. Or.12380-0228（K.K.Ⅱ.0284.o）残经存 1 页 10 行,行 15 字,上下单栏,残缺严重,刊布者将其定名为"佛经",下面将西夏文录文并翻译如下:

□□𗰭𗋽𗋽𗰱𘊓𗔯𗉖𗕴𘕱𗤶𘗆𗢣𗔢

□□如来方及彼之辩论尽使无能汝

𗕴𗷅𗄊𘃏𗰱𗔯𘊮𘓺𗥩𗔖𘋩𘄒𗔖𗔯

[13] 鸠摩罗什译《妙法莲华经》,《大正藏》第 9 册,第 262 号,第 29 页上栏。

[14] 同上,第 41 页中栏。

汝等彼富楼那之惟我法说若持助敬说

□□□ □□□□□ □□□□□

且已过□□□□□亦佛之平等若

□□□□□□□□□□□□

□□□□□□□皆悟第也及

□□□□□□□□□□□□

□□□□□□□□□损无智

□□□□□□□□□□□

□□□□□□□□□佛国

□□□□□□□□□□□

□□□□□□□□寻力以

□□□□□□□□□□□

□□□□□□□□□僧祇

□□□□□□□□□□□□

□□□□□□□□□菩提生起

解读 Or.12380-0228（K.K.II.0284.o）残经，比对《大正藏》，确定其为鸠摩罗什译《妙法莲华经》卷第四"五百弟子受记品第八"的相应内容：

……自舍如来无能尽其言论之辩，汝等勿谓富楼那，但能护持助宣我法，亦于过去九十亿诸佛所，护持助宣佛之正法，于彼说法人中亦最第一，又于诸佛所说空法，明了通达，得四无碍智，常能审谛清净说法，无有疑惑，具足菩萨神通之力，随其寿命常修梵行，彼佛世人，咸皆谓之实是声闻，而富楼那以斯方便，饶益无量百千众生，又化无量阿僧祇人，令立阿耨多罗三藐三菩提。[15]

13. Or.12380-0763（K.K.）残经存 1 页 4 行，字数不能确定，残缺

[15] 鸠摩罗什译《妙法莲华经》，《大正藏》第 9 册，第 262 号，第 27 页中栏。

严重,刊布者将其定名为"佛经",下面将西夏文录文并翻译如下:

……𗟲𗆈𗏵𗣼𗣫𗀆𗣼𗱕……　　　　……药王菩萨摩诃萨及……

……𗣼𗍳𗯵𗤺𗪙𗏵𗰉……　　　　　……萨二万菩萨善亲……

……𗤽𗼇𗟲𗼻𗰜……　　　　　　　……起惟愿世尊……

……𗰜……　　　　　　　　　　　……是……

解读 Or. 12380–0763(K. K.)残经,比对《大正藏》,确定其为鸠摩罗什奉诏译《妙法莲华经》卷第四"劝持品第十三"的相应内容:

尔时,药王菩萨摩诃萨,及大乐说菩萨摩诃萨,与二万菩萨眷属俱,皆于佛前作是誓言:唯愿世尊不以为虑,我等于佛灭后……[16]

14. Or. 12380–0712(K. K.)残经存 1 页 3 行,字数不能确定,残缺严重,刊布者将其定名为"佛经",下面将西夏文录文并翻译如下:

……𗣕𗢳□𗱸𗮔……　　　　　　……予嘱□汝等……

……𗪙𗟲𗴮𗴮𗵧𗩾𗦧……　　　　……众生一切界已闻……

……𗤺𗫻𗣼𗍖𗤞𗤞𗤺𗤽……　　　……大慈悲有吝惜应无……

解读 Or. 12380–0712(K. K.)残经,比对《大正藏》,确定其为鸠摩罗什译《妙法莲华经》卷第六"嘱累品第二十二"的相应内容:

今以付嘱汝等,汝等当受持读诵广宣此法,令一切众生普得闻知,所以者何? 如来有大慈悲,无诸悭恪亦无所畏。

15. Or. 12380–0721(K. K. II. 0279. ee)残经存 1 页 5 行,字数不能确定,残缺严重,行 1—6 字不等,刊布者将其定名为"佛经经颂",下面将西夏文录文并翻译如下:

……　　　□□□𗏵……　　　　　□□□使

……　　　□□𗍹𗮔……　　　　　□□谁能

……　　　𗮔𗫦𗰉𗖀……　　　　应度灭亦

---

[16] 鸠摩罗什译《妙法莲华经》,《大正藏》第 9 册,第 262 号,第 35 页下栏。

……𗷸　　𘄆𘄑𗇋𗵈……　　　　及我身又

……𗋽𘓄　　𗪊𘁨𗵮𗵭……子等　　法护能者

解读 Or. 12380-0721（K. K. II. 0279. ee）残经，比对《大正藏》，确定其为鸠摩罗什译《妙法莲华经》卷第四"见宝塔品第十一"的相应内容：

读说斯经	今于佛前	自说誓言	其多宝佛	虽久灭度
以大誓愿	而师子吼	多宝如来	及与我身	所集化佛
当知此意	诸佛子等	谁能护法	当发大愿	令得

久住[17]

16. Or. 12380-0774（K. K. II. 0230. u）残经存 1 页 6 行，大概每行 4 句，1 句 4 字，残缺严重，刊布者将其定名为"佛经"，下面将西夏文录文并翻译如下：

□□□□　𗊟□𘄨𗇋　□□𘃨𗸐　𗋽𗤌𗵈𗼻　□□□□
多□是如　□□宣说　他事不为

□□□□　𗷝𗻆𗵉𗘂　𘁺□𗫴𗫽　𗵭𗵮𗯁𘄨　□□□□
疲倦不起　世□皆治　雨至利如

□□□𗰭　𗍫𘚣𗍫𘕢　□□𘜃𘚇　𗵇𗵈𘜃𘚇　□□□上
戒持戒毁　□□具足　及不具足

𘀄𗸐𗣼𗸐　𘚛𘊐𘚛𘈷　𗫴𘕢𗵭𗵮　𗷝𗻆𗵉𗘂　正见邪见
根利根钝　法雨至雨　疲倦不起

□□𗵩𗵩　𘄆𗫴𗍮𗵈　𘝯𘕚𘉒𘒣　𘝯𘎑𘏨𘓄　□□一切
我法闻者　各许依持　各地于住

□□□□　𘚈𘚇𘗠□　𘝦𗤻𗺈𗵮　□□□𗰖　□□□□　轮
王转□　诸王为者　□□□也

解读 Or. 12380-0774（K. K. II. 0230. u）残经，比对《大正藏》，确定

---

[17] 鸠摩罗什译《妙法莲华经》，《大正藏》第 9 册，第 262 号，第 32 页中栏。

其为鸠摩罗什译《妙法莲华经》卷第三"药草喻品第五"的相应内容：

如为一人　众多亦然　常演说法　曾无他事　去来坐立　终
不疲厌

充足世间　如雨普润　贵贱上下　持戒毁戒　威仪具足　及
不具足

正见邪见　利根钝根　等雨法雨　而无懈倦　一切众生　闻
我法者

随力所受　住于诸地　或处人天　转轮圣王　释梵诸王　是
小药草[18]

17. Or.12380-0961（K.K.）残经存 1 页 5 行,大概每行 4 句,1 句 4
字,残缺严重,刊布者将其定名为"佛经",下面将西夏文录文并翻译
如下：

□□□□	〔西夏文〕	〔西夏文〕	〔西夏文〕
□□□□	我后佛成	勤定行者	上药草是
□□□□	〔西夏文〕	〔西夏文〕	〔西夏文〕
□□□□	佛道勤修	常慈悲行	自佛成知
□□□□	〔西夏文〕	〔西夏文〕	〔西夏文〕
□□□□	树小名成	神灵安住	不归轮回
□□□□	□〔西夏文〕	〔西夏文〕	〔西夏文〕□□□
□□□□	□众生度	是如菩萨	树□□□

解读 Or.12380-0961（K.K.）残经,比对《大正藏》,确定其为鸠摩
罗什译《妙法莲华经》卷第三"药草喻品第五"的相应内容：

求世尊处　我当作佛　行精进定　是上药草　又诸佛子　专心
佛道

常行慈悲　自知作佛　决定无疑　是名小树　安住神通　转不

---

[18] 鸠摩罗什译《妙法莲华经》,《大正藏》第 9 册,第 262 号,第 19 页上栏。

退轮

度无量亿　百千众生　　如是菩萨　名为大树[19]

18. Or. 12380-1893(K. K.)残经存 1 页 9 行,其中 1 行西夏字无存,4 字 1 句,残缺严重,上栏线单栏,残经上有 1893 号,刊布者将其定名为《陀罗尼》,下面将西夏文录文并翻译如下:

糀……	众……
㲺粸……	若人……
緂綩……	漏无……
……	
嵃糤㩗薂……	世尊处求……
愩庞絑縃……	及诸佛子……
爃絴綩纖……	疑心无者……
□□憳绬　繷蒎糀……	□□量亿　百千众……
□絾㲺彸　刻蓏……	□平等说　一味……

解读 Or. 12380-1893(K. K.)残经,比对《大正藏》,确定其非《陀罗尼》,而为鸠摩罗什奉诏译《妙法莲华经》卷第三"药草喻品第五"的相应内容:

一切众生　闻我法者　随力所受　住于诸地　或处人天
转轮圣王

释梵诸王　是小药草　知无漏法　能得涅槃　起六神通
及得三明

独处山林　常行禅定　得缘觉证　是中药草　求世尊处
我当作佛

行精进定　是上药草　又诸佛子　专心佛道　常行慈悲

---

[19] 鸠摩罗什译《妙法莲华经》,《大正藏》第 9 册,第 262 号,第 19 页上栏。

自知作佛

　　决定无疑　　是名小树　　安住神通　　转不退轮　　度无量亿
百千众生

　　如是菩萨　　名为大树　　佛平等说　　如一味雨[20]

　　19. Or. 12380－2763(K. K. II. 0279. n)残经存 1 页 6 行,上下单栏,
每行 15 字,残经上有 2763 号,刊布者将其定名为《七宝华踏佛陀罗尼
经》,下面将西夏文录文并翻译如下:

　　𘓉𘄴𘓣𗬩𗤍𗤺𗠻𗠊𗠻𘏾𗤢𗤺　　长为彼之及向阿
耨多罗三藐三菩提

　　𗤺𗠊𘊟𗤢𗡐𘄴𘏾𗤺𗤢𗠊𗱇𗤺𗤢　　得使尔时世尊是义
复显欲颂言所说

　　𗤺𗤢𗤺𗤢𗤢　𗠻𗠊𗤺𗤢𗤺　𗤺𗤺𘄴𗤺𗤺　　我大子为时
罗睺子长为　　我今佛道成

　　𗤺𗤢𗤺𗤢𗤺　𗠻𗤍𗤺𗤺𗤺　𗤢𗠊𗤺𗤺□　　法受法子成　　未
来世中亦　无量亿佛□

　　□𗤺𗤢□𗤺　𗤢𗤺𗤺𗤢□　𗠻□□□□　□菩提□成　一
心佛道□　罗□□□□

　　……𗤺□𗤺……　　……我□长……

　　20. Or. 12380－2763V(K. K. II. 0279. n)残经存 1 页 5 行,上下单
栏,每行 15 字,刊布者将其定名为"佛经",下面将西夏文录文并翻译
如下:

　　𗤺𗤍□□□□□□□□□□□□□

　　者天□□□□□□□□□□□□□

　　𗤺𗤍𗬩𗴂𗠻□□□□□□□□□□

---

[20] 鸠摩罗什译《妙法莲华经》,《大正藏》第 9 册,第 262 号,第 19 页上栏。

如来之供养□□□□□□□□□

〔西夏文〕□〔西夏文〕□□□□

一礼彼七宝花踏佛□庄严□□□□

〔西夏文〕□〔西夏文〕

数德法象法学正学□等皆山海慧自

〔西夏文〕

主神王如来与一礼不异彼佛之亦子

　　解读 Or. 12380–2763（K. K. II. 0279. n）和 Or. 12380–2763V（K. K. II. 0279. n）残经，与《大正藏》进行比对，确定刊布者对此残经定名存在错误，残叶内容不能确定为《七宝华踏佛陀罗尼》和"佛经"，而是鸠摩罗什所译《妙法莲华经》卷第四"授学无学人记品第九"的相应内容，残叶顺序为 Or. 12380–2763V（K. K. II. 0279. n）在前，Or. 12380–2763（K. K. II. 0279. n）在后。鸠摩罗什译经内容如下：

　　……号蹈七宝华如来，应供正遍，知明行足，善逝间，解无上士，调御丈夫，天人师，佛世尊，当供养十世界微尘等数诸佛如来，常为诸佛而作长子，犹如今也。是蹈七宝华佛，国土庄严，寿命劫数，所化弟子，正法、像法，亦如山海慧自在通王如来无异。亦为此佛而作长子，过是已后，当得阿耨多罗三藐三菩提。尔时世尊，欲重宣此义，而说偈言：

我为太子时	罗睺为长子	我今成佛道	受法为法子
于未来世中	见无量亿佛	皆为其长子	一心求佛道
罗睺罗密行	唯我能知之	现为我长子[21]	

　　21. Or. 12380–2768（K. K. II. 0233. jjj）残经存 1 页 1 行，上下单栏，右侧单栏，行 15 字，残经上有 2768 号，刊布者将其定名为《七宝华踏佛陀罗尼经》，下面将西夏文录文并翻译如下：

〔西夏文〕　　　是诸菩萨皆是婆

---

[21] 鸠摩罗什译《妙法莲华经》，《大正藏》第 9 册，第 262 号，第 30 页上栏。

娑世界向下虚空中

解读 Or. 12380-2768（K. K. II. 0233. jjj）残经，与《大正藏》进行比对，确定刊布者对此残经定名存在错误，残叶内容不能确定为《七宝华踏佛陀罗尼》，而是鸠摩罗什所译《妙法莲华经》卷第五"从地涌出品第十五"的相应内容：

先尽在此娑婆世界之下，此界虚空中住……[22]

此外，《英藏黑水城文献》中还存有《观世音菩萨普门品》和《妙法莲华经》的发愿文，他们是：

1. Or. 12380-0723（K. K.）残经存 1 页 4 行，字数不能确定，残缺严重，上栏线单栏，刊布者将其定名为"佛经"，下面将西夏文录文并翻译如下：

□◼◼◼◼◼……	□且说诸以者……
□□◼◼◼◼……	□□南无观世音……
□□□◼◼◼……	□□□脱得佛……
□□◼◼◼◼◼◼……	□□观世音菩萨摩诃萨……

解读 Or. 12380-0723（K. K.）残经，比对《大正藏》，确定其为鸠摩罗什译《妙法莲华经观世音菩萨普门品第二十五》的相应内容：

……众商人闻俱发声言：南无观世音菩萨，称其名故即得解脱，无尽意，观世音菩萨摩诃萨。

2. Or. 12380-3428（K. K.）残存 2 页，上栏线单栏，下栏线不存，共存 10 行，原经卷上有 3428 号，刊布者定名为《妙法莲华经》，下面录西夏文并翻译如下：

□□□□□□□□□◼……	□□□□□□□□□圆……
◼□◼□◼◼□□◼◼……	当□天□上黑□□能离……
□□◼◼◼◼◼◼◼◼◼……	□□当无六趣众生安

---

[22] 鸠摩罗什译《妙法莲华经》，《大正藏》第 9 册，第 262 号，第 39 页下栏。

乐当得……

 [西夏文]…… 随喜者菩提心乃生
受持诵读者……

 □□□[西夏文]…… □□□得……

 □□□□[西夏文]…… □□□□缘大愿
入起净财已舍匠……

 □[西夏文]…… □行心诚心令莲花
经典一部刻……

 □□[西夏文]…… □□所终愿圆入满是功
德……

 □□[西夏文]…… □□之咒赞德行深广海
与……

 [西夏文]□[西夏文]…… 坚秘山与经□皇后福

  解读 Or.12380-3428（K. K.）残存，确定其并非《妙法莲华经》经文，从翻译内容判断，此残叶应是《妙法莲华经》的刊刻题记或是发愿文。

二

  通过上文解读，《英藏黑水城文献》（1—4册）所存西夏文残叶为鸠摩罗什译《妙法莲华经》卷第五"从地涌出品第十五"或添品妙法莲华经》卷第五"从地踊出品第十四"；鸠摩罗什译《妙法莲华经》卷第一"序品第一"或阇那崛多共笈多译《添品妙法莲华经》卷第一"序品第一"；鸠摩罗什译《妙法莲华经》卷第六"法师功德品第十九"或阇那崛多共笈多译《添品妙法莲华经》卷第六"法师功德品第十八"；鸠摩罗什译《妙法莲华经》卷第四"提婆达多品第十二"；鸠摩罗什译《妙法莲华经》卷第四"提婆达多品第十二";鸠摩罗什译《妙法莲华经》卷第四"授学无学人记品第九";鸠摩罗什译《妙法莲华经》卷第五"安乐行品第十四";鸠摩罗什译《妙法莲华经》卷第四"五百弟子受记品第八";鸠摩罗什译《妙法莲华经》卷第五"从地涌出品第十五";鸠摩罗什译《妙法莲华经》卷第四"劝持品第十三";鸠摩罗什译《妙法莲华经》卷第六"嘱累品第二十二";鸠摩罗什译《妙法莲华经》卷第四"见宝塔品第十一"和"授学无学人记品第九";鸠摩罗什译《妙法莲华经》卷第三"药草喻品第五";鸠摩罗什译《妙法莲华经观世音菩萨普门品第二十五》相应内容。可见,《英藏黑水城文献》中西夏文《妙法莲华经》不是一部完整佛经,缺少第二卷和第七卷,其他卷的品数也并不齐全。

1. 西夏文《妙法莲华经》版本

其中西夏文 Or. 12380 - 3193(K. K. II. 0246. b)、Or. 12380 - 3216(K. K. II. 0276. f)、Or. 12380 - 3223(K. K. II. 0257. i)、Or12380 - 2240(K. K. II. 0282. kkk)残叶与《大正藏》比对后,既可确定为鸠摩罗什译《妙法莲华经》,也可认为是阇那崛多共笈多译《添品妙法莲华经》相应内容。那么西夏是否存在鸠摩罗什和阇那崛多共笈多两种译本呢?结合黑水城出土西夏文、汉文残叶内容和中国藏西夏文经文,我们作简要分析。

首先,《俄藏黑水城文献》中存多卷刻本汉文《妙法莲华经》,其中《妙法莲华经》(TK-1)有仁孝皇帝"奉天显道耀武宣文神谋睿智制义去邪惇睦懿恭皇帝嵬名"尊号,存有终南山释道宣述"妙法莲华经弘传序"和鸠摩罗什译经,比对其他卷数的经文也与鸠摩罗什译本一致。可以确定,西夏境内流行的汉本《妙法莲华经》是鸠摩罗什的译本。

我们知道,从德明到秉常西夏先后六次向宋遣使献马请赐佛经,第一次,天圣九年(1031)德明献马七十匹,乞赐佛经一藏,仁宗从之。第二次,景祐二年或夏光运二年(1035)元昊遣使献马五十匹,求佛经一藏,仁宗特赐之。第三次福圣承道三年(1055)谅祚遣使入贡,仁宗赐《大藏经》慰之。第四次,奲都二年(1058)谅祚献马七十匹充印造工值请赐经。第五次,奲都六年(1062)谅祚又献马七十匹请赎经。第六次,天赐礼盛国庆四年(1073)秉常献马请经,诏赐之,并还其马。向宋请赐佛经成为西夏境内汉文佛教流行的主要来源。[23] 这些汉文本传到西夏后,西夏统治者以此为底本开始翻译佛经,从元昊戊寅年(1038)开始召集僧人翻译佛经,经历谅祚朝、秉常朝,到乾顺天祐民安初年(1090)止,先后以白法信、白智光等三十多人负责译场译经,将汉文或其他语言佛经翻译成西夏文,53 年间共翻译大小乘佛经成 362 帙,820 部,3579 卷。[24]

从时间上判断,西夏所请佛经应是宋刻印完成的《开宝藏》。《开宝藏》于宋太祖开宝四年(971)或五年(972)在益州开始雕造,至宋太宗太平兴国八年(983)之前初雕本完成。据考《开宝藏》依据《开元释教录》进行雕造的,鸠摩罗什译《妙法莲华经》帙号为"鸣"字。[25] 俄藏黑水城汉文本《妙法莲华经》一改《开宝藏》的卷轴装为经折装,每折页 8 行,行 16 字,而没有出现帙号。

第二,英藏西夏文 Or. 12380-3193(K. K. II. 0246. b)、Or. 12380-3216(K. K. II. 0276. f)、Or. 12380-3223(K. K. II. 0257. i)皆为刻本经折装,每折 6 行,行 15 字,版式和字体完全一致,初步确定他们为同一版本。因残存内容与鸠摩罗什译《妙法莲华经》或阇那崛多共笈多译《添品妙法莲华经》内容相同,而英藏西夏文其他编号的《妙法莲华经》残经又皆为鸠摩罗什译本,那么我们可以确定这几个编号的西夏文《妙

---

[23] 崔红芬《西夏河西佛教研究》,北京:民族出版社,2010 年,第 193—194 页。

[24] 崔红芬《西夏文〈过去庄严劫千佛名经〉发愿文再研究》,2013 年 11 月台湾大学第二次东亚佛教思想论坛提交论文。

[25] 童玮编著《北宋〈开宝大藏经〉雕印考释及目录还原》,北京:书目文献出版社,1991 年,第 7 页。

法莲华经》残叶亦应依据鸠摩罗什译本翻译而成。

第三,《俄藏黑水城文献》中也存有多件西夏文《妙法莲华经》或《妙法莲华经观世音菩萨普门品》残经,《妙法莲华经观世音菩萨普门品》(第82号,西夏特藏第219号,馆册第576号)为刻本经折装,经题后有汉文译者法师鸠摩罗什(Кумараджива),仁孝皇帝尊号(奉天显道耀武宣文神谋睿智制义去邪惇睦懿恭皇帝崽名)御校勘。[26] 可见,汉文本与西夏文本一致,皆以鸠摩罗什汉译本为底本。

第四,《中国藏西夏文文献》(第六册)中保存有西夏文《添品妙法莲华经》(B11·055[1.17])为刻本经折装,每折页6行,行16字,无帙号,经题后有"姚秦三藏法师鸠摩罗什汉译,奉当今皇帝诏重校正",题款内容为"当今皇帝御印 仪天兴圣仁慈照懿寿元皇太后御印 正宫皇后御印。"[27]我们把西夏文内容与《大正藏》进行比对,确定此经不是阇那崛多共笈多译《添品妙法莲华经》,而是鸠摩罗什译《妙法莲华经》卷二"譬喻品第三"的内容。题记中"仪天兴圣仁慈照懿寿元皇太后"指武宗和仁宗的母亲,即顺宗昭献元圣皇后,《元史·后妃传》载:"顺宗昭献元圣皇后名答己,弘吉剌氏,按陈孙浑都帖木儿之女。裕宗居燕邸及潮河,顺宗俱在侍,稍长,世祖赐女侍郭氏,后乃纳后为妃,生武宗及仁宗……五月,武宗既立,即日尊太后为皇太后,立仁宗为皇太子,三宫协和。十一月,帝朝太后于隆福宫,上皇太后玉册、玉宝。至大元年三月,帝为太后建兴圣宫,给钞五万定、丝二万斤。二年正月,太后幸五台山作佛事,诏高丽王璋从之。四月,立兴圣宫江淮财赋总管府,以司太后钱粮。三年二月,以上皇太后尊号,告祀南郊……四年,仁宗即位。延祐二年三月,帝率诸王百官奉玉册、玉宝,加上皇太后尊号曰

[26] Е. И. Кычанов, *Каталог тангутских буддийских памятников*. Киото. Университет Киото. 1999г. стр. 299-300.

[27] 史金波等编《中国藏西夏文文献》(第六册),兰州:甘肃人民出版社,2005年,第132页。

仪天兴圣慈仁昭懿寿元全德泰宁福庆皇太后。"[28]

西夏灭亡，大量遗民为蒙元统治者所用，他们佛教信仰依旧，对佛经需求量非常大。蒙元时期就开始刊印河西字（西夏文）大藏经，据现藏于国家图书馆的元刊西夏文《过去庄严劫千佛名经》发愿文可以得知，蒙元先后六次刊印西夏文大藏经，即：其一，皇初界朝，中界寂澄，上师结合胜弱，修造一藏旧经。其二，至元七年（1270）开始，统治者令搜集西夏旧版，由一行慧觉负责刊印。其三，在至元三十年（1293）在杭州万寿寺经板已刻完，根据需要刊印河西字大藏经千余种。其四，成宗大德六年（1302）夏初，依诏施印十藏。其五，武宗皇帝施印五十藏。其六，仁宗皇庆初年（1312）八月望日印五十藏。

蒙元前两次刊印应在修造西夏旧版或在旧版基础上重新翻译缺失的经文，及至至元三十年（1293）万寿寺经板雕刻完毕，后几次刊印的河西字大藏经应是依据杭州路万寿寺雕版进行刊印的。[29] 根据佛经题，确定《中国藏西夏文文献》中西夏文《妙法莲华经》是元武宗时期刊刻的。元刊河西字《妙法莲华经》也是以鸠摩罗什汉译本为底本。

2. 西夏文《妙法莲华经》翻译年代

英藏西夏文《妙法莲华经》过于残缺，无法判断翻译时期，可以借助俄藏黑水城西夏文《妙法莲花经》的题记初步判断翻译成西夏文的大致时间。俄藏西夏文《妙法莲华经》（第78号，西夏特藏第218号，馆册第6253号）为写本经折装，经题后有仁孝皇帝尊号（奉天显道耀武宣文神谋睿智制义去邪惇睦懿恭皇帝嵬名）御校勘，序文内容为：西夏国有风角城皇帝元昊（1032—1048年在位）秉政时期推行党项风俗和西

---

[28] 宋濂等撰《元史》卷116《后妃传》（二），北京：中华书局校勘本，1997年，第2900—2901页。

[29] 崔红芬《西夏文〈过去庄严劫千佛名经〉发愿文再研究》，2013年11月台湾大学第二次东亚佛教思想论坛提交论文。

夏文字,开始将《莲华经》和其它很多经文译成西夏文。[30]《妙法莲华经》(第 79 号,馆册第 2436 号)经题后有秉常皇帝尊号(德成国主福盛民正大明皇帝嵬名)及其母梁皇太后尊号(天生全能番禄法式国正皇太后梁氏)御译。馆册第 66 号结尾处重复经题,题记为:为雕板抄经者、𘛛𘄡(道思)、僧人𗵤𗷲(高慧)。[31]

元昊是西夏第一位皇帝,明道元年(1032)十月嗣位,大庆元年(1037)创制西夏文字,那么用西夏文字翻译佛经应当在大庆二年之后且元昊去世之前的这段时间。秉常是西夏第三位皇帝,在位时间 1068—1086 年,秉常时期母后干政严重,秉常和其母皆有尊号,且他们的尊号经常一起出现,其母亲梁皇太后死于 1085 年,可以确定,在大安十月年(1085)以前《妙法莲华经》再次被翻译成西夏文。《妙法莲华经》两次被翻译成西夏文,足以证明统治者对此经的重视。

3. 西夏文《妙法莲华经》定名问题

《英藏黑水城文献》的刊布者定名为《妙法莲华经》或《观世音菩萨普门品》的西夏文残经仅有 4 件,即 Or. 12380-1058(K. K. II. 0281. rrr)、Or. 12380-1074(K. K.)、Or. 12380-1979(K. K.)、Or. 12380-0690(K. K. II. 0280a. ix.),汉文《妙法莲华经观世音菩萨普门品》残叶有 3 件,即 Or. 12380-3490(K. K.)、Or. 12380-0320iRV(K. K. II. 0285.)和 Or. 12380-0320j(K. K. II. 0285.)。3 件汉文残叶的定名没有问题,但是刊布者对西夏文残叶定名存在错误,通过译释英藏西夏文 Or. 12380-1058(K. K. II. 0281. rrr)残叶,确定其不是《妙法莲华经》,而是三藏法师玄奘译《大般若波罗蜜多经》卷第一百三十九"初分校量功德品第三

[30] Е. И. Кычанов, *Каталог тангутских буддийских памятников*. Киото. Университет Киото. 1999г. стр. 295.

[31] Е. И. Кычанов, *Каталог тангутских буддийских памятников*. Киото. Университет Киото. 1999г. стр. 296.

十之三十七"的相应内容。译释西夏文 Or. 12380-1074（K. K.）残叶，
确定其亦非《妙法莲华经》，初步确定为三藏法师玄奘译《大般若波罗
蜜多经》卷第三百六十四"初分实说品第六十二之二"的相应内容。译
释西夏文 Or. 12380-1979（K. K.）可确定其亦非《妙法莲华经》，而是圣
者龙树造、后秦龟兹国三藏鸠摩罗什译《大智度论》"释信谤品第四十
一"的相应内容。译释西夏文 Or. 12380-0690（K. K. II. 0280a. ix.）残
叶，确定其非《妙法莲华经》，应是藏传佛教文献有关《金刚亥母》信仰
的经典。

因此《英藏黑水城文献》中刊布者定名为《妙法莲华经》4 件西夏
文残经存在定名问题，此外，通过上文译释考证，刊布者将西夏文 Or.
12380-2763（K. K. II. 0279. n）、Or. 12380-2763V（K. K. II. 0279. n）和
Or. 12380-2768（K. K. II. 0233. jjj）定名为《七宝华踏佛陀罗尼》也有
误，其残经内容亦为鸠摩罗什译《妙法莲华经》。实际上英藏西夏文文
献中存在 23 件以鸠摩罗什汉译本为底本的《妙法莲华经》或《观世音
菩萨普门品》残经。

鸠摩罗什（343 或 344—413）[32]作为南北朝时期著名的佛经翻译
家，是继竺法护、道安等之后在中国佛教史和译经史上占有重要地位的
高僧。他的译经在隋唐之前达到一个新水平，与真谛、玄奘和义净（一
说不空）齐名，称之为四大翻译家。罗什以传承龙树大乘思想为基础，
准确地把般若类、法华类和维摩诘等大乘经典传入中土。《高僧传》卷
二记载"什既至止，仍请入西明阁及消遥园，译出众经。什既率多谙
诵，无不究尽，转能汉言，音译流便。既览旧经，义多纰僻，皆由先度失

---

[32] 有关鸠摩罗什的卒年学界有不同观点，《高僧传》卷二记载"以伪秦弘始十一年
（409）八月二十日卒于长安，是岁晋义熙五年（409）也。即于逍遥园，依外国法，以
火焚尸，薪灭行碎，唯舌不灰"。《出三藏记集》卷十四记载"以晋义熙中卒于长安，
即于逍遥园，依外国法，以火焚尸，薪灭行化，唯舌不变。"《鸠摩罗什法师诔》记载
"癸丑之年（413），年七十，四月十三日薨于大寺"。

旨,不与梵本相应,于是兴使沙门僧契、僧迁、法钦、道流、道恒、道标、僧睿、僧肇等八百余人,咨受什旨,更令出《大品》。什持梵本,兴执旧经,以相仇校,其新文异旧者,义皆圆通,众心恢伏,莫不欣赞……屡请什于长安大寺讲说新经,续出《小品》、《金刚波若》、《十住》、《法华》、《维摩》、《思益》、《首楞严》、《持世》、《佛藏》、《菩萨藏》、《遗教》、《菩提无行》、《呵欲》、《自在王》、《因缘观》、《小无量寿》、《新贤劫》、《禅经》、《禅法要》、《禅要解》、《弥勒成佛》、《弥勒下生》、《十诵律》、《十诵戒本》、《菩萨戒本》、《释论》、《成实》、《十住》、《中、百、十二门论》,凡三百余卷。并畅显神源,挥发幽致。于时,四方义士,万里必集,盛业久大,于今咸仰。"[33]鸠摩罗什翻译的经典不仅在西北、中原地区传承不断,产生很大影响,而且为中国佛教宗派的形成奠定了理论依据。

《妙法莲华经》是鸠摩罗什于弘始八年(406)夏在长安大寺译出的,《妙法莲华经》与《般若经》、《大般涅槃经》构成了魏晋南北朝时期佛教思想的经典。从此《妙法莲华经》在中国广为流传,到陈隋朝的智颛推崇《妙法莲华经》,因长期居住在浙江天台山而以此命名创立天台宗,把《妙法莲华经》作为重要经典,天台宗又称法华宗。《妙法莲华经》强调禅定与智慧圆融,调和南重义理而北重坐禅的局面,提倡止观并重,定慧双修,宣扬对佛、菩萨的崇拜,对法师的供养,抬高僧侣地位,使佛、菩萨为更多百姓接受,对壮大僧团起了积极作用。《妙法莲华经》和《观世音菩萨普门品》单行本流行极大推进观音信仰的盛行,观世音信仰在西夏也非常兴盛,遗存观音信仰的经典有十余部之多。据孟列夫统计,《观世音菩萨普门品》在西夏流行的汉文佛经中居第三位,有18件,其中9件是十一世纪上半期到十二世纪中期的不同版本,8件为乾祐二年(1189)版本和1件在开本和样式上都受乾祐二年版本

---

[33] 释慧皎撰,汤用彤校注《高僧传》卷二,北京:中华书局,2004年,第52页。

影响的十二世纪末的版本。[34]《观世音菩萨普门品》是观世音信仰的最基本的佛经，它还是西夏剃度番、汉、羌行童必须所试十一种经文之一。

综上所述，本文首先对《英藏黑水城文献》(1—4 册)进行全面整理和译释，确定英藏文献中共存有 20 多件西夏文《妙法莲华经》和《观世音菩萨普门品》，为多个版本，内容不完整，也没有帙号出现。元昊、秉常时以鸠摩罗什汉译本为底本翻译成西夏文，自此汉文本、西夏文本《妙法莲华经》在西夏境广为流行，促进了西夏观音信仰的兴盛。其次，本文还对《英藏黑水城文献》和《中国西夏文文献》中定名错误的情况给予纠正，并结合其他文献考证《妙法莲华经》翻译成西夏文的时间，以便于学界对西夏流行佛经的了解和使用。

---

[34]［俄］孟列夫著，王克孝译《黑城出土汉文遗书叙录》，银川：宁夏人民出版社，1994年，第6页。

图书在版编目（CIP）数据

普陀学刊. 第 2 辑／中国佛学院普陀山学院编. —
上海：上海古籍出版社，2015.6
ISBN 978－7－5325－7685－2

Ⅰ.①普… Ⅱ.①中… Ⅲ.①佛教—研究 Ⅳ.
①B948

中国版本图书馆 CIP 数据核字（2015）第 135839 号

普陀学刊（第二辑）
中国佛学院普陀山学院 编
上海世纪出版股份有限公司
上海 古 籍 出 版 社 出版
（上海瑞金二路 272 号 邮政编码 200020）
（1）网址：www.guji.com.cn
（2）E－mail：guji1@guji.com.cn
（3）易文网网址：www.ewen.co
上海世纪出版股份有限公司发行中心发行经销
常熟新骅印刷有限公司印刷

开本 635×965 1/16 印张 19.75 插页 2 字数 256,000
2015 年 6 月第 1 版 2015 年 6 月第 1 次印刷
印数：1 — 2,800
ISBN 978－7－5325－7685－2
B·899 定价：52.00 元
如有质量问题,请与承印公司联系